普通高等教育"十二五"系列教材（高职高专教育）

SHUPEIDIAN XIANLU GONGCHENG ZAOJIA

输配电线路工程造价

主　编　汤晓青

副主编　李　莉

编　写　陈　利　熊红星

主　审　陶鹏程

中国电力出版社

CHINA ELECTRIC POWER PRESS

内 容 提 要

本书包括背景知识部分及五个学习项目，每个学习项目包括若干学习任务，主要介绍了输配电线路工程造价相关背景知识，输配电线路工程项目划分，基础、杆塔、架线、附件安装、土石方、工地运输等各类工程量统计计算方法，估算、概算、预算、结算和决算的费用构成和计算标准等内容。全书采用现行的《电网工程建设预算编制与计算标准》、《电力建设工程预算定额（第四册 送电线路工程）》、《20kV及以下配电网工程建设预算编制与计算标准》、《20kV及以下配电网工程预算定额》等电力工程有关规范、标准和定额，突出高职教育特色——以项目导向、任务驱动；选择具有一定代表性的实际输配电线路工程项目作为学习载体，使学生逐步了解并掌握输配电线路工程造价相关理论知识，培养从事输配电线路工程估算、概算、预算、结算和决算等技术经济工作的能力。

本书可作为高职高专院校电力技术类高压输配电线路施工运行与维护专业教材，也可作为送电线路架设工、输电线路运行工、输电线路检修工、配电线路运行工和配电线路检修工等岗位工作人员培训和自学教材，还可供输配电线路专业技术人员参考。

图书在版编目（CIP）数据

输配电线路工程造价 / 汤晓青主编. —北京：中国电力出版社，2011.8（2025.6 重印）
普通高等教育"十二五"规划教材. 高职高专教育
ISBN 978-7-5123-2094-9

Ⅰ.①输… Ⅱ.①汤… Ⅲ.①输配电线路－电力工程－工程造价－中国－高等职业教育－教材 Ⅳ.①F426.61

中国版本图书馆 CIP 数据核字（2011）第 182045 号

中国电力出版社出版、发行

（北京市东城区北京站西街 19 号 100005 http://www.cepp.sgcc.com.cn）
北京雁林吉兆印刷有限公司印刷
各地新华书店经售

*

2011 年 8 月第一版 2025 年 6 月北京第十次印刷
787 毫米×1092 毫米 16 开本 15 印张 360 千字
定价 36.00 元

前　　言

本书根据高职高专院校高压输配电线路施工运行与维护专业（以下简称输电专业）的教学要求而编写。

本书自 1997 年开始酝酿，编写人员参阅了大量工程造价相关科研论文，收集了涵盖 10、35、66、110、220、500kV 工程造价案例近 30 个，精选部分工程案例作为学习训练的载体；2010 年，结合高职教育的特点，编写人员依据现行国家、电力行业企业有关规范、标准、定额和重新修订的《输电专业人才培养方案》制定了课程标准；依据课程标准，编写人员按照由简单到复杂、单一到综合的学习规律构建教学内容编撰成书。

本书包括背景知识部分及五个学习项目。背景知识部分，主要阐述工程建设预算制度形成、我国电力建设概况、基本建设程序和工程建设预算简介。学习项目一，主要阐述 10kV 某新建配电线路工程概况、配电线路工程项目划分、确定工程量、施工图保留预算取费计算及填表等。学习项目二，主要阐述 220kV 某新建送电线路工程概况、概算书的组成、现场搜集资料、确定工程量、初步设计概算取费计算及填表等。学习项目三，主要阐述 500kV 某新建送电线路工程概况和编制投资估算等。学习项目四，主要阐述 220kV 某双回新建送电线路工程概况和编制工程结算等。学习项目五，主要阐述编制竣工决算的准备工作、编制原则、内容组成和编制步骤等。全书采用现行的《电网工程建设预算编制与计算标准》、《电力建设工程预算定额（第四册 送电线路工程）》、《20kV 及以下配电网工程建设预算编制与计算标准》、《20kV 及以下配电网工程预算定额》等电力工程有关规范、标准和定额，突出高职教育特色——以项目导向、任务驱动，选择具有一定代表性的实际输配电线路工程项目作为学习载体，使学生逐步了解并掌握输配电线路工程造价相关理论知识，培养从事输配电线路工程估算、概算、预算、结算和决算等技术经济工作的能力。

本书由四川电力职业技术学院汤晓青担任主编，李莉为副主编，陈利和四川电力送变电建设公司熊红星参与了编写工作，四川省电力公司陶鹏程担任主审。陈利编写了学习项目一，李莉编写了背景知识、学习项目三、四，熊红星编写了学习项目五，汤晓青编写了学习项目二并完成全书统稿。本书撰写过程中得到了冉勇、谌剑锋等同行的大力支持和帮助，在此一并致谢。

书中若有不妥之处，恳请读者批评指正。

编　　者

2011 年 6 月

目　　录

背 景 知 识

工程造价，是指完成某项建设工程需要花费的全部费用，包括从工程项目筹建到竣工验收交付使用的所有费用，是工程项目有计划地进行固定资产再生产和形成相应无形资产，以及铺底流动资金的一次性费用总和。在工程项目建设的不同阶段，工程造价具体体现为投资估算、概算、施工图预算，以及工程结算和决算等技术经济文件。人们对它的认识是随着生产力水平的发展——生产技术的进步和生产管理能力的提高而不断加深的。

工程建设预算，是指在工程建设过程中根据不同设计阶段的设计文件的具体内容和有关定额、指标及取费标准，预先计算和确定建设项目的全部工程费用的技术经济文件，也是各阶段设计文件的重要组成部分。按照设计阶段的不同，其可分为可行性研究阶段编制的投资估算、初步设计阶段编制的概算、施工图设计阶段编制的施工图预算等。工程建设预算常被称为工程建设概预算。

在实际工作中，特别是工程施工阶段，人们常常把以上两者等同。

一、国外工程建设预算制度形成和发展的三个阶段

国外工程建设预算制度最早出现在英国，距今已有四百余年的历史，其形成和发展可分为以下三个阶段。

（1）在 16 世纪前，建筑业没有详细的分工，设计、施工等都是一体化的。随着建筑业的发展，建筑产品越来越复杂，设计和施工才逐步分离。施工工匠在工程完工后，为了确定其应得的报酬，必须要对施工工程量进行测量并估价，但由于施工工匠文化水平较低，计算困难，一批有文化的人承担了此项任务，他们就是今天预算师的前身。当时的预算师只是在完工之后计算工程的投资额，也就是在确定人工、材料等方面支出后再算账。这是英国预算制度发展的初级阶段。

（2）1830 年，英国政府为了规范建筑市场，在工程建设中实行总承包合同制，要求在工程招标之前，根据施工图纸计算出相应的工程量，作为承包商投标的基础，然后通过投标报价，由承包商最后完成预算书的编制。预算书成为承包合同文件的重要组成部分。工程造价的确定是在开工以前，在工程施工过程中严格按照预算控制各项费用的支出，业主和承包商之间在工程竣工后按照预算办理工程结算。从此，预算制度在英国初步形成，并产生了一个独立的专业——预算专业。1868 年，英国成立了预算师学会，即现在的皇家预算师学会（也称皇家测量师学会），这标志着工程建设预算制度的发展实现了第一次飞跃，到了第二阶段。

（3）随着建筑业的不断发展，仅仅在施工招标阶段确定工程造价，已经远远不能适应工程建设发展的需要。由于在设计阶段对费用没有进行控制，到招标阶段才发现工程造价偏高、资金不足，以致被迫停工或修改设计，这对业主极为不利。到 19 世纪末期，投资计划和控制的方法随之产生并得到广泛应用。这个投资计划就相当于现在的初步设计概算和按照概算控制施工图设计。特别是在 1950 年以后，预算制度被进一步完善。在业主提出工程建设任务或进行可行性研究时，预算师就同建筑师、工程师等一起对工程投资进行估算，供业主决策之

用。也就是在设计的早期阶段，就对工程投资进行估价，经业主同意后，对设计的投资进行控制。至此，工程预算制度的发展实现了第二次飞跃，到了第三阶段。

目前，在英国等其他西方经济发达国家，预算师参与到工程项目建设全过程之中，对工程投资实行全面管理，既负责工程投资预算书的编制，又负责对工程投资的使用实施监督控制，工程竣工后还负责办理竣工决算，从而为保证业主的投资取得良好的经济效益发挥了重要作用。

二、我国工程建设预算制度的形成

我国工程建设预算制度的形成历史最早可以追溯到一千多年前。我国古代各朝多大兴土木，在此过程中不仅使工程技术不断提高，也逐步形成了一套工料限额管理制度，演变成现在的人工、材料定额。据《辑古篡经》等书记载，我国唐代就已有夯筑城台的用工定额——功；继宋代《营造法式》（1091 年编成）之后，清代官方颁布了《工程做法》（1734 年刊行），详细地阐述了各种房屋营造范例和应用工料估算限额，既是工匠营造房屋的标准，又是主管部门验收工程、核定经费的明文依据。

我国现代工程建设预算制度的形成于 20 世纪 50 年代初，即"一五"计划期间（1953～1957 年）。当时我国实施的预算制度与英国相比较，相同之处是在初步设计阶段要求编制概算作为控制基本建设投资的最高限额，施工图阶段要求编预算作为甲乙双方结算的依据；不同之处是我国的概预算制度中还确定了工程造价的审批程序（即概、预算的审批、审定程序），以及定额、费用标准、编制概预算依据的管理权限等，这反映了当时我国计划经济的特点。在此期间，基本建设管理制度比较健全，基本上做到了先确定工程造价再花钱，所以尽管当时的预算制度还有许多不完善的地方，但对于基本建设能够取得较好的经济效益还是起到了积极的作用。

1958～1976 年，我国工程建设预算制度逐渐被破坏，概、预算对设计和施工都失去了控制作用。

十一届三中全会以后，随着我国经济体制改革的深入，一套适应改革开放需要的预算制度逐步形成。1983 年，国家计划委员会（现国家发展和改革委员会，简称发改委）和中国人民建设银行（现中国建设银行）联合颁发了《关于改进工程工程建设预算工作的若干规定（试行）》，国家计划委员会、建设部、劳动人事部、中国人民建设银行颁布了《基本建设项目投资包干责任制办法》的通知；1984 年，国务院颁发了《关于改革建筑企业和基本建设管理体制若干问题的暂行规定》；1988 年，国家计划委员会颁发了《关于控制建设工程造价的若干规定》的通知等文件，为中国工程造价管理工作的恢复、整顿和发展起到了积极的指导作用。

改革开放三十多年来，我国在工程建设预算制度的建设方面取得了十分可喜的成绩：一是形成了初具规模的工程定额体系，这对于在建设工程中合理地使用人力、物力科学决策和宏观调控，提高经济效益具有重要意义；二是实施了工程造价的动态管理，随着中国经济体制，特别是价格体制改革不断深化，将工程造价静态管理改革为动态管理，这对新形势下工程造价的合理确定和有效控制发挥了积极作用；三是加强了对工程造价的监督审查，保证了建设资金的合理使用；四是建立了工程造价管理机构，专业人员数量不断增多，素质逐步提高，培育了一支思想好、作风正、业务过硬的专业队伍。但是我国目前的工程造价管理方式仍然没有从根本上脱离旧体制的束缚，还不能充分适应社会主义市场经济的发展需要，需要进一步的改革和完善。

三、我国电力建设简介

（一）我国电力建设概况

我国电力建设始于 1882 年，由英国商人开办的上海电光公司于同年 7 月 26 日正式供电，从对电能的商业性使用时间来看，我国仅次于英、法两国。到 1949 年，我国电力工业发展了 67 年，电力事业的经营模式经历了由最初的外商投资、清朝政府经营电灯厂，到后来的民族、官僚资本经营办电的发展过程，全国发电设备总容量 185 万 kW，年发电量 43 亿 kW·h，最大的火电机组单机为 5 万 kW，最大的水电机组单机为 10 万 kW，最大的火电厂容量不超过 20 万 kW，最大的水电站容量不超过 30 万 kW。

新中国电力建设六十余年来，其间经历了恢复、增长、调整和发展的四个重要历史时期。"一五"计划期间，我国电力建设属于"恢复"期，主要是将解放前的发电设备修复再使用。随之而来是我国电力建设的"增长"期，为满足当时国民经济高速发展的要求，在全国各地开始推进各基础性行业建设，从前苏联引进了一大批发电设备；从 20 世纪 60 年代中期开始到 80 年代初期电力建设处于"调整"期；从 20 世纪 80 年代中期开始，我国电力建设进入了一个高速发展时期。

如今，我国电力工业的生产技术和装备水平逐步接近世界经济发达国家水平，在特高压、智能电网等领域已处于世界先进水平。截至 2006 年底，我国已拥有百万千瓦级以上发电厂 171 座；竣工于 2009 年的三峡水力发电厂总装机容量达到了 2250 万 kW，年发电量约 1000 亿 kWh。我国目前运行中的火电单机容量有 20 万、30 万、50 万、60 万、80 万 kW；水电单机容量有 10 万、32 万、55 万、70 万 kW，能自主设计制造单机容量达到 100 万 kW 的超大型水轮发电机组；运行中的核电机组总容量超过 1000 万 kW，占总装机约为 1.1%，在建核电机组总容量达到 2500 万 kW，居世界第一，计划到 2020 年我国核电装机容量将突破 7000 万～8000 万 kW，届时占我国总装机容量 15 亿 kW 的 4.6%～5.3%；此外，风能和太阳能发电站建设也取得了长足的发展。在电网建设方面，预计到"十二五"末，我国将建成由特高压骨干网架为支撑的"三华"（华北、华中、华东）、东北、西北、南方四大电网。

（二）电力建设在国家基本建设中的地位和作用

电力是农业的命脉、工业的先行。电力工业是一个国家的基础产业，在国家基本建设中占据着重要的地位。基本建设，是指在国民经济中投资进行建筑、购置和安装固定资产以及与此相联系的其他经济活动。基本建设在国民经济中占有重要的地位，而电力建设是国家基本建设中的重要组成部分。

我国电力建设历经百年，初具规模，但人均占有的发电装机容量和发电量水平仍居于世界落后水平。例如，2007 年的中国人均发电量约为 2484kW·h，占世界排名的第 73 位，远远低于发达国家水平。我国缺电持续时间几乎就等于电力建设的历史。新中国建立后，从 1953 年开始京津塘地区缺电，1958 年就开始全国性缺电，长期以来全国有 20%～30% 的生产能力得不到正常开工，一直持续到 20 世纪 90 年代初期。到 1996 年，我国开始实施经济体制改革，导致相当部分的大中型国有企业严重开工不足，这才使得全国性缺电的局面有所扭转，在部分地区甚至出现了电力富裕的局面。但这种低水平上的电力富裕持续时间不长，2001 年的夏季在全国又开始出现了拉闸限电，2003 年出现了大范围的拉闸限电。

长期以来，我国电力建设滞后于经济社会对电力能源不断增长的需求。其原因有二：一是电力生产与施工技术进步缓慢；另一方面——也是最关键的原因，是我国没有将电力工业作为主导性产业，资金投入严重不足。

目前，我国电力供应支撑经济社会发展能力显著增强，电源结构和布局进一步优化，电网优化配置资源能力明显提高，绿色发展能力进一步增强，电力技术装备水平和自主创新能力显著提高。

"十二五"期间，在"建设小康社会"、"工业化、城镇化"加快进行的形势下，对能源电力的需求将快速增长，电力建设将以加快转变电力发展方式为主线，以保障安全、优化结构、节能减排、促进和谐为重点，着力提高电力供应安全，着力推进电力结构优化，着力推进资源优化配置，着力推进电力产业升级，着力推进电力和谐发展，努力构建安全经济、绿色、和谐的电力工业体系，满足经济社会科学发展的有效电力需求。在保护生态环境的前提下，优先开发水电；在确保安全的基础上，大力发展核电；积极推进风能、太阳能和生物质能等可再生能源发电，提高非化石能源比重。推行煤电一体化开发，加快建设大型煤电基地，坚持输煤输电并举。鼓励发展热电联产，统一规划高参数、环保型机组和符合国家政策的热电联产项目。推进煤电绿色开发，大力推行洁净煤发电技术。同时，将继续加强电网建设，农网改造、智能电网建设将成为建设重点。

（三）电力基本建设的投资

1. 电力基本建设投资的组成

电力工业是资金密集型行业，对电力工业的投资包括了对电厂及电力网的投资两个部分。电力网的投资涉及对变电设备和输配电网络的投资。资金的筹集、投入与回收是制约电力工业发展的最根本的问题。

2. 我国电力基本建设的投资现状

国务院为发展电力工业制定了"政企分开、省为实体、联合电网、统一调度、集资办电"的二十字方针，以及"因地因网制宜"的电力工业体制改革方针，改变了以前电力部门一家办电的体制，实行"多渠道、多模式、多层次"的集资办电和多家办电——国家投资、地方集资、中外合资、外商独资等多种形式，基本解决了电力工业发展的资金问题。

四、基本建设概述

（一）基本建设项目

基本建设项目，是指在行政上有独立的组织形式，在经济上实行独立核算，可直接与其他企业或单位建立经济往来关系，按照一个总体设计进行兴建的一项独立工程项目。

基本建设项目按性质的不同可分为新建、扩建、改建、恢复、迁建、技术改造、更新项目等。新建项目，即原来没有的、新开工建设的项目；扩建项目，即在原有的基础上为扩大产品生产能力或增加新的产品生产能力而新建的工程项目；改建项目，是指原有企业以提高劳动生产率、改进产品质量或改变产品方向为目的，对原有设备或工程进行改造的项目；恢复项目，是指企业、事业单位因自然灾害等原因，使原有固定资产全部或部分报废，以后又按原有规模恢复建设的项目；迁建项目，指原有的项目迁往外地建设的；技术改造项目，是指用水平较高的技术代替水平较低的现有技术，用先进技术对企业现有的机器、设备、生产工艺进行技术改造的项目；更新项目，是指当固定资产基本部分已经丧失使用价值，另行购置新的固定资产来进行替换，以保持原有规模的项目。

基本建设项目按用途的不同可分为生产性和非生产性建设项目。生产性建设项目，是指直接用于生产或满足生产需要的建设项目，如工业、建筑业、农业、水利、气象、运输、邮电、商业、物资供应、地质资源勘探等建设项目；非生产性建设项目，是指用于人民物质生活和文化生活需要的建设项目，如文教、卫生、科研、公用事业、机关和社会团体等建设项目。

基本建设项目按建设规模或投资大小可分为大型项目、中型项目、小型项目；按隶属关系可分为国务院各部门直属项目、地方投资国家补助项目、地方项目、企事业单位自筹建设项目；按建设阶段分为预备项目、筹建项目、施工项目、建成投产项目、收尾项目和竣工项目等。

（二）基本建设程序

基本建设的特点是投资多，建设周期长，涉及的专业和部门多，工作环节错综复杂。为了保证工程建设顺利进行，达到预期的目的，在基本建设的长期实践中，逐步摸索、总结出一套为广大工程建设人员共同遵守的工作程序，包含基本建设全过程中各项工作的先后顺序和工作内容及要求，即基本建设程序。基本建设程序是基本建设实践中的客观规律性反映，严格遵守基本建设程序是进行基本建设工作的一项重要原则，如不按基本建设程序建设，势必给国民经济带来严重损失。我国的基本建设程序是 1952 年由国务院颁布实施的，近 60 年来，随着国家基本建设逐步进行及发展，基本建设程序也得到了进一步完善。现行的基本建设程序可分为项目建议书阶段、可行性研究阶段、设计阶段（初步设计、施工图设计）、开工准备阶段、施工阶段、生产准备阶段、竣工验收阶段、工程后评价阶段八个阶段，下面分别加以简单阐述。

1. 项目建议书阶段

建设项目建议书是国家规定的基本建设程序中最初阶段的工作。项目建议书是由投资者根据国家的长远规划和部门、行业、地区的发展规划，对准备建设的项目作出大体轮廓性设想和建议，为确定拟建项目是否有必要建设、是否具备建设的基本条件、是否需要再作出进一步的研究论证工作提供依据。

项目建议书可以有繁有简，一般包括以下内容：①建设项目提出的必要性和依据；②市场预测；③建设规模和产品方案设想；④建设地点设想；⑤资源供给的可能性和可靠性；⑥主要技术工艺设想；⑦外部协作条件；⑧投资估算和资金筹措方案；⑨建设工期预计；⑩经济效益和社会效益的初步评价。

建设项目建议书是国家主管部门或投资者选择项目进行投资的依据；准确地编制和实事求是地审核项目建议书，就能够掌握建设项目前期工作的主动权，为以后工作的深入开展奠定良好的基础。

在建设项目建议书编制过程中应注意的事项有以下几点。

（1）应从符合国家当前的经济发展水平出发，确定合理的建设标准。

（2）以尽量靠近原料、燃料和消费地以及工业项目适当聚集为原则选择建设地区。

（3）建设地点（厂址）的选择有两点最根本要求：一是从保证建厂直接经济效益出发，

满足该厂生产、建设和职工生活的需求；二是从保证间接的社会效益出发，要求厂址布局有利于所在城镇和工业小区总体规划的实现，不要造成景观和生态环境的破坏。

（4）项目的经济规模应达到国家主管部门或行业、地区的要求，使规模效益充分发挥。

（5）坚持先进适用和经济合理地选择生产工艺。

（6）尽量选用国产设备，必须引进进口设备时要注意进口设备与国产设备、厂房之间的配套问题，同时应注意对技术资料的引进和掌握。

2. 可行性研究阶段

可行性研究简称"可研"，由建设单位及主管部门进行管理和操作，是国家或投资者对建设项目进行宏观决策、宏观预控的基础，包括对该项目相关的技术、经济、社会、环境等所有方面进行调查研究。可行性研究主要对工程项目在技术及经济两方面是否可行进行综合、科学的分析和论证，作出多方案比较，提出评价意见，推荐最佳方案。可行性研究从技术方面，主要是研究一个工程项目在建设及投产后对资源、技术、人才的需求情况的合理程度，以及该工程项目建设及建成后对社会、环境的影响；从经济方面，是研究一个工程项目建设过程中所花费的投资的合理程度，以及该工程项目是否符合当前的国家的基础建设投资政策，财务上是否盈利。当然，技术与经济两者之间不是相割离的，而是相互联系的。项目的工程技术方案（涵盖施工技术和生产技术）的实施，决定了该工程在经济上的合理程度，即投资估算；反过来，投资估算对该项目的工程技术方案的实施又有能动的影响作用，因为它控制着工程项目的总体造价。

根据国家规定，所有国内投资项目和利用外资的建设项目，在批准项目建议书后都要进行可行性研究，并编报出可行性研究报告。一般的，国内工业项目可行性研究报告应具备以下主要内容。

（1）总论，包括项目提出的背景、投资的必要性和经济效益、研究工作的依据和范围。

（2）需求预测和拟建规模，包括国内外需求情况的预测、销售预测、价格分析、进入国际市场的前景，国内现有工厂的生产能力的估计，对项目在规模、产品方案和发展方向上的技术经济比较和分析。

（3）资源、原材料、燃料和公用设施情况，包括原料、辅助材料、燃料的种类、数量、来源和供应可能性，以及所需的公用设施的数量、供应方式和供应条件。

（4）建厂条件和厂址方案，包括建厂的地理位置、气象、水文、地质地形条件和社会经济现状，交通、运输及水电气的现状和发展趋势，以及厂址比较与选择意见、厂址选择时的费用分析。

（5）设计方案，包括项目的构成范围、技术来源和生产方法，主要技术工艺和设备选型方案的比较，引进技术设备的来源，全厂布置方案的初步选择和土建工程量情况，公用辅助设施和厂内交通运输方式的比较与初步选择。

（6）环境保护，包括调查环境现状、预测项目对环境的影响、提出环境保护和"三废"治理的初步方案，提出劳动保护及安全生产等施工技术以及相应措施的方案。

（7）拟建企业组织设置、劳动设置和人员培训计划。

（8）项目建设实施进度建议。

（9）投资估算和资金筹措，包括主体工程和协作工程所需的投资、项目建成后所需流动资金的估算，项目资金来源、筹措方式及以后贷款偿还方式。

（10）项目经济评价，要采用现代经济分析方法（微观经济评价——财务评价、宏观经济评价——国民经济评价），对拟建项目在建设期、生产期内投入产出的诸多经济因素进行调查、预测、研究、计算和论证，从中选择最佳方案作为决策项目的重要依据。

对可行性研究报告编制的要求有：一是确保可行性研究报告的真实性和科学性；二是编制单位必须具备承担可行性研究的条件，有一定的经济和市场分析专家、工程技术人员、财务人员，有较完备的技术装备手段；三是可行性研究的内容、深度及计算指标必须达到标准要求，满足项目决策的需要；四是编制完成后，应由编制单位行政、技术、经济方面的负责人签字，并对研究报告的质量负责。

可行性研究结束后，可行性研究报告须经过各行业主管机关及国家计委评审、立项，小型项目的可行性研究报告。按隶属关系由各主管部、各省、市、自治区审批。工程项目立项后，才可进行工程设计工作。例如，举世闻名的三峡工程就是在半个多世纪中经过多次的可行性考察、论证，考虑了水利、电力、航运、工程技术（电力建设和土建）、生态学、环境保护、工程地质、工程经济、系统工程、宏观经济等多方面的问题后，最终确定了移民较少、投资较少的"中坝方案"。

3. 设计阶段

主管单位成立建设单位负责筹建工作，委托设计单位进行勘测设计。承担设计的单位在进行设计前，要认真研究可行性研究报告，并进行勘测、调查和试验研究工作。设计是对拟建工程的实施在技术和经济上所进行的、全面而详尽的安排，是具体化的工程建设计划，是组织施工的依据。设计是复杂而综合性很强的技术经济工作，它建立在全面正确的勘测、调查工作之上。设计工作是分阶段进行的，一般分为初步设计和施工图设计两个阶段。对重大项目和技术复杂项目，可根据不同行业的特点和需要，增加技术设计阶段。设计质量直接关系到建设项目的质量，关系到工程造价的计价与管理，是工程建设决定性的环节。

（1）初步设计，简称初设，它要求按批准的项目任务书及国家的经济政策，结合各地当时的具体规定，收集有关的设计资料，明确设计条件及设计原则，写出初步设计纲要，作为初步设计的依据，提出工程材料估算清单并编制概算数，作为投资及订货的依据。初步设计是解决建设项目的技术可靠性和经济合理性的问题，所以初步设计有一定的规划性质，是建设项目的纲要设计。其具体内容、组成则随不同的工程项目不尽相同，如输电线路工程的初步设计包括线路的起讫点、路径、电压等级、导地线型号等的确定，线路沿线地质、地形、水文、气象条件调查，土石方量估算、主要材料消耗估算，主要经济技术指标、建设工期、设计概算等的确定。对特殊地质地形条件、气象条件下的输电线路工程和大型输电线路工程的施工、组织等方面的问题，应进行相应深度的科学研究，必要时应有模型试验成果的论证。例如针对"二滩"送出工程中个别地段覆冰严重的问题，西南电力设计院于1982年在相应地段建立了"黄茅根"大型观冰站，架设了3挡试验线路，另有大型的雾凇塔，进行了十余年的"覆冰"数据观测试验，1994年进入工程建设阶段。

技术设计，又称扩大初步设计，是指为了进一步解决初步设计中的重大技术问题（如工艺流程、建筑结构、设备选型等），根据初步设计和进一步的调查研究资料进行的技术设计。技术设计可以使建设工程更具体、更完善，技术指标更合理。

（2）施工图设计，是初步设计的具体施工安排，是在初步设计的基础上根据建筑安装工作的需要，针对各项工程的具体施工，绘制施工详图。它是进行工程施工的依据，对工程建成后的生产过程的长期维护起着重要的参考作用。根据施工图设计，编制施工图预算（即预算书）。

设计文件编好后，必须按照规定进行审核和批准。初步设计与概算应提交有关部门组织审批。施工图设计文件是已定方案的具体化施工安排，由设计单位负责完成。在交付施工单位时，须经建设单位技术负责人审查签字，设计人员应到现场与建设、施工单位共同会审设计图纸、设计文件，进行技术讨论和说明。

4. 开工准备阶段

项目开工准备阶段的工作较多、涉及面较广，主要内容包括申请列入固定资产投资计划，开展各项施工准备工作（如编制建设项目的实施计划、工程施工招标和设备、材料的订货），开展征地、拆迁、"三通一平"（通电、通水、通气，平整场地）工作，签订各类合同、协议。这一阶段的各项工作，对于保证项目开工后能否顺利进行具有决定性作用。

5. 施工阶段

施工阶段是建设项目付诸实施的重要阶段，必须按照施工顺序，结合实际情况合理组织施工。施工阶段施工单位应全力以赴，保证工程质量，按期完成工程建设任务。

项目新开工时间，是指建设项目设计文件中规定的任何一项永久性工程第一次正式破土开槽的日期。不需要开槽的工程，以建筑物基础的正式打桩日期作为正式开工日。工程地质勘察、平整场地、拆除旧建筑物、临时建筑、施工用临时道路和水、电等施工不算正式开工。建设工期从新开工时算起。

当开工准备基本就绪后，应由建设单位提出申请开工报告，经主管部门批准后才能开工兴建。根据国家规定，大中型项目的开工报告要报国家发改委批准。

施工阶段一般包括土建、装饰、给排水、采暖通风、电气照明、工业管道及设备安装等工程项目。施工单位要严格履行合同，要与建设、设计单位和监理工程师密切配合。在施工过程中，各环节要相互协调，加强科学管理，确保工程质量，全面按期完成施工任务。施工过程中，施工单位必须严格按照设计施工图施工，在确保工程质量的前提下，降低工程造价。施工中因工程需要变更时，应取得设计单位和建设单位的同意。按照设计和施工验收规范进行验收，对地下工程、隐蔽工程，特别是基础和结构的关键部位必须经过检验合格并做好原始记录，才能进行下一道工序。对不符合质量要求的工程，要及时采取措施，不留隐患。不合格的工程不得交工。

6. 生产准备阶段

在施工过程中，建设单位应当根据建设项目的生产技术特点，按时组成专门班子，有计划有步骤地做好各项生产准备，为竣工后投产创造条件。生产准备工作主要有招收和培训必要的生产人员，落实原材料、燃料、动力等生产协作条件，组织工器具、备品、备件的制造和订货，组建有力的生产指挥管理机构，制定必要的管理制度和安全生产操作规程等。

7. 竣工验收阶段

竣工验收的目的是：全面考核建设成果，检查设计和施工质量；及时解决投产的问题；办理移交手续，交付使用。

竣工验收程序一般分为两个阶段，即单项工程验收和整个工程项目的全部验收。对于大型工程，因建设时间长或建设过程中逐步投产，应分批组织验收。一般竣工验收之前，施工单位会进行工程预验收，有时监理单位也会组织初步验收。竣工验收时，由建设单位组织竣工验收，参加的单位包括设计、施工单位，银行、环保及有关的政府监督部门等。具体工作是系统整理技术资料，绘制竣工图，分类立卷，在验收后作为档案资料交生产单位保存。建设单位要认真清理所有财产和物资，编好工程竣工决算，报上级主管部门审批。

输配电线路工程按照设计文件所规定的内容建成后，在办理竣工验收前必须进行线路带电试运行，检查考核是否已达到设计标准和施工验收的质量要求，如工程质量不合格，应返工或加固。

8. 工程后评价阶段

工程后评价是在工程交付后生产运行一段时间内，对项目的立项决策、设计、施工、竣工验收、生产运行等全过程进行系统评价的一种技术经济活动，是基本建设程序的最后一环，力求以此达到肯定成绩、总结经验、研究问题、提高项目决策水平和投产效果的目的。工程后评价主要包括以下内容。

（1）影响评价。通过项目建成投入生产后对社会、经济、政治、技术和环境等方面所产生的影响来评价项目决策的正确性。如项目建成后没达到决策时的目的，或背弃了决策目的，则应分析原因、找出问题、加以改进。

（2）经济效益评价。通过项目建成投产后所产生的实际效益的分析，来评价项目投资是否合理，经营管理是否得当，并与可行性研究阶段的评价结果进行比较，找出二者之间的差异及原因，提出改进措施。

（3）过程评价。前述两种评价是从项目投产后运行结果来分析评价的，过程评价则是从项目的立项决策、设计、施工、竣工投产等全过程进行系统分析。

上述内容，基本上反映了基本建设的全过程，它们大致又可划分为三个阶段，即前期工作阶段、工程实施阶段、竣工投产阶段。从国内外的基本建设的经验来看，前期工作阶段最重要，一般占整个工程的 50%～60% 的时间。前期工作做好了，其后各阶段的工作就容易顺利完成。目前国内对基础设施建设工程质量高度重视，尤其要求严格执行建设程序，确保前期工作质量。

与我国基本建设程序相比，国外通常把工程建设的全过程分为三个时期，即投资前时期、投资时期、投资回收时期，主要包括投资机会研究、初步可行性研究、可行性研究、项目评估、基础设计、工程设计、详细设计、招标发包、施工、竣工投产、生产阶段、工程后评价、项目终止等步骤。

五、工程建设预算简介

（一）工程建设预算分类

工程建设预算是国家确定工程建设项目投资额、建设单位确定工程造价和编制建设计划、银行拨付工程价款、施工单位签订经济合同、推行投资包干制和招投标承包制的主要依据。工程造价管理的两大任务：一是工程造价的测算，即在合理确定工程造价构成和水平的基础上，在设计、建设各阶段正确编制估算、概算、预算、结算和竣工决算；二是工程造价的控制，即在投资决策阶段，设计、招投标、施工、竣工阶段，把技术与经济紧密结合起来，有效控制造价，使各阶段的实际投资不超上一阶段的投资额，使最终的造价不超过批准的造价限额。

工程建设预算包括投资估算、设计概算、施工图预算、施工预算、工程决算、竣工决算等几种，它们与基本建设程序的关系如图 0-1 所示。从图中可以看出，工程建设预算从确定建设项目、确定和控制基本建设投资、进行基本建设经济管理和施工企业经济核算，到最后核定项目的固定资产，它们以价值形态贯穿于整个基本建设过程中。其中设计概算、施工图预算和竣工决算，通常简称基本建设的"三算"，是建设项目的重要内容，三者有机联系，缺一不可。设计要编制概算，施工要编制预算，竣工要编制决算。一般情况下，决算不能超过预算，预算不能超过概算。此外，施工企业还要编制反映工程最终造价并作为清算工程价款的竣工决算。竣工决算与施工图预算、施工预算一起被称为施工企业内部的"三算"。

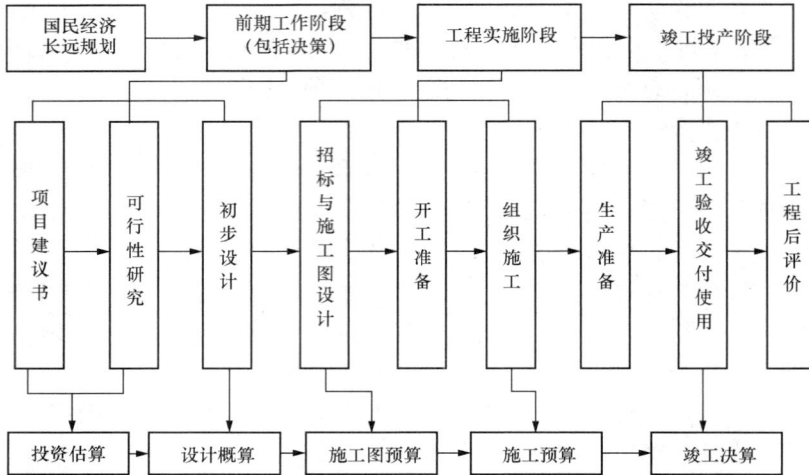

图 0-1　基本建设程序与工程建设预算关系简图

一般认为，在建设项目施工招标投标中编制的标底和标价也属于工程建设预算的范畴。建设单位编制的标底和施工企业编制的投标报价，是它们各自制定的基建产品的浮动价格，即市场价格。中标报价是基建产品的成交定价价格。

工程建设预算中的设计概算和施工图预算，在编制年度基本建设计划、确定工程造价、评价设计方案、签订工程合同、银行拨款和贷款、竣工决算等方面有着共同的作用，都是国家对基本建设进行科学管理和监督的有效手段。二者在编制方法上也有相似之处；但由于编制时间、依据、要求和编制单位不同，它们还是有所区别的。

（二）编制工程建设预算的概念、内容和作用

工程建设预算，是确定工程费用的文件，其实质是计算和采用基本建设产品计划价格的一套程序和方法。编制工程建设预算的必要性，首先是由建设产品自身的特点所决定的。与一般工业生产相比，基本建设产品的生产有以下特点。

（1）基本建设产品的建设地点不固定性。基本建设产品都是在选定的地点上建造的，不同于一般工业产品一样在工厂里重复、批量地进行生产，工业产品的生产条件一般不受时间及气象条件限制。由于基本建设产品的施工地点不同，使得对于用途、功能规模、标准等基本相同的建设产品，因其建设地点的地质、气象、水文条件等不同，其造型、材料选用、施工方案等，都有较大的差异，从而影响到产品的造价。此外，不同地区工人的人工工资标准以及某些费用标准，例如材料运输费、冬雨季施工费等，都会由于建设地点的不同而不同，使基本建设产品的造价有很大的差异。

（2）基本建设产品的单件性。基建产品一般各不相同，每项工程中，都根据工程的具体要求进行单独设计，在设计内容、规模、造型、结构和材料等各方面都互不相同。同时，因为工程建设项目的性质（新建、改建、扩建或恢复等）不同，其设计要求也不同。既使工程的性质或设计标准相同，也会因建设地点的地质、水文条件不同，其设计也不尽相同。因此，基本建设产品的单件性，使得在基建产品的造价上也互不相同。

（3）基本建设产品的露天性。基本建设产品的生产一般都是在露天进行的，季节的更替、气候、自然环境条件的变化，均会引起产品设计的某些内容和施工方法的变化，也会造成防汛、防寒、防雨或降温等费用的变化，这些变化都会引起基本建设产品的造价发生相应的变动，使得各基建产品的造价并不相同。

（4）基本建设产品的生产周期长，程序多，涉及面广，社会协作关系复杂，这些特点也决定了基本建设产品价值构成不可能一样。

基本建设产品的上述特点，决定了它不可能像一般工业产品那样，可以采用统一的价格，而必须通过特殊的计划程序，对逐个产品单独编制建设预算来确定其价格。

另外，编制工程建设预算，是国家执行计划和调控市场的要求。国家根据国民经济计划对市场需求的预测，有计划地安排每个基建项目，每个基建项目又称基本建设产品。为了编制基本建设计划，需要根据基本建设产品及其生产特点，采取编制建设预算的方法，来确定基本建设产品的预算价格，然后根据其价格编制基本建设计划，确定每个建设项目的投资。

1. 投资估算

投资估算是指建设工程从前期工作开始到工程形成预定的生产能力，能够进行正常生产所需的全部建设费用的预期最大可能值。投资估算是在规划阶段、项目建议书阶段、可行性研究阶段，建设单位向国家或主管部门申请基本建设投资时，为确定建设项目投资总额而编制的技术经济文件，它是国家或主管部门确定基本建设投资计划的重要文件。

项目投资估算对工程设计概算起控制作用，它为设计提供了经济依据和投资限额，设计概算不得突破批准的投资估算额。投资估算一经确定，即成为限额设计的依据，用以对各设计专业实行投资切块分配，作为控制和指导设计的尺度或标准。项目投资估算是进行工程设计招标，优选设计方案的依据。项目投资估算可作为项目资金筹措及制订建设贷款计划的依据，建设单位可根据批准的投资估算额进行资金筹措向银行申请贷款。

（1）国内工程项目的投资估算。项目投资估算是在进行初步设计之前各工作阶段中的一项工作。在初步设计之前应编制项目规划和项目建议书，同时应根据项目已明确的技术经济条件，编制和估算出准确度不同的投资估算额。我国建设项目的投资估算分为以下几个阶段。

1）项目规划阶段的投资估算。项目规划阶段，根据国民经济发展规划、地区发展规划和行业发展规划的要求，编制一个建设项目的建设规划。其误差率可大于或等于±30%。该估算是否定一个项目或决定是否继续进行研究的依据之一。

2）项目建议书阶段的投资估算。在项目建议书阶段，按项目建议书中的产品方案、项目建设规模、产品主要生产工艺、企业车间组成、初选建厂地点等，估算建设项目所需的投资额。估算误差率可在±30%以内。作为经济上判断工程项目是否应列入投资计划中的依据。根据此阶段估算的投资额，可以否定一个项目，但不能完全肯定一个项目是否真正可行。

3）可行性研究阶段的投资估算。初步可行性研究阶段的投资估算，主要是在投资机会研究及其投资估算的基础上，进一步对建设项目的投资规模、工艺技术、材料来源、建址选择、组织机构和建设进度等情况，进行综合技术经济分析，以判断建设项目的可行性，并做出初步投资评价与决策。因为是经过技术经济论证后所做出的对投资数额的估计，所以误差率应在±20%以内。此阶段的投资估算可作为编制设计任务书的参考依据。

4）评估审查阶段的投资估算。这是在上一阶段投资估算的基础上，从技术、经济、财务制度等方面，对拟建项目的最佳投资方案进行评价，并对建设项目的可行性研究提出结论性意见。该阶段是进行全面、详细、深入的技术经济分析和论证阶段，投资估算的误差率应控制在±10%以内。这一阶段的投资估算是决定拟建项目和选择最佳方案的主要依据，也是编制设计文件、控制初步设计及概算的重要依据。

5）设计任务书阶段的投资估算。这是在评审的基础上，根据可靠的数据和资料对工程项目投资数额所进行的最后估计和认可，误差率控制在±10%以内。此阶段的投资估算是编制投资计划、进行资金筹措及申请贷款的主要依据，是控制工程造价的最高限额。

（2）国外工程项目的投资估算。国外工程项目的投资估算与我国的不同。它不但包括项目建议书阶段、可行性研究阶段、设计任务书阶段的投资估算，还包括相当于我国初步设计阶段的概算和施工图设计阶段的预算。以英美为代表的西方国家，根据不同阶段研究的内容和深度，将投资估算分为五个阶段。

1）数量级估算，又称毛估、比例估算，相当于我国项目建议书阶段的投资估算。这个阶段是对投资项目的机会研究阶段，此时的投资估算是根据已建成的类似工程的投资资料，采用综合比例法估计的，误差率可大于或等于±30%。

2）研究性估算，又称粗估、评价性的估算，相当于我国的可行性研究阶段的投资估算。它是在已有主要设备表和流程图并已经初步选定厂址之后进行的投资估算。其误差率约为±30%。

3）预算性估算，又称初步估算、拨款估算，相当于我国设计任务书阶段的投资的投资估算。它是在已有设备材料的规格表、设备生产能力、工厂总平面图、建筑物的大致尺寸、公用设施的初步配置等较充足资料的基础上进行的估算，可作为确定工程项目是否有发展前途、是否列入投资计划的参考依据。其误差率约为±20%。

4）确定性估算，又称工程控制性估算，相当于我国初步设计阶段的概算，其误差率为±10%，作为控制建设项目投资的依据。

5）详细估算，又称投标估算、最终估算、工程预算，相当于我国施工图设计阶段的预算。它是根据整套施工图纸、技术说明文件和设备材料清单等资料编制的估算，这种估算的精确度较高，误差率约为±5%，其可作为控制工程项目实施阶段投资的依据。

2. 设计概算

在初步设计（或扩大初步设计）阶段，根据初步设计图纸、概算定额（或指标）及其有关费用定额等编制的工程项目从筹建到竣工验收所需的全部建设费用，叫做设计概算。它是设计内容在经济上的体现，是设计文件的重要组成部分。

概算是国家基本建设投资的最高限额，是编制基本建设计划、控制其中建设拨款、贷款的依据，是考核设计方案和建设成本是否合理的依据。《工程建设项目施工招标投标办法》中规定：招标项目编制标底，应根据批准的初步设计、投资概算，依据有关计价办法，参照有关工程定额，结合市场供求状况，综合考虑投资、工期和质量等方面的因素合理确定。概算起着控制标底和投资的作用；概算还起着控制预算的作用，因为预算必须控制在概算的 5%以内。概算一经审核机关批准，即作为建设项目投资的法定依据。设计概算总投资按同年度价格水平计算，不得超过计划任务书批准的总投资；一旦超过，必须详细分析原因，并重点说明超出原因及其合理性，或修改初步设计，直到满足要求为止。

　　3. 施工图预算

　　施工图预算是指在施工图设计阶段，根据施工图纸、施工组织设计、国家颁布的预算定额和工程量计算规则、地区材料预算价格、施工管理费标准、计划利润率、税金等，计算每项工程所需要人力、物力和投资额的文件。它是施工前组织物资、机具、劳动力，编制施工计划，统计完成工作量，办理工程价款结算，实行经济核算，考核工程成本，实行建筑工程包干和银行拨（贷）工程款的依据。一般建筑工程以施工图预算作为编制施工招标标底的依据。

　　预算书是施工图纸资料的重要组成部分，它延续了概算对设计的能动的影响作用，是设计单位进行工程造价管理的重要手段，是施工单位确定工程预算成本和考核工程实际成本的依据，是银行拨、贷款的依据，也可作为标底。

　　下面介绍预算与设计、施工、建设等各方面的关系。预算反映了工程设计在技术上的先进性和经济上的合理性；建设单位和施工单位之间的工程招、投标是在概算或预算的基础上进行的，已审定的预算是建设单位与施工单位工程结算的依据；预算是施工单位进行合理的施工组织，制定并采取先进的技术措施和施工方法，改善经营管理、降低工程成本的出发点。

　　施工图预算的构成基本与初步设计概算类似，下面介绍它们的区别。

　　（1）编制费用的内容不完全相同。设计概算包括建设项目从筹建开始至全部项目竣工和交付使用前的全部建设费用。施工图预算的费用项目架构与概算基本一致，但由于设计深度的不同，施工图预算的费用项目更为细致，更接近工程项目建设最终状态。

　　（2）编制的阶段不同。预算编制与概算编制有一定的时间间隔，在这段时间内，国家、地方的相关政策可能发生变化；设计可能出现设计变更，会导致施工图设计提出的工程量改变等因素的出现，最终导致概算与预算之间有着一定的差别。

　　（3）审批过程及其作用不同。设计总概算是初步设计文件的组成部分，一并申报有关主管部门审批，作为建设项目和正式列入年度基本建设计划的依据。只有在初步设计图纸和设计总概算经审批同意后，施工图设计才能开始，因此它是控制施工图设计和预算总额的依据。施工图预算是先报建设单位初审，然后再送交银行办理审查认定，该预算可作为拨付工程价款和竣工结算的依据。

　　（4）概预算的分项大小和采用的定额不同。设计概算分项和采用定额，具有较强的综合性。设计概算采用概算定额，而施工图预算用的是预算定额。预算定额是综合概算定额的基础。另外设计概算和施工图预算采用的分级项目不同，设计概算一般采用三级项目，施工图预算一般采用比三级项目更细的项目。

　　投资估算、概算、预算三者属于技术经济的范畴，三者合称投资测算。在编制的过程中，它们相互影响、相互联系，对一个工程的建成不可或缺。但传统的编制过程中，多采用手工计算方法，计算工作量大，繁琐复杂、数字转移极多，易出差错且计算时间较长，目前已经广泛使用专用概、预算编制软件，它们一般有通用性强（包括输、配电线路）、灵活（可选用地方价目本或全国统一定额，甚至于还包括行业外定额）、快速（编制一个工程的概、预算并打印出来可能仅几个小时，是手工编制的 20～50 倍）、规范（表格形式规范统一，概、预算的成品容易实现标准化）、使用简便（一般的概、预算编制软件都采用 Windows 平台，操作界面良好，易于且便于使用）等优点，较好地解决了前述手工编制概、预算存在的问题，所以在各电力公司及设计、基本建设企业中专用概、预算编制软件已得到推广应用。

4. 工程结算

工程结算是指施工单位按照工程施工合同，对已完成的工程量向建设单位办理工程价格清算的经济文件。一般工程建设的周期较长，耗用的资金数量较多，为了使施工单位在施工过程中耗用的资金及时得到补偿，需要对工程价款进行结算，一般包括中间结算（进度款结算）、年终结算、全部工程竣工验收后进行的竣工结算。工程结算在工程项目承包中是一项十分重要的工作，主要作用表现为以下几方面。

（1）工程结算是反映工程进度的主要指标。在施工过程中，工程结算的一个重要依据就是已经施工完成的工程量，而通过累计已结算的工程价款占合同总价款的比例，就可以近似反映出工程的进度情况。

（2）工程结算是加速资金周转的重要环节。施工单位尽快尽早地结算工程款，有利于偿还债务和资金回笼，降低内部运营成本，通过加速资金周转，提高资金的使用效率。

（3）工程结算是考核经济效益的重要指标。对于施工单位来说，只有工程款如数地结清，才意味着避免了经营风险、获得相应的利润，以及今后达到良好的经济效益。

5. 竣工决算

竣工决算，是指建设项目全部完工后，在工程竣工验收阶段由建设单位编制的从项目筹建到建成投产全部费用的技术经济文件。它是建设投资管理的重要环节，是工程竣工验收、交付使用的重要依据，也是进行建设项目财务总结，银行对其实行监督的必要手段。其主要目的是考核工程项目投资使用效果的好坏，同时可将施工实践的技术经济数据进行整理加工，为修订定额提供可靠的依据。

竣工决算主要有以下几方面的作用。

（1）建设项目竣工决算是综合、全面地反映竣工项目建设成果及财务情况的总结性文件，它采用货币指标、实物数量、建设工期和各种技术经济指标，综合、全面地反映建设项目自开始建设到竣工为止的全部建设成果和财物状况，能够正确反映建设工程的实际造价和投资结果。

（2）建设项目竣工决算是办理交付使用资产的依据，也是竣工验收报告的重要组成部分。

（3）可以通过竣工决算与概、预算的对比分析，考核投资控制的工作成效，总结经验教训，积累技术经济方面的基础资料，提高未来建设工程的投资效益。

（三）工程建设预算阶段划分及准确度要求

由于在不同工程建设阶段所掌握的资料和具备条件不同，技术经济人员确定的工程造价的准确度就有了差异，它们的内容、目的、作用也就不同，见表 0-1。

表 0-1   建设预算阶段划分及准确度要求

编号	阶段划分	项目计价办法	投资额误差率	备 注
1	项目规划阶段	估算	≥±30%	（1）按规划的要求和内容，初步确定项目所需投资额； （2）否定项目或决定是否进行深入研究的依据
2	项目建议书阶段	估算	±30%以内	（1）主管部门审批项目建议书的依据； （2）否定或判断项目是否需要进行下阶段工作
3	初步可行性研究阶段	估算	±20%以内	据以确定项目是否进行详细可行性研究
4	详细可行性研究阶段	估算	±10%以内	（1）决定项目是否可行； （2）可据此列入项目年度基建计划
5	评估审查阶段		±10%以内	（1）作为可行性研究结果进行评价的依据； （2）作为对项目进行最后决定的依据
6	初步设计	概算	5%～10%	
7	施工图设计	预算	3%～5%	

学习项目一 编制 10kV 配电线路工程施工图预算

【学习指南】 项目一主要以 [案例工程一] 为载体，介绍了编制 10kV 配电线路工程施工图预算的方法：首先根据《20kV 及以下配电网工程建设预算编制与计算标准》进行项目划分；再针对具体项目进行各项工程量统计；然后选择定额、费率填写安装工程单位工程预算表和建筑工程单位工程预算表；依据安装工程单位工程预算表和建筑工程单位工程预算表完成总预算表、安装工程专业汇总表、建筑工程专业汇总表和其他费用预算表；最后编写预算说明；从而完成 10kV 配电线路施工图预算。

案例工程一　　　　　　　　**10kV 某新建配电线路工程概况**

一、总述

（一）设计依据

（1）受某市投资有限公司委托，对该市 10kV 某配电工程进行勘察设计。

（2）DL/T 601—1996《架空绝缘配电线路设计技术规程》。

（3）国家其他有关规程、规范。

（二）设计范围

10kV 某配电工程。

（三）工程概况

（1）在已建 10kV 某配电线路 04 号杆（高低压同杆）上搭接，新建 12m 电杆 3 基，新建线路全长 150m。

（2）在新组立的 N3 号杆上装高压真空断路器（12kV，630A）1 台，敷设 150m 电缆（YJV22-8.7/15kV-3×50）下地至 400kVA 干式变压器。

二、路径及交叉跨越

（一）路径概况

本工程路径见 10kV 架空线路平面布置图，如图 1-1 所示。

（二）交叉跨越

本工程跨越公路 1 处，跨低压 380V 线路 1 处。

（三）交通运输

本工程地处城镇，全线地形比例为平地 100%，运输地形图如图 1-1 所示。

全线地质比例为普土 70%、坚土 20%、泥水 10%。

三、机电部分

（一）设计气象条件（略）

（二）导线

本工程架空线采用 JKLYJ-10kV-50 绝缘导线，安全系数为 7.5，架空线与周围建筑物的安全距离应满足 10kV 架空线路施工和验收规范。

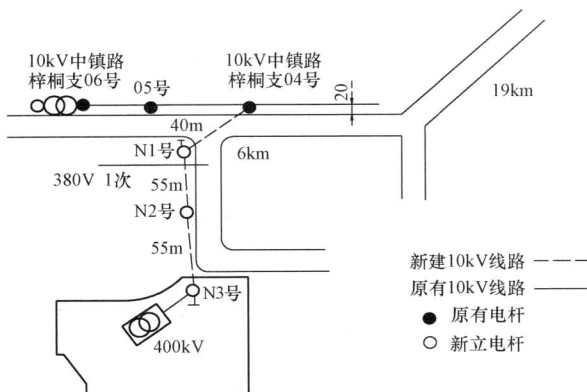

图 1-1　10kV 架空线路平面布置图

（三）防雷保护、绝缘配合

（1）终端杆敷设人工接地体，接地电阻满足规程要求，绝缘子串悬挂点与接地体应有可靠电气连接。

（2）水泥杆架设段绝缘子型号为 FXBW2-10/45，直线绝缘子采用 FS-10/3 合成横担绝缘子。

（3）在装隔离开关处装设氧化锌避雷器（HYW5-12.7/50）。

（四）金具

本工程全线采用国家标准电力金具。

四、杆塔及基础

（一）杆塔

本工程共使用电杆（ϕ190mm×12000mm）3 基，其中电缆终端杆 1 基，转角杆 1 基，直线杆 1 基，组装图如图 1-2～图 1-4 所示。

（二）基础

本工程混凝土杆均采用 D0.8m×0.8m×0.17m 的底盘基础，采用 L0.8m×0.4m×0.15m 的拉线盘。

（三）其他

（1）本工程配隔离开关（12kV，630A）1 组、避雷器 1 组。

（2）本工程图纸套用《城市电网 10kV 及以下工程典型设计》。

✒ 任务1　熟悉配电线路工程项目划分

一、概念

施工图预算，是指在施工图设计和工程施工阶段根据施工图设计文件、预算定额和费用计算有关规定，预先测算和确定的工程造价；也指在施工图设计和工程施工阶段编制、测算和确定施工图预算文件的过程。

建设项目是涉及多个技术专业的系统工程。根据生产特点和专业分工的不同及建设项目设计的专业分卷、分册的划分，对建设项目进行科学地分解，即为项目划分。

材料表

序号	名称	规格	数量	单位	重量(kg) 一件	重量(kg) 小计
1	混凝土电杆	φ190mm	1	根		
2	架空绝缘线	JKLYJ-8.7/10-50	72(55)	m		
3	耐张横担	L75mm×8mm×1800mm	2	根		
4	高压引线横担	L63mm×6mm×2000mm	1	副		
5	避雷器高压引线横担	L63mm×6mm×2000mm	1	副		
6	隔离开关横担	L63mm×6mm×2000mm	1	副		
7	抱箍	φ230mm	1	副		
8	柱上开关横担支架		1	根		
9	电缆保护管	φ160mm	1	个		
10	电缆终端头	WSY-10/3.2	1	串		
11	绝缘子串	X-4.5(FXBW2-10/45)	3	根		
12	瓷横担	S-210	12	台		
13	10kV氧化锌避雷器	HYW5-112-7/50	6	台		
14	10kV高压隔离开关	GW9-10/600	6	台		
15	10kV真空柱上开关		1	台		
16	铜铝过渡线夹	SLG-4B	9	个		
17	接地装置					
18	接地引下线	-50×6	6	m		

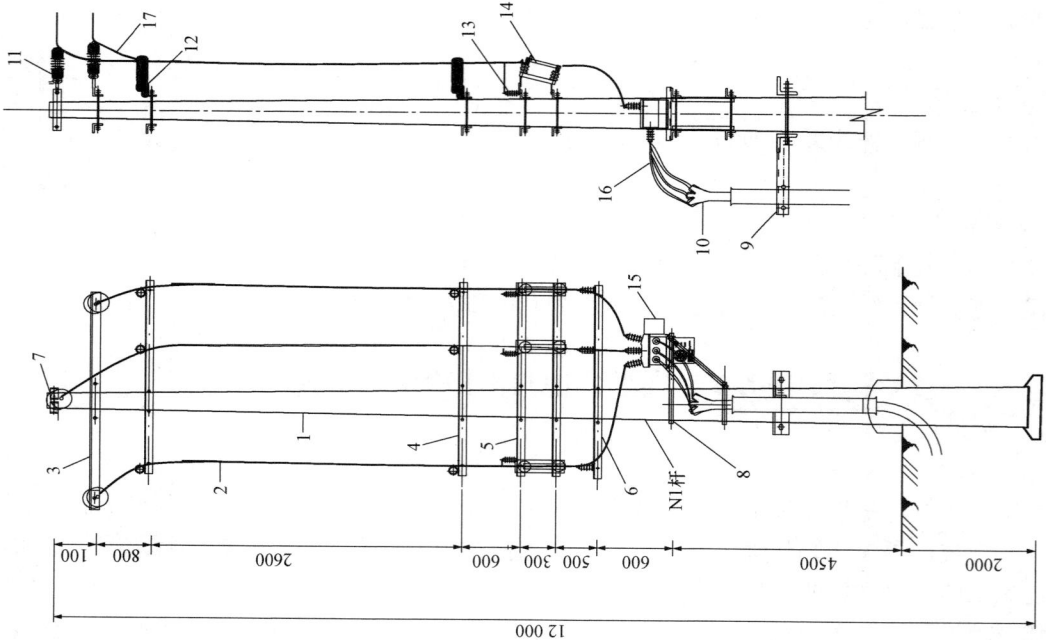

图 1-2 电缆终端杆组装图

材料表

序号	名称	规格	数量	单位	重量(kg) 一件	重量(kg) 小计
1	混凝土电杆	φ190mm×12000mm	1	根		
2	角钢横担	L63mm×6mm×920mm	1	根		
3	单杆顶抱箍	φ190mm	1	副		
4	U形抱箍	φ190mm	1	套		
5	M垫铁	1号	1	套		
6	合成横担绝缘子	FS-10/3	3			

直路转角杆杆型组装图

工 程		施工图	设计阶段

	主设人		
	全校人		
	设计人		
	日 期		
	比 例		

总 工		图 号	
设 总			
主任工程师			
室 主 任			
会 签			

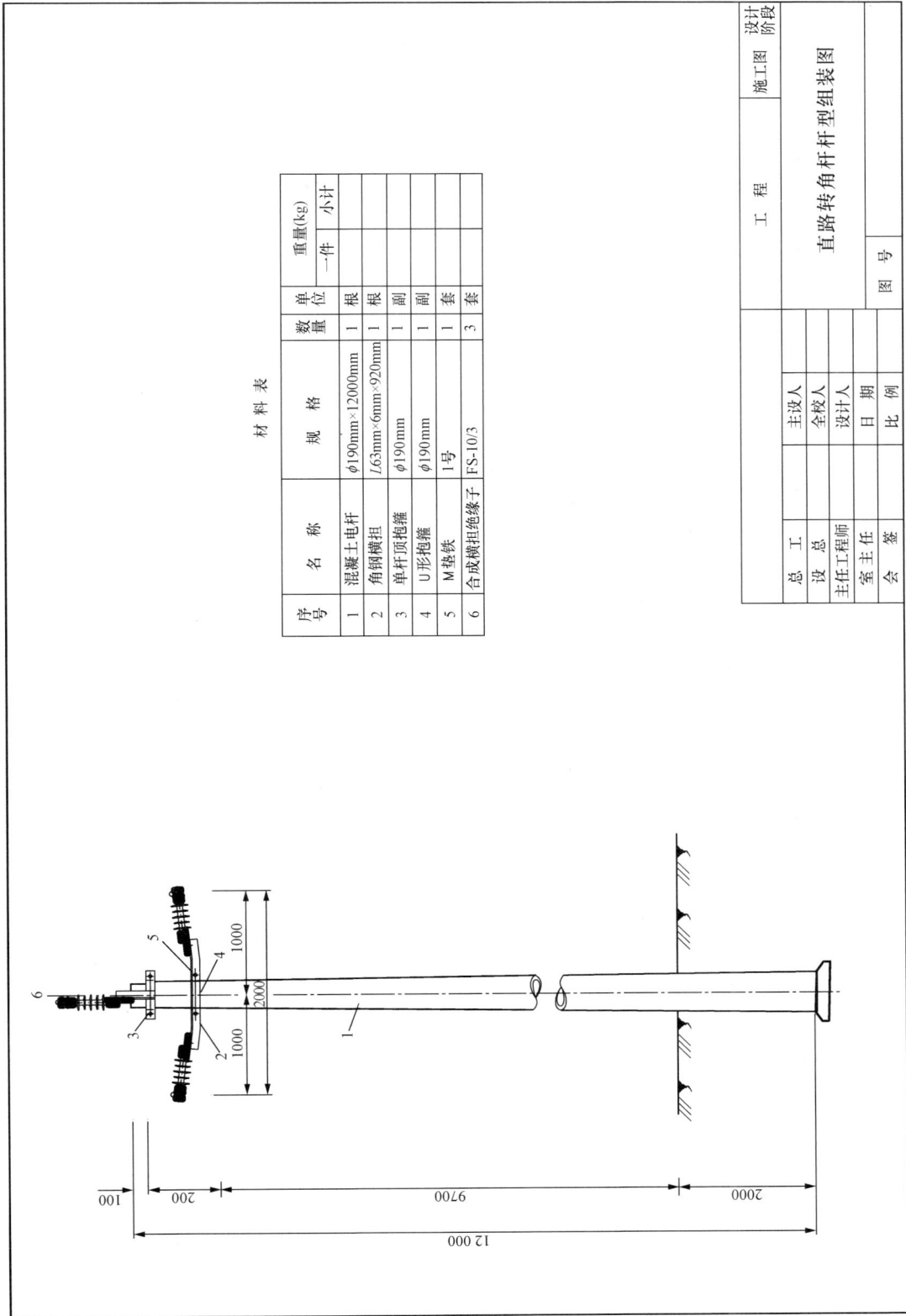

图 1-3　直线杆组装图

序号	名 称	规 格	数量	单位	重量(kg) 一件	重量(kg) 小计
1	混凝土电杆	φ190mm×12000mm	1	根		
2	绝缘子串	X-4.5	6	串		
3	对合抱箍	φ200mm	2	副		
4	耐张横担	L63mm×6mm×1800mm	2	套		
5	双头螺栓	M16mm×260mm	4	套		
6	并沟线夹	JBL-1	6	套		
7	杆顶抱箍	φ190mm	1	副		
8	瓷横担	S-210	1	根		
9	拉线	GJ-50	2	套		
10	M垫铁(图中略)	1号	3	个		

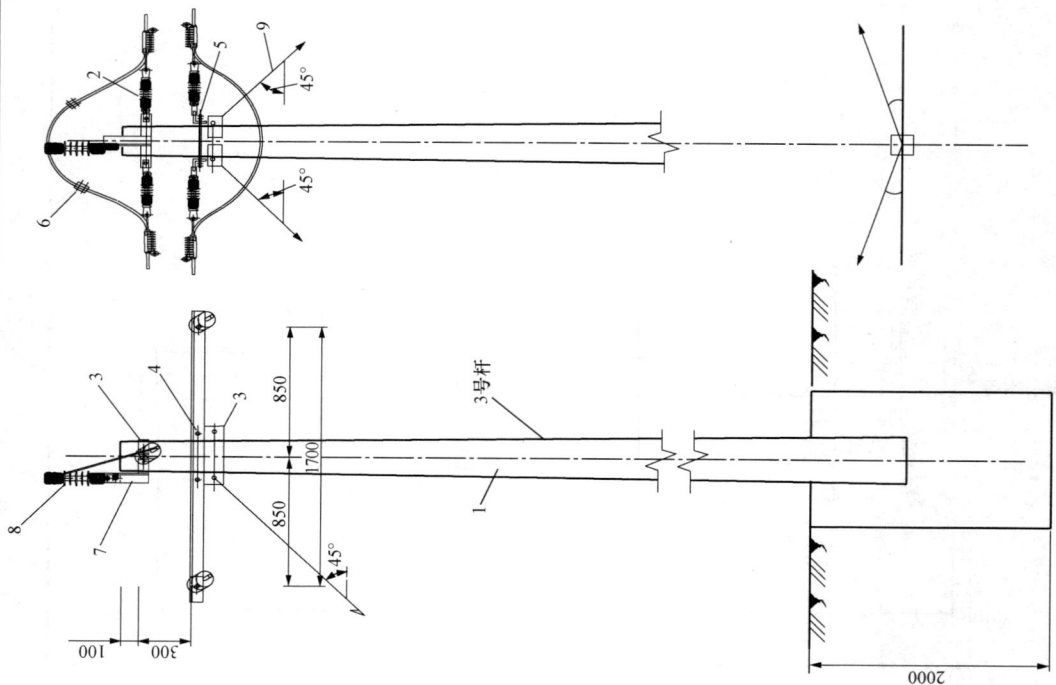

材 料 表

工 程	直路耐张杆杆型组装图		设计阶段	施工图
图 号				

主设人		总 设	总 工
全校人		主任工程师	
设计人		室主任	
日 期		会 签	
比 例			

图 1-4 转角杆组装图

二、工程项目划分依据

我国电力工程计价体系是随着我国电力工业管理体制的变迁而逐步发展和完善的。目前电力工程计价依据体系按照电力工程造价管理的需要已逐步形成并完善了费用项目划分与计算方法体系、定额体系、价格信息体系、工程计价方法体系、项目实施评估体系。

新的配电线路工程项目划分依据是：

2009 年版《20kV 及以下配电网工程建设预算编制与计算标准》；

2009 年版《20kV 及以下配电网工程预算定额》；

2009 年版《20kV 及以下配电网工程建设预算编制与计算标准使用指南》；

2009 年版《20kV 及以下配电网工程预算定额使用指南》；

2009 年版《20kV 及以下配电网工程设备材料价格信息》。

三、配电线路工程项目划分

一个基本建设项目往往规模大、建设周期长，影响因素复杂。为了便于编制基本建设计划、编制工程造价、组织材料供应、组织招标投标、安排施工和控制投资、拨付工程价款、进行经济核算等生产经营管理，要对工程进行项目划分。建设工程按项目本身的内部组成，可划分为建设项目、单项工程、单位工程、分部工程和分项工程。建设项目，又称基本建设项目，是指在一个场地或几个场地上按一个总体设计进行施工的各个工程项目的总和。单项工程，是建设项目的组成部分，单项工程具有独立的设计文件，建成后可以独立发挥生产能力或效益。单位工程，是单项工程的组成部分，是指不能独立发挥生产能力，但具有独立施工条件的工程。分部工程，是单位工程的组成部分，一般以建筑物的主要部位或工种来划分。分项工程，是分部工程的细分，是建设项目的最基本的组成单元，也是最简单的施工工程。

由于电力系统是一个复杂的建筑系统，包含的建筑群体种类多、涉及面广，难以严格按单项工程、单位工程、分部工程和分项工程来确切划分，因此对电力系统基建工程项目，在编制各组成部分的概预算时，每部分从大到小又划分为一级项目、二级项目、三级项目等。一级项目相当于扩大单位工程，二级项目相当于单位工程，三级项目相当于分部、分项工程。

配电线路工程属于单项工程，其下一般分为两级：第一级为扩大单位工程，第二级为单位工程。例如表 1-1 中，"1. 站内房屋建筑"属于扩大单位工程，"1.1　一般土建"属于单位工程。

20kV 及以下配电线路工程项目按输送方式划分为架空线路工程、电缆线路工程。国家定额规定的具体划分情况见表 1-1～表 1-3。

表 1-1　　　　　　　　　　　　　　**建筑工程项目划分表**

编号	项 目 名 称	主要内容及范围说明	技术经济指标单位
一、配电站（开关站）工程			
1	站内房屋建筑		元/m²
1.1	一般土建	包括设备基础及预埋槽钢	元/m³
1.2	采暖、通风及照明工程	包括事故照明	
2	成套式变电站建筑		
2.1	土石方及基础工程		元/座

续表

编号	项　目　名　称	主要内容及范围说明	技术经济指标单位
2.2	箱式变电站辅助设施		元/座
3	站内消防设施	包括变压器消防、建筑物消防等	元/座
4	站内电缆沟道		元/m
5	站内道路及地坪		元/座
5.1	站内道路		元/m²
5.2	栏栅及地坪		元/m²
6	站区辅助设施		
6.1	围墙及大门		
6.2	站区绿化		元/m²
6.3	站区排水	包括土建及设备管道	
6.4	挡土墙、护坡及防洪沟		
二、架空线路工程			
1	土石方工程		元/m³
2	基础工程	包括材料运输	元/m³
3	护坡、挡土墙及排洪沟砌筑	包括材料运输	
三、电缆线路工程			
1	电缆沟工程	包括材料运输、路面处理及土石方工程	元/km
2	电缆隧道工程	包括材料运输、路面处理及土石方工程	元/km
3	电缆排管工程	包括材料运输、排管敷设、混凝土浇注等	元/km
四、通信及调度自动化			
五、工程相关单项工程			
1	配电站外道路		元/m
2	施工防护措施		

表 1-2　　　　　　　　　　　　安装工程项目划分表

编号	项目名称	主要内容及范围说明	技术经济指标单位
一、配电站（开关站）工程			
1	变压器安装		元/kVA
2	配电装置安装		元/kVA
2.1	10kV（20 kV）配电装置		
2.2	1kV 以下配电装置		
2.3	无功补偿装置		
3	成套式变电站		元/kVA
3.1	箱式变电站安装		
3.2	开闭及分接装置安装		

续表

编号	项目名称	主要内容及范围说明	技术经济指标单位
4	控制保护系统		元/kVA
5	直流系统	包括充电装置、直流屏、蓄电池	
6	站用电系统		元/kVA
6.1	站用配电装置		
6.2	站区照明		
7	站用电缆		
7.1	动力电缆		元/m
7.2	控制电缆		元/m
7.3	电缆辅助设施		
7.4	电缆防火		
8	全站接地		元/站
9	分系统调试与试验		元/站
9.1	系统调试		元/站
9.2	特殊试验项目		元/站
二、架空线路工程			
1	杆塔工程	包括材料运输、横担组合装配、拉线安装及接地安装	元/基
2	架线工程	包括材料运输及附件安装	元/km
3	杆上变配电装置	包括运输及调试	元/套
三、电缆线路工程			
1	电缆桥（支、托）架安装		元/t
2	电缆敷设	包括电缆头制作	元/km
3	电缆防火		
4	避雷及接地工程		
4.1	避雷器安装		
4.2	接地装置安装		
5	调试与试验		
四、通信及调度自动化			
1	通信系统	包括载波、行政和调度电话	
2	调度自动化系统		
3	集中抄表系统		

表 1-3　　　　　　　　　　其他费用项目划分表

编号	项目名称	主要内容及范围说明	编号	项目名称	主要内容及范围说明
1	建设场地征用及清理费		1.3	施工场地租用费	
1.1	土地征用补偿费		1.4	线路施工赔偿费	
1.2	余物清理费		2	项目建设管理费	

续表

编号	项 目 名 称	主要内容及范围说明	编号	项 目 名 称	主要内容及范围说明
2.1	项目管理费		3.3	设计文件评审费	
2.2	招标费		3.4	项目后评价费	
2.3	工程监理费		3.5	技术经济标准编制管理费	
3	项目建设技术服务费		4	工程建设监督检测费	
3.1	工程勘察费		5	生产准备费	
3.2	工程设计费		6	基本预备费	

四、[案例工程一]的项目划分

根据工程设计资料可知，[案例工程一]中单项工程包括架空线路工程、电缆线路工程。架空线路工程中扩大单位工程包括建筑工程和安装工程，建筑工程中单位工程包括土石方工程、基础工程；安装工程中单位工程包括杆塔工程、架线工程、杆上变配电装置。电缆线路工程中扩大单位工程也包括建筑工程和安装工程：建筑工程中单位工程有电缆沟工程；安装工程中单位工程包括电缆敷设、电缆防火、调试与试验。

任务2　确定工程量

工程量的统计是施工图预算的重点，是以国家颁布的现行配电网工程预算定额及说明为依据，根据设计图纸进行计算。其计算内容根据项目划分内容分项进行。

一、架空线路工程

（一）工地运输

工地运输是指材料从集中材料堆放地点或分散仓库运至沿线杆塔位置的运输。根据现行定额规定工地运输需要统计的工程量有工地运输的重量和工地运输的距离，应根据其运输方式的不同进行分类统计。虽然20kV及以下配电线路工程不同于更高电压等级的线路工程，其项目划分中未将工地运输单独列项，而是分散在各个项目中分别计算，但不同电压等级线路工程的工地运输计算是类同的，下面介绍其计算原则和方法。

1. 工地运输方式

依照运输工具的不同，工地运输主要分为人力运输、板车运输、马车运输、木船运输、汽车运输、索道运输。根据不同运输方式，选取不同的定额、不同的地形系数进行工程量统计。

2. 工地运输量的计算

（1）工地运输量的计算方法为

$$预算重量 = 设计重量 + 损耗量 = 设计重量 \times (1 + 损耗率) \qquad (1\text{-}1)$$

$$运输重量 = 预算重量 \times 毛重系数（单位重量） \qquad (1\text{-}2)$$

工地运输重量统计，应区别不同的运输方式（人力运输、汽车运输、船舶运输）和材料种类（混凝土杆、钢管杆、混凝土预制品、线材、金具、绝缘子、零星钢材、塔材、砂、石、石灰、水泥、砖、土、水等），分别汇总。不同材料施工损耗率见表1-4。

表 1-4 材料施工损耗率

编号	材料名称			损耗率（%）	编号	材料名称		损耗率（%）
1	裸软导线（含良导体地线）	一般架线	其他地区	0.4	15	耐张压接线夹		2.0
			山地、高山、峻岭	0.6	16	预绞丝		2.0
		张力放、紧线		0.8	17	铝端夹		3.0
2	专用跨接线和引线			2.5	18	水泥压力管		2.0
3	电力电缆			1.0	19	混凝土杆（包括底盘、拉盘、卡盘、夹盘）		0.5
4	控制电缆			1.5	20	混凝土叉梁、盖板（方、矩形）		3.5
5	镀锌钢绞线（避雷线）			0.3	21	砖、条石、块石		2.5
6	镀锌钢绞线（拉线）			2.0	22	商品混凝土		1.5
7	电缆终端头瓷套			0.5	23	水泥、石灰、降阻剂	山地、高山、峻岭	7.0
8	绝缘子、瓷横担			2.0			平地、丘陵、河网、泥沼	5.0
9	合成绝缘子			0.5	24	石子	山地、高山、峻岭	15.0
10	钢筋、型钢（成品、半成品）			0.5			平地、丘陵、河网、泥沼	10.0
11	钢管			1.5	25	黄沙	山地、高山、峻岭	18.0
12	塑料制品（管材、板材）			5.0			平地、丘陵、河网、泥沼	15.0
13	金具			1.0	26	钢筋（加工制作）		6.0
14	螺栓、脚钉、垫片（不包括基础用地脚螺栓）			3.0				

注 （1）裸软导线、地线按送电线路设计用量计算，其施工损耗不包括线路弛度及跳线等长度。
（2）导线损耗率中不包括与电器设备连接应预留的长度。
（3）电力电缆和控制电缆损耗率中不包括备用预留的长度，以及因敷设有弯曲或有弧度而增加的长度。输电用电力电缆不计算施工损耗。按设备性材料对待，不应计入安装费内。
（4）拉线长度计算以拉线的展开长度（包括制作所需的预留长度）为准。

（2）材料统计。

1）基础工程。配电线路工程中多采用预制基础，少量使用现浇基础。预制基础按不同重量以"基"、"块"、"组"统计；现浇基础按不同等级（以单基混凝土方量为依据划分）以"m³"统计。其中砂、石、水泥等预算用量计算公式为

$$预算用量=定额用量×（1+损耗率） \tag{1-3}$$

其他工程量的计算公式为

$$其他工程量=设计用量×（1+损耗率） \tag{1-4}$$

材料重量根据表 1-6（主材汇总表，由设计人员提供）统计。

在［案例工程一］中，基础只有预制基础，包括 $D0.8m×0.8m×0.17m$ 的底盘基础 3 块，$L0.8m×0.4m×0.15m$ 的拉线盘 2 块。查表 1-4，施工损耗率为 0.5%，其重量为

$$底盘重量=3×274×（1+0.5\%）=827（kg）$$

$$拉线盘重量=2×96×（1+0.5\%）=193（kg）$$

底盘和拉线盘重量之和即为预制基础总重量，共计 1020kg。

2）杆塔工程。杆塔组立按不同重量等级以"基"为单位统计；拉线制作以"根"为单位统计，应注意长度区别；接地安装以"根"为单位统计，附件金具包括所有的金具、绝

缘子等。

混凝土杆重量为 1482×3×（1+0.5%）=4476（kg）；

镀锌钢绞线重量为 20.08kg；

接地装置重量为 107kg；

铁附件重量为 163kg；

绝缘子重量为 46.69kg。

3）架线工程装置性材料统计，导线重量为 159.5kg。

4）安装设备统计。［案例工程一］安装的设备包括箱式变压器、断路器、隔离开关、避雷器等，具体设备汇总表见表 1-5。

5）电缆工程。电缆工程的主要材料包括 150m 电缆（YJV22-8.7/15kV-3×50），重 524.19kg；户内、户外电缆终端各一个，重 20.2kg；电缆保护管 1 根，重 27.5kg；电缆保护管热缩套 1 根，重 4kg；防火堵料 30kg。

所有主要材料见表 1-6。

表 1-5   设 备 汇 总 表   单位：元

编号	名　　称	单位	数量	价　　格		运　杂　费		合　价
				单价	合价	费率	合价	
	安装设备							
二	架空线路工程							
	干式变压器 SGB11-400kVA	台	1	122500	122500	1.25%	1531.25	124031.25
	高压真空断路器 12kV630A	台	1	18800	18800	1.25%	235.00	19035.00
	高压隔离开关 12kV630A	组	1	963	963	1.25%	12.04	975.04
	氧化锌避雷器 HYW5-12.7/50	组	1	890	890	1.25%	11.13	901.13
	组合式电流互感器	套	1	20000	20000	1.25%	250.00	20250.00
	小计				163153		2039.42	165192.42
	安装设备合计				163153		2039.42	165192.42

表 1-6   主 材 汇 总 表

编号	名　　称	单位	数量	价格（元）		重量（kg）	
				单　价	合　价	单　重	合　重
	建筑主材						
一	基础工程						
	底盘 D0.8m×0.8m×0.17m	块	3.02	47	141.94	274	827.48
	拉线盘 L0.8m×0.4m×0.15m	块	2.01	48	96.48	96	192.96
	拉线棒	根	2.02	55	111.1	5	10.1
	小计				349.52		1030.54
	建筑主材合计				349.52		1030.54
	安装主材						

续表

编号	名　　称	单位	数量	价格（元）		重量（kg）	
				单　价	合　价	单　重	合　重
二	架空线路工程						
	混凝土杆 φ190mm×12000mm	根	3.02	2015	6085.3	1482	4475.64
	10kV 线路铁附件综合	t	0.163	7200	1173.6	163	163
	合成绝缘横担 FS-10/3	根	10.2	126	1285.2	2.6	26.52
	合成绝缘子串 FXBW2-10/45	串	9.18	145	1331.1	2.2	20.17
	联板类	t	0.005	15568	77.84	5	5
	挂环类	t	0.001	28945	28.95	1	1
	碗头挂环类	t	0.004	25858	103.43	4	4
	耐张线夹 NX-1	副	9.18	198	1817.64	1.2	11.02
	并沟线夹	只	6.12	13.7	83.84	1	6.12
	架空绝缘线	m	550	8	4400	0.29	159.5
	镀锌钢绞线 GJ-25～100	t	0.02	5500	110	20.08	20.08
	楔型线夹	只	2.04	18	36.72	1.76	3.59
	UT 型线夹	只	2.04	33	67.32	3.2	6.528
	拉线标识管	根	2	24	48	2	4
	铜绞线 TJ16～120	kg	10.1	39.5	398.95	10.1	10.1
	镀锌接地扁钢	t	0.061	6200	378.2	61	61
	角钢接地体	t	0.046	6500	299	45.7	45.7
	小计				17725.09		4886.56
三	电缆工程						
	电缆 YJV22-8.7/15kV-3×50	m	151.5	86	13029	3.46	524.19
	电缆终端户内型	套	1.01	570	575.7	10	10.1
	电缆终端户外型	套	1.01	1287	1299.87	10	10.1
	电缆保护管涂塑钢管	m	2.5	56	140	11	27.5
	电缆保护管热缩套	根	1	44	44	4	4
	防火堵料	t	0.03	15120	453.6	30	30
	小计				15542.17		605.89
	安装主材合计				33267.26		5492.45

3. 平均运距的计算

（1）工地仓库（材料站）的位置是计算平均运距的基础。工地仓库（材料站）的合理设置，有利于节约运输费用。设置工地仓库一般应符合下列要求：

1）靠近线路和线路中心；

2）交通方便，运输费用省；

3）地势较高，不易受淹；

4）有足够的场地和就近可租赁的房屋；

5）通信和生活条件方便。

（2）卸料点的选择：依据线路的路径、地形，结合与通行车道、河道之间最短的人力运距为条件，将线路划分若干段和选定各段线路材料的卸料点。

（3）平均运距的计算方法。平均运距的计算是指以线路路径图为基础，考虑材料运输方式、运输地形、运输距离、材料供应方式等因素，采用加权平均法计算出工程施工中某种运输方式的平均运距。若某工程施工中同时采用了汽车运输、人力运输等多种材料运输方式，则需要分别计算其平均运距。

人力运输平均运距的计算方法为

$$Y=\Sigma k_i L_i R_i/\Sigma L_i \qquad (1-5)$$

式中　Y——平均运距，m；

L_i——各段线路长度（材料量），m；

R_i——各段线路材料的人力运输直线距离，m；

k_i——弯曲系数，其值取决于运输地形，平地取 1.05～1.1，河网、泥沼取 1.1～1.2，丘陵取 1.1～1.3，山地取 1.3～1.5，高山取 1.6～1.8。

车船运输平均运距的计算方法为

$$Y=\Sigma L_i R_i/\Sigma L_i +C \qquad (1-6)$$

式中　Y——平均运距，km；

L_i——各段线路材料量，预算中以各段线路长度为代表，km；

R_i——各段线路材料的车船运输距离，自工地仓库至各段材料的卸料点（其中道路或河流与线路平行的，则以该段的中心处为计算运距的卸料点），km；

C——超过下站运距，超过下站运距指火车站或码头至工地仓库的运距超过装材价格中下站运距部分，可按装材价格中规定计入工地运输距离，无规定者不予计列，km。

根据材料运输实际情况，材料供应方式可分为折角供应方式、辐射供应方式、平行供应方式等。其相应的平均运距理论值计算公式如下。

1）折角供应方式示意图如图 1-5 所示，此时平均运距的计算公式为

$$R = \frac{L_1\left(r_0+\dfrac{L_1}{2}\right)+L_2\left(r_0+\dfrac{L_2}{2}\right)}{L_1+L_2} \qquad (1-7)$$

$$R = r_0 + \frac{L}{2} \qquad (1-8)$$

式中　L_1, L_2, L——分别为 P_1P, PP_2, P_1P_2 控制线路工程的长度，线路路径可不是直线，km；

r_0——自材料站 A 到供应范围内的线路杆塔位上的最短里程，km。

2）线路工程路径为直线时，辐射供应方式示意图如图 1-6 所示。此时平均运距的计算公式为

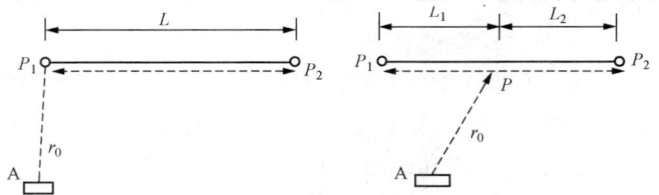

图 1-5　折角供应方式示意图

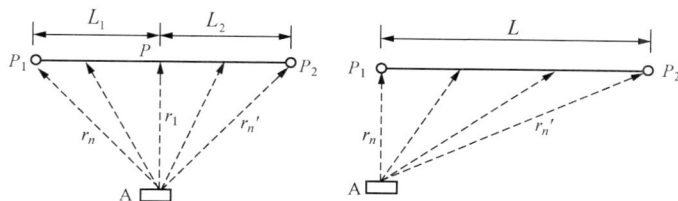

图 1-6 线路工程路径为直线时辐射供应方式示意图

$$R = \frac{L_1(r_1 + r_n) + L_2(r_1 + r_n')}{2(L_1 + L_2)} \qquad (1\text{-}9)$$

$$R = \frac{r_n + r_n'}{2} \qquad (1\text{-}10)$$

式中 r_n, r_n'——自材料站 A 到供应范围内的线路杆塔位上的最短里程，km。

3）线路工程路径为折线时，辐射供应方式示意图如图 1-7 所示。此时平均运距的计算公式为

$$R = \frac{L_1 R_{01} + L_2 R_{02} + L_3 R_{03} + L_4 R_{04}}{L_1 + L_2 + L_3 + L_4} \qquad (1\text{-}11)$$

式中 $R_{01}, R_{02}, R_{03}, R_{04}$——各段直线线路对材料站的平均运输半径，km。

4）线路工程路径为直线时，平行供应方式如图 1-8 所示，计算公式为

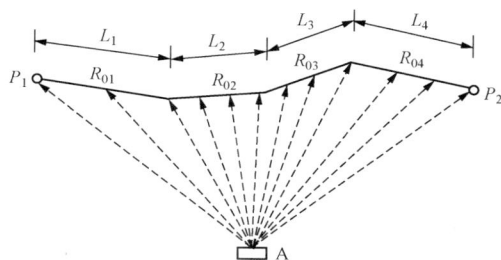

图 1-7 线路工程路径为折线时
辐射供应方式示意图

$$R = \frac{l + r_1 + r_n}{2} \qquad (1\text{-}12)$$

$$R = \frac{L_1(l_1 + r_1 + r_x)}{2(L_1 + L_2)} + \frac{L_2(l_2 + r_x + r_n)}{2(L_1 + L_2)} \qquad (1\text{-}13)$$

式中 r_1, r_x, r_n——自材料运输道路分别到供应范围内的线路杆塔位上的最短里程，km。

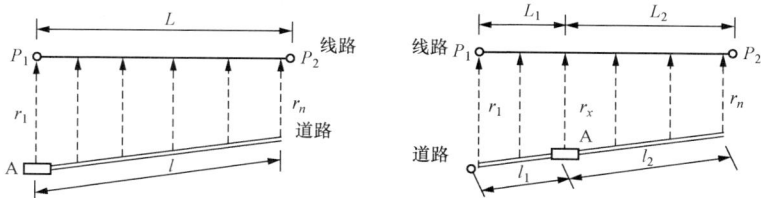

图 1-8 线路工程路径为直线时平行供应方式示意图

5）线路工程路径为折线时，平行供应方式如图 1-9 所示，计算公式为

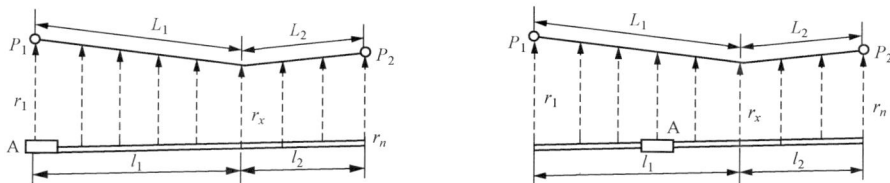

图 1-9 线路工程路径为折线时平行供应方式示意图

$$R = \frac{L_1(l_1 + r_1 + r_x)}{2(L_1 + L_2)} + \frac{L_2(2l_1 + l_2 + r_x + r_n)}{2(L_1 + L_2)} \tag{1-14}$$

$$R = \frac{L_1(l_1 + r_1 + r_x)}{2(L_1 + L_2)} + \frac{L_2(l_2 + r_x + r_n)}{2(L_1 + L_2)} \tag{1-15}$$

（4）［案例工程一］的平均运距。

如图 1-1 所示，汽车平均运距为

$$19+6=25（km）$$

采用折角供应方式的人力平均运距理论值为

$$20+（40+55+55)/2=95（m）$$

再考虑平地地形的道路弯曲系数取 1.05，［案例工程一］的人力平均运距为

$$95×1.05=100（m）$$

（二）土石方工程

土石方工程的计算是对尖峰、施工基面、基础坑、拉线坑、接地槽、开挖土石方量的统计，其计算方法与设计提供的具体尺寸及土质的类别相关。设计提供的尺寸是土石方量的静尺寸，还需要考虑施工操作裕度、边坡系数等。施工操作裕度及边坡系数的取值又取决于施工操作方法及土质类型。

1. 土、石质分类

（1）普通土：指种植土、黄土和盐碱土等，主要利用锹、铲即能挖掘的土质。

（2）坚土：指土质坚硬难挖掘的红土、板状黏土、重块土、高岭土，必须用铁镐、条锄挖松，再用锹、铲挖出的土质。

（3）松砂石：指碎石、卵石和土的混合体，各种不坚实的砾岩、页岩、风化岩，节理和裂缝较多的岩石等（不需要用爆破方法开采的），需要用镐、撬棍、大锤、楔子等工具配合才能挖掘者。

（4）岩石：指不能用一般工具进行开挖的各类岩石，必须采用打眼、爆破或打凿才能开挖者。

（5）泥水：指坑的周围经常积水，坑的土质松散，如淤泥和沼泽地等因水渗入和浸润而成泥浆，容易坍塌，需用挡土板和适量排水才能施工者。

（6）流砂：指坑的土质为砂质或分层砂质，挖掘过程中砂层有上涌现象，容易坍塌，挖掘时需排水和采用挡土板才能施工者；不需排水者为干砂坑。

（7）水坑：指土质较为密实，开挖中坑壁不易坍塌，但有地下水涌出，挖掘过程中需用机械排水才能施工者。

2. 杆塔基坑、拉线坑、接地槽的开挖土石方量的计算

（1）正方体（不放边坡）的计算公式为

$$V=a^2h \tag{1-16}$$

式中　V——土石方体积，m^3；

　　　h——坑深，其取值可参考表 1-7，m；

　　a（b）——基坑的坑底宽（=基础底宽+2×每边操作裕度），m。

土石方开挖施工操作裕度（不包括垫层）取值见表 1-8。

表 1-7　　　　　　　　　　　　　　　　电 杆 埋 深 参 考 表

杆高（m）	7	8	9	10	11	12	13	15	18
埋深（m）	1.2	1.4	1.5	1.7	1.8	2.0	2.2	2.5	2.8

表 1-8　　　　　　　　　　　　　　　　施 工 操 作 裕 度 表

序号	名　　称	操作裕度（m）
1	普通土、坚土坑、水坑、松砂石坑	0.2
2	泥水流、流砂坑、干砂坑	0.3
3	岩石坑有模板	0.2
4	岩石坑无模板	0.1

（2）长方体（不放边坡，如图 1-10 所示）的计算公式为

$$V = abh \tag{1-17}$$

（3）平截方尖柱体（放边坡，如图 1-10 所示）的计算公式为

$$V = \frac{h}{3}(a^2 + aa_1 + a_1^2) \tag{1-18}$$

式中　a_1（b_1）——基坑的坑口宽 [=a（b）+2h×边坡系数]，m。

各类土、石质的边坡系数见表 1-9。

表 1-9　　　　　　　　　　　　　各类土、石质的边坡系数表

坑深＼边坡系数＼土质	坚土	普通土、水坑	松砂石	泥水、流砂、岩石
2.0m 以内	1:0.10	1:0.17	1:0.22	不放边坡
3.0m 以内	1:0.22	1:0.30	1:0.33	不放边坡
3.0m 以上	1:0.30	1:0.45	1:0.60	不放边坡

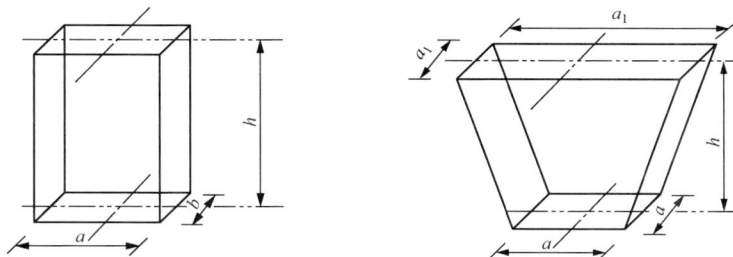

图 1-10　长方体（不放边坡）、平截方尖柱体（放边坡）示意图

（4）平截长方尖柱体（放边坡，如图 1-11 所示）的计算公式为

$$V = \frac{h}{6}[ab + (a + a_1)(b + b_1) + a_1 b_1] \tag{1-19}$$

（5）圆柱体（不放边坡，如图 1-11 所示）的计算公式为

$$V = \pi r^2 h \tag{1-20}$$

式中 r——半径，m。

（6）圆柱体连平截圆锥体（不放边坡，如图 1-11 所示）的计算公式为

$$V = \pi r_1^2 h_1 + \frac{\pi h_1 (r_1^2 + r_2^2 + r_1 r_2)}{3} \qquad (1-21)$$

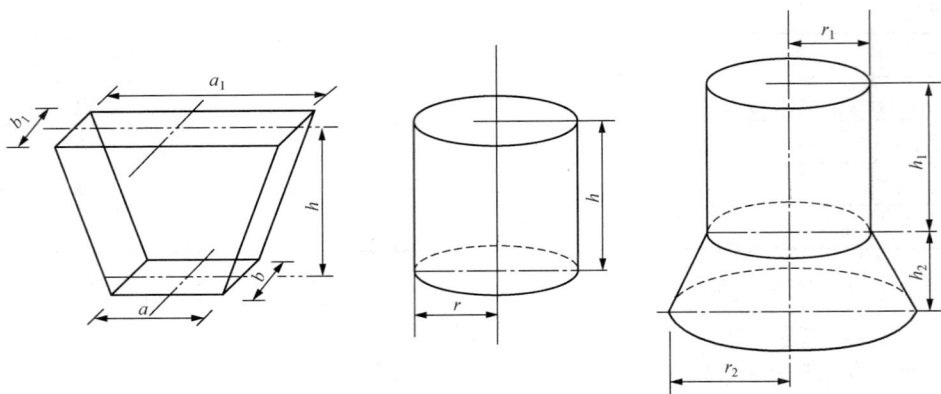

图 1-11　平截方尖柱体（放边坡）、圆柱体（不放边坡）、圆柱体连平截圆锥体（不放边坡）示意图

（7）无底盘，卡盘的电杆坑计算公式为

$$V = 0.8 \times 0.8 h \qquad (1-22)$$

如果 $h \geqslant 1.5$m 时，按放边坡处理。带卡盘的电杆，如原计算坑的尺寸不能满足安装时，因卡盘超长而增加的土、石方量另计。

（8）接地槽土石方量的计算公式为

$$V = 0.4 \times 长度 \times 槽深 \qquad (1-23)$$

（9）马道定额为 $0.2\mathrm{m}^3$。

说明：

1）各类土、石质按设计地质资料确定，不做分层计算。同一坑、槽、沟内出现两种或两种以上不同土、石质时，则一般选用含量较大的一种确定其类型。出现流沙层时，不论其上层土质占多少，全坑均按流沙坑计算。

2）挖掘过程中因少量坍塌而多挖的，或石方爆破过程中因人力不易控制而多爆破的土石方工作量已包括在定额内。

3）接地槽土石方量计算中，如遇接地装置需加降阻剂，当设计无规定时，槽宽可按 0.6m 计算。

4）回填土均按原挖原填和余土就地平整考虑，不包括 100m 以上的取（换）土回填和余土外运。需要时可按设计规定的换土比例和平均运距，另行套用尖峰挖方和工地运输定额。

5）余土处理，一般工程不予考虑，需要时，可考虑余土运至允许堆弃地，其运距超过 100m 以上部分可列入工地运输。余土运输量的计算：①灌注桩钻孔渣土按桩设计零米以下部分体积（m^3）×1.7t/m^3（其中 0.2t/m^3 为含水量）计算；②现浇和预制基础基坑余土按混凝土体积（m^3）×1.5t/m^3×30%计算；③掏挖式、挖孔桩基础基坑余土按混凝土体积（m^3）×1.5t/m^3 计算。

6）泥水、流沙坑的挖填方已分别考虑了必要的排水和挡土板的装拆工作量，套用定额时

不再另计。

7）人力开凿岩石坑是指在变电站、发电厂、通信线、电力线、铁路、居民点以及国家级的风景区等附近受现场地形或客观条件限制，设计要求不能采用爆破施工者。

8）几种特殊条件的规定：①冻土厚度≥300mm 者，冻土层的挖方量，按坚土挖方定额乘以 2.5 的系数，其他土层仍按地质规定套用原定额；②岩石坑挖填，如需要排水，可按挖填方（岩石）人工定额乘以 1.05 的系数；③在线路复测分坑中遇到高低腿杆、塔按相应定额人工乘以 1.5 的系数，三联杆定额乘以 1.5 的系数；跨越房屋每处另外增加 0.7 工日计算；④挖孔桩基坑、掏挖式基础基坑若是岩石地质的，套用岩石嵌固基坑开挖的相应定额（原只针对自立式铁塔）；⑤挖孔桩基坑、掏挖式基础基坑若是松砂石地质的，按相应的挖孔桩基坑、掏挖式基础基坑坚土定额乘以 1.3 的系数。

3.［案例工程一］的土石方量统计

［案例工程一］包括 3 基电杆坑和 2 基拉线坑，杆高 12m。

底盘基础的尺寸为 D0.8m×0.8m×0.17m，则

$$a=0.8+2×0.2$$
$$=1.2（m）$$

因杆高 12m，依据表 1-7，h 取 2.0m。因为 $h>1.5$m，考虑放坡系数（取 $\mu=0.17$），则有

$$a_1=a+2h\mu=1.2+2×2×0.17=1.88（m）$$
$$V=h/3（a_2+aa_1+a_{21}）+0.2$$
$$=2/3（1.2^2+1.2×1.88+1.88^2）+0.2$$
$$=5.02（m^3）$$

电杆坑 3 基土石方量共计 15.06m³。

拉线盘尺寸为 L0.8m×0.4m×0.15m，则

$$a=0.8+2×0.2=1.2（m）$$
$$b=0.4×2×0.2=0.8（m）$$

h 取 1.8m，所以得

$$a_1=a+2×h\mu=1.2+2×1.8×0.17=1.81（m）$$
$$b_1=b+2×h\mu=0.8+2×1.8×0.17=1.41（m）$$
$$V=h/6\left[ab+（a+a_1）（b+b_1）+a_1×b_1\right]$$
$$=1.8/6\left[1.2×0.8+（1.2+1.81）×（0.8+1.41）+1.81×1.41\right]$$
$$=3.05（m^3）$$

拉线坑 2 基土石方量共计 6.10m³。

（三）基础工程

基础工程涉及的内容包括预制基础、现浇基础、钢管桩基础等。预制基础需要统计底盘、卡盘、拉线盘个数；现浇基础需要统计钢筋混凝土用量。由于在 20kV 及以下配电网工程中大量采用预制基础，在此主要介绍预制基础工程量统计，现浇基础及其他基础将在相关章节介绍。

［案例工程一］的基础工程包括 3 块底盘，2 块拉线盘。

（四）杆塔工程

杆塔组立内容包括木杆组立、混凝土杆组立、钢管杆组立、铁塔组立。在 20kV 及以下

配电网系统中大量采用的是混凝土杆，因而在此主要讲述混凝土杆的相关工程量统计。

混凝土杆杆塔工程的工程量要考虑的首先是混凝土杆组立有多少基，其中整根式有多少，分段式有多少，在［案例工程一］中有 3 基混凝土杆组立，均为整根式；因为没有分段式混凝土杆，不需要考虑钢圈焊接的工程量；根据设计图纸统计横担、绝缘子安装数目，在此单根横担安装 5 组，双根横担安装 2 组；合成绝缘横担 10 组（直线杆 3 组，耐张杆 7 组），耐张绝缘子 9 只，并且有 2 根拉线；最后根据设计统计接地装置的数目，而［案例工程一］中接地装置的数量为 1 套。

（五）架线工程

架线工程按照导线材质和架设方式的不同分为裸铝绞线、钢芯铝绞线、绝缘铜绞线、绝缘铝绞线、钢绞线、集束导线架设，低压架空电力电缆敷设，导线跨越及进户线架设。［案例工程一］采用铝芯交联聚乙烯绝缘导线（JKLYJ-10kV-50），所以统计其全长 3 倍架设长度，考虑导线松弛度及预留线长度增加 20%，再考虑 1.8%的损耗，导线量为

$$[3×150×（1+20\%）]×（1+1.8\%）=550（m）$$

该工程还跨越公路 1 处，跨低压 380V 线路 1 处。

（六）杆上变配电设备安装

杆上变配电设备安装的内容包括杆上油浸式变压器、非晶式变压器、单相变压器安装，杆上配电装置安装，接地环及绝缘护罩等安装。［案例工程一］牵涉的工作内容不多，仅包括杆上断路器 1 台，隔离开关 1 组，避雷器 1 组，电流互感器 1 台，干式变压器 1 台。

二、电缆工程

（一）电缆沟槽及保护管敷设

电缆沟槽及保护管敷设属于电缆建筑工程，其内容包括破路面、直埋电缆沟槽挖填土及移动盖板、电缆保护管铺设、顶过路钢管。

电力电缆的敷设方式有直埋敷设、穿管敷设、浅槽敷设、电缆沟敷设、电缆隧道敷设、空敷设等几种方式。根据敷设方式不同，其土石方量的计算有一定区别。由于［案例工程一］中仅仅埋敷 1 根 10kV 的电力电缆，且在道路边缘不易有经常性开挖的地段，故采用直埋敷设方式。

1. 破路面

破路面的工程量统计主要考虑其路面材质，路面材质可分为混凝土路面，沥青混凝土路面，砂石、碎石路面，人行道预制板，人行道彩色预制板路面五种。

（1）混凝土路面，沥青混凝土路面，砂石、碎石路面，人行道（彩色）预制板路面，可根据实际路面种类分别按路面厚度，以"m²"为单位计算。设计文件未说明的，可按下列公式计算。

直埋电缆沟槽开挖路面面积为

$$S=DL \tag{1-24}$$

式中　D——开挖沟槽路面宽度，一般宽度 $D=0.6+0.17（n-1）$；

　　　n——敷设电缆根数；

　　　L——开挖沟槽路面长度。

（2）人行道预制板路面厚度按 60mm 考虑，人行道彩色预制板路面厚度按 120mm 考虑，无论实际厚度的大小均不做调整。以开挖面积（m²）为单位计算。

（3）当市区人行道预制板路面成"品"字形铺设，在开挖路面计算宽度时，可根据沟槽实际开挖平均宽度计算（包括交叉重叠部分）。

［案例工程一］电缆敷设于小区边缘，为砂石、碎石路面，其工程量为

$$D=0.6\text{m}$$
$$S=0.6×150=90（\text{m}^2）$$

2. 直埋电缆沟槽挖填土及移动盖板

直埋电缆沟槽挖填土，直埋电缆除特殊要求外，可按表 1-10 计算土方量。

表 1-10　　　　　　　　　　直埋电缆的挖土石方量

项　　目	电 缆 根 数	
	1～2 根	每增 1 根
每米沟长挖方量（m³）	0.45	0.153

（1）2 根以内的电缆沟，按上口宽度 600mm，下口宽度 400mm，深度 900mm 计算，土石方量为

$$（0.6+0.4）×0.9/2=0.45（\text{m}^3）$$

（2）每增加 1 根电缆，其宽度增加 170mm，增加土石方量为

$$0.17×0.9=0.153（\text{m}^3）$$

［案例工程一］的土石方量为 0.45×150=67.5（m³）

3. 密封电缆保护管安装

根据设计资料统计，［案例工程一］中密封电缆保护管数量为 1 根。

（二）电缆敷设

1. 电力电缆敷设

电缆敷设属于电缆安装工程，其中电力电缆敷设内容包括直埋式电力电缆敷设，电缆沟（隧）道内电力敷设，排管内电缆敷设，电力电缆沿支架、沿墙卡设。

［案例工程一］为直埋式电力电缆敷设，所以统计其工程量为 150m。

2. 电缆头制作安装

电缆头制作安装的内容包括电力电缆终端头、电力电缆中间头的制作安装、肘形电力电缆终端头制作安装。

其工程量统计分户内和户外的终端头制作安装，电力电缆中间头制作安装，或热（冷）缩头和肘形电力电缆终端头制作安装，以"套/三相"为单位计算。［案例工程一］包括户内与户外的终端头各 1 套。

（三）电缆防火

电缆防火内容包括防火堵料、防火隔板、防火槽盒、防火带、防火墙的安装。其中：

（1）防火带按防火带设计长度以"100m"为单位计算。

（2）防火堵料以堵料的重量"t"为单位计算。

（3）防火隔板以隔板的面积"m²"为单位计算。

（4）防火涂料以涂料的重量"kg"为单位计算。

（5）防火槽盒按槽盒设计长度以"100m"为单位计算。

（6）防火墙按墙面的垂直投影面积以"m²"为单位计算，不扣除孔洞面积。

［案例工程一］采用防火堵料，为 0.03t。

（四）电缆试验

电缆试验内容包括电缆绝缘电阻表摇测、直流耐压试验、交流耐压试验、电阻比试验、电缆局放试验。电缆试验以"回路"为单位计算，在［案例工程一］中均为 1 回路。

［案例工程一］的工程量汇总见表 1-11。

表 1-11　　　　　　　　　　　　　［案例工程一］的工程量汇总表

编号	名　　称	单位	数量	备　　注
	工地运输　人力运输			
1	混凝土预制品	t·km	0.102	
2	混凝土杆	t·km	0.448	
3	金具、绝缘子、零星钢材	t·km	0.043	
4	线材	t·km	0.02	
5	电缆	t·km	0.052	
	工地运输　汽车装卸			
6	混凝土预制品	t	1.02	
7	混凝土杆	t	4.48	
8	金具、绝缘子、零星钢材	t	0.43	
9	线材	t	0.19	
10	电缆	t	0.52	
	工地运输　汽车运输			
11	混凝土预制品	t·km	25.5	
12	混凝土杆	t·km	112	
13	金具、绝缘子、零星钢材	t·km	10.75	
14	线材	t·km	4.75	
15	电缆	t·km	13	
	土石方工程			
16	电杆坑	m³	15.06	
17	拉线坑	m³	6.10	
	基础安装			
18	底盘安装	块	3	
19	拉盘安装	块	2	
	杆塔组立			
20	混凝土杆组立	基	3	
21	单根横担安装	组	5	
22	双根横担安装	组	2	
23	绝缘横担安装　直线杆	组	3	
24	绝缘横担安装　耐张杆	组	7	
25	绝缘子安装	只	9	

编号	名　　称	单位	数量	备　注
26	拉线安装	根	2	
27	角钢接地体制作	t	0.045	
28	接地极安装	根	6	
	架线工程			
29	导线架设	m	550	
30	导线跨越	处	2	
	杆上变配电设备			
31	隔离开关	台	1	
32	断路器	台	1	
33	避雷器	台	1	
34	电流互感器	台	1	
35	变压器	台	1	
	电缆工程			
36	破路面	m^2	90	
37	电缆沟槽挖填土	m^3	67.5	
38	密封电缆保护管	根	1	
39	电缆防火	t	0.03	

任务3　计算单位工程直接费

定额是指根据一定时期的生产力水平，在正常施工条件下完成合格产品所必需的人工、材料、机械设备及资金消耗的数量标准。按照定额编制程序和用途可以将其分为投资估算指标、概算定额或概算指标、预算定额、施工定额。其中施工定额是指一种工种在一定时期内的建筑施工技术水平和条件下，完成某一计量单位的合格产品（如打桩、砌砖、浇注混凝土等）所需的人工、材料和施工机械台班消耗量的标准。施工定额反映该段时间劳动生产力水平。预算定额是在施工图设计阶段编制施工图设计预算的依据，由施工定额综合扩大而成。概算指标是编制初步设计概算和修正概算的依据，是以预算定额为基础，根据通用图和标准图等资料，经过适当综合扩大编制而成的。投资估算指标是在可行性研究阶段作为技术经济比较或建设投资估算的依据，是由概算定额综合扩大和统计资料分析编制而成的。

进行施工图预算时选用预算定额。预算定额由人工定额、材料定额和施工机械台班定额组成。人工定额是指工序人工消耗量，包括基本用工和其他用工，单位为综合工日。人工单价包括人工基本工资及工资性补贴，人工定额乘以人工单价等于人工费。材料定额是指工序材料消耗量，即直接消耗在安装工作内容中的材料使用量和规定的损耗量，包括计价材料和未计价材料，材料数量乘上材料单价即得材料费。施工机械台班定额，指在某一工序施工中，按施工企业正常合理的机械配备——机械化程度所用各种机械（包括上下班用车）的数量，施工机械台班定额乘上台班单价即得机械费，或称施工机械使用费。

一、架空线路工程

架空线路工程的所用定额选择 2009 年版《20kV 及以下配电网工程预算定额》（第三册 架空线路工程）。该定额于 2009 年发布，是现行配电网工程概预算的基础依据。定额基准工日单价为：普通工 34.0 元/工日，建筑工程技术工 48.0 元/工日，安装专业技术工 53.0 元/工日。

由于土石方工程、基础工程属于建设工程项目，依据定额完成建筑工程单位工程预算表。而杆塔工程、架线工程、杆上变配电装置属于安装工程，依据定额完成安装工程单位工程预算表。

（一）土石方工程

依据定额，土石方工程内容包括线路复测及分坑，电杆坑、拉线坑、自立式铁塔坑的挖方（或爆破）及回填，接地槽的挖方（或爆破）及回填，排水沟开挖，尖峰及施工基面挖方。其中，[案例工程一] 涉及的内容有线路复测及分坑，电杆坑、拉线坑的挖方（或爆破）及回填。

1. 线路复测与分坑

线路复测与分坑的工作内容包括复测桩位及挡距，测定坑位、坑界及施工基面，主桩或辅助桩遗失或变动后的恢复，平、断面的校核，工器具移运。线路复测与分坑定额见表 1-12。

表 1-12　　线路复测与分坑定额［摘自《20kV 及以下配电网工程预算定额》第三册］　　　　单位：基

定　额　编　号			PX2-1	PX2-2	PX2-3	PX2-4	PX2-5	PX2-6
项　　目			单杆	直线双杆	耐张（转角）双杆	直线自立塔	耐张（转角）自立塔	跨越房屋（处）
基价（元）			35.76	53.68	72.78	64.74	87.90	13.60
其中	人工费		14.19	20.34	30.27	35.00	52.5.	13.60
	材料费		20.36	31.52	40.08	27.01	31.45	
	机械费		1.21	1.82	2.43	2.73	3.95	
名称		单位	数量					
人工	普通工	工日	0.09	0.13	0.19	0.22	0.33	0.40
	技术工（安装）	工日	0.21	0.30	0.45	0.52	0.78	
计价材料	圆钉	kg	0.010	0.010	0.010	0.010	0.010	
	普通磁漆	kg	0.020	0.020	0.030	0.025	0.030	
	木桩	个	5.000	8.000	9.000	8.000	10.000	
	竹桩	个	16.000	24.000	35.000	16.000	16.000	
机械	送电专用载重汽车装载重量 4t	台班	0.004	0.006	0.008	0.009	0.013	

[案例工程一] 中均为单杆，所以选择定额编号 PX2-1，即定额基价 35.76 元，其中人工费 14.19 元、材料费 20.36 元、机械费 1.21 元；将工程量 3 基带入，计算金额得 107.28 元，其中人工费 42.57 元、材料费 61.08 元、机械费 3.63 元。填入下面建筑工程单位工程预算表，见表 1-13。

2. 电杆坑、拉线坑、铁塔坑挖方（或爆破）及回填

先根据土质选择定额，再依据所挖土石方的坑深选定定额。[案例工程一] 主要为普通土，选择定额编号在 PX2-7、PX2-8、PX2-9，由于电杆坑与拉线坑坑深均在 2.0m 以内，所以都选定 PX2-7（定额基价 11.46 元，其中人工费 10.37 元、机械费 1.09 元），再利用前面计算出的工程量计算得出：电杆坑计算金额 172.59 元，其中人工费 156.17 元、机械费 16.42 元；拉

线坑计算金额 69.91 元，其中人工费 63.26 元、机械费 6.65 元。将以上数据填入表 1-13。

表 1-13   土石方工程——单位工程预算表   单位：元

编号	编制依据	项 目 名 称	单位	数量	设备单价	定额基价		其中主要材料	设备费	费用合计		其中主要材料
						金额	其中工资			金额	其中人费	
二		架空线路工程										
1		土石方工程										
	PX2-1	线路复测与分坑，单杆	基	3.00		35.76	14.19			107.28	42.57	
	PX2-7	电杆坑挖方（或爆破）及回填，普通土，坑深 2.0m 以内	m³	15.06		11.46	10.37			172.59	156.17	
	PX2-7	拉线坑挖方（或爆破）及回填，普通土，坑深 2.0m 以内	m³	6.10		11.46	10.37			69.91	63.26	
		小计								349.78	262.00	

通过计算可得到土石方工程的直接人工费是 349.78 元，其中人工费 262.00 元、定额材料费 61.08 元、机械费 26.70 元。

（二）基础工程

1. 工地运输

因为在 20kV 及以下配电线路工程项目划分中没有将工地运输单独列项，而是分散在各个项目中分别计算，所以需在有材料运输的项目中一一统计。基础工程的项目内容包括材料运输，于是将相应材料的工地运输内容添加在该项目中。

（1）定额规定。工地运输定额内容包括人力运输、汽车运输、船舶运输。各种运输方式的平均运距均以"km"为单位，材料重量均以"t"为单位。

（2）人力运输。根据平均人力运距选择所需定额。该工程平均人力运距为 200m，选择定额 PX1-2；其工作内容是线路器材外观检查，绑扎及运送，卸至指定地点，运毕返回；其单位是 t·km。

根据运输物品的种类，选定所需定额填入对应的表中，再将前面所计算的工程量填入。在基础工程中运输的主材主要是混凝土预制品（拉线棒属于零星钢材类，但工程量太小仅 0.01t，将其放到杆塔工程工地运输中一起统计），选定定额编号为 PX1-2，前面已经算出其运输重量为 1.02t，运距为 0.1km，即为 0.102t·km，得出费用 19.51 元，其中人工费 17.75 元、机械费 1.76 元。将此数据填入表 1-14。

（3）汽车运输。汽车运输定额内容包括装卸、运输。直接根据运输物品的种类，选定所需定额填表。因为运输的是混凝土预制品，所以选择定额编号 PX1-24、PX1-25，代入其工程量（运输重量 1.02t、运距 25km）得出汽车运输及装卸的金额为 84.27 元，其中人工费 16.52 元、材料费 0.52 元、机械费 67.23 元。将此数据填入表 1-14。

2. 预制基础

预制基础包括底盘和拉线盘安装两部分，根据底盘单块重量为 274kg，选定定额编号 PX3-3，即底盘每块重量 300kg 以内；拉线盘（96kg）选择 PX3-8（拉线盘每块重量 200kg

以内），根据其工程量计算出预制基础金额为 78.80 元，其中人工费 57.16 元、机械费 21.64 元。将此数据填入表 1-14。

3. 拉线棒防腐

拉线棒防腐根据其防腐方式选择 PX3-80（沥青清漆防腐），得出拉线棒防腐的安装费是 6.12 元，其中人工费 2.04 元、材料费 4.08 元。

由前面的计算可以得出基础工程总费用是 188.70 元，其中人工费 93.47 元、材料费 4.60 元、机械费 90.63 元。将此数据填入表 1-14。

表 1-14　　　　　　　　　　　基础工程——单位工程预算表　　　　　　　　　　　单位：元

编号	编制依据	项 目 名 称	单位	数量	设备单价	定额基价		其中主要材料	设备费	费用合计		其中主要材料
						金额	其中工资			金额	其中人工费	
二		架空线路工程										
2		基础工程										
	PX1-2	人力运输，平均运距 500m 以内，混凝土预制品	t·km	0.102		191.29	173.98			19.51	17.75	
	PX1-24	汽车运输，混凝土预制品，装卸	t	1.02		50.62	10.20			51.63	10.40	
	PX1-25	汽车运输，混凝土预制品，运输	t·km	25.5		1.28	0.24			32.64	6.12	
	PX3-3	预制基础，底盘安装，每块重量（kg）300 以内	块	3.00		21.26	15.88			63.78	47.64	
	PX3-8	预制基础，拉线盘安装，每块重量（kg）300 以内	块	2.00		7.51	4.76			15.02	9.52	
	PX3-80	拉线棒防腐，沥青清漆防腐	根	2.00		3.06	1.02			6.12	2.04	
		小计								188.70	93.47	

（三）杆塔工程

定额规定杆塔工程的内容包括木杆组立、混凝土杆组立、撑杆及钢圈焊接、钢管杆组立、铁塔组立、横担及绝缘子安装、拉线制作及安装、接地安装。杆塔工程属于安装工程，其定额的选择及费用的计算填入安装工程单位工程预算表。

1. 工地运输

（1）人力运输。在杆塔组立项目中，运输的材料包括混凝土杆和金具、绝缘子、零星钢材，其中混凝土杆运输定额编号为 PX1-1，根据材料汇总表算出其运输重量为 4.48t，运距为 0.1km，即为 0.448t·km，得出费用 100.37 元，其中人工费 90.55 元、机械费 9.82 元；金具、绝缘子、零星钢材运输定额选择 PX1-6，［案例工程一］由于工程量较小，所以把各个项目中的零星钢材均在此进行统计，由主材汇总表可得出其运输重量为 0.43t，运距为 0.1km，即为 0.043t·km，得出费用 4.42 元，其中人工费 4.01 元、机械费 0.41 元。将此数据填入表 1-15。

（2）汽车运输。汽车运输材料与人力运输一样包括混凝土杆和金具、绝缘子、零星钢材，其中混凝土杆装卸、运输选择定额编号为 PX1-22、PX1-23，已知其装卸、运输的重量为 4.48t，运距为 25km，即为 112t·km，得出费用 527.16 元，其中人工费 73.43 元、材料费 32.97 元、机械费 420.76 元；金具、绝缘子、零星钢材装卸、运输选择定额编号为 PX1-34、PX1-35，已知其装卸、运输的重量为 0.43t，运距为 25km，即为 10.75t·km，计算出此项费用。将此数据填入表 1-15。

2．混凝土杆组立

［案例工程一］为整根式 12m 混凝土杆，选择定额 PX4-4，定额规定线路一次施工工程量按 5 基以上电杆考虑的，如 5 基以内者，其人工、机械定额乘以系数 1.3；所以在此进行定额调整。定额人工费调整为 215.22×1.3=279.79 元，机械费调整为 128.19×1.3=166.65 元，定额调整为 450.79 元。杆塔工程工程量为 3 基，可得出混凝土杆组立金额为 1352.37 元，其中人工费 839.37 元、材料费 13.05 元、机械费 499.95 元。将此数据填入表 1-15。

3．横担及绝缘子安装

［案例工程一］需要安装 5 组单根横担，2 组双根横担；合成绝缘横担 10 根，耐张绝缘子 9 串。所以选择定额编号 PX4-33、PX4-34、PX4-35、PX4-36、PX4-49，算出其费用为 381.75 元，其中人工费 345.53 元、材料费 33.52 元、机械费 2.7。将此数据填入表 1-15。

4．拉线制作及安装

［案例工程一］需要安装 2 组拉线，根据拉线的截面选择定额编号 PX4-53（截面 70mm^2 以内）、PX4-58，算出拉线制作及安装项目金额是 65.58 元，其中人工费 60.18 元，材料费 5.4 元。将此数据填入表 1-15。

5．接地安装

［案例工程一］的接地一处，选择定额编号 PX-59（接地体加工及制作）、PX4-60、PX4-68、PX4-69，再代入工程量计算出所需金额填入表 1-15。

表 1-15　　　　　　　　　　　　杆塔工程——单位工程预算表　　　　　　　　　　单位：元

编号	编制依据	项目名称	单位	数量	单　价				合　价			
					设备	主要材料	定额基价	其中工资	设备	主要材料	安装费	其中工资
二		架空线路工程										
1		杆塔工程										
	PX1-1	人力运输，平均运距 500m 以内，混凝土杆	t·km	0.448			224.05	202.13			100.37	90.55
	PX1-22	汽车运输，混凝土杆，装卸	t	4.48			81.42	7.89			364.76	35.35
	PX1-23	汽车运输，混凝土杆，运输	t·km	112			1.45	0.34			162.4	38.08
	PX1-6	人力运输 500m 以内，金具、绝缘子、零星钢材	t·km	0.043			102.76	93.23			4.42	4.01
	PX1-34	汽车运输，金具、绝缘子、零星钢材装卸	t	0.43			38.5	9.04			16.56	3.89
	PX1-35	汽车运输，金具、绝缘子、零星钢材运输	t·km	10.75			1.48	0.34			15.91	3.66

续表

编号	编制依据	项 目 名 称	单位	数量	单 价				合 价			
					设备	主要材料	定额基价	其中工资	设备	主要材料	安装费	其中工资
	PX4-4 调整	混凝土杆组立，整根式 13m 以内	基	3			450.79	279.79			1352.37	839.37
	PX4-33	横担安装，铁、木横担，单根	组	5			20.6	16.86			103	84.3
	PX4-34	横担安装，铁、木横担，双根	组	2			31.67	26.57			63.34	53.14
	PX4-35	横担安装，瓷横担，直线杆	组	3			11.63	11.24			34.89	33.72
	PX4-36	横担安装，瓷横担，耐张杆	组	7			22.87	22.48			160.09	157.36
	PX4-49	绝缘子安装	只	9			2.27	1.89			20.43	17.01
	PX4-53	拉线制作安装，截面 70mm² 以内	根	2			28.72	26.02			57.44	52.04
	PX4-58	拉线制作安装，拉线保护管筒	根	2			4.07	4.07			8.14	8.14
	PX-59	接地体加工及制作	t	0.045			228.64	132.08			10.29	5.94
	PX4-60	接地极安装，土	根	6			10.06	9.15			60.36	54.9
	PX4-62	接地体敷设 50mm 以内	基	1			30.54	24.96			30.54	24.96
	PX4-68	混凝土杆高空接地引下线	根	1			44.74	13.73			44.74	13.73
	PX4-69	电阻测量	基	1			24.75	9.57			24.75	9.57
		小计									1389.25	850.92

（四）架线工程

1. 工地运输

（1）人力运输。在架线工程中，运输的材料包括线材和一些金具、零星钢材，其中金具、零星钢材运输已放在杆塔工程中计算，线材的运输定额编号为 PX1-5，根据材料汇总表算出其运输重量为 0.19t，运距为 0.1km，即为 0.019t•km，得出人力运输金额 5.42 元，其中人工费 4.86 元、机械费 0.56 元。此数据见附录 A 中的表三甲。

（2）汽车运输。线材的汽车运输与装卸定额为 PX1-32、PX1-33，根据其工程量算出运输金额为 23.12 元，其中人工费 3.76 元、材料费 0.23 元、机械费 19.13 元。此数据见附录 A 中的表三甲。

2. 导线架设

根据线路的种类和截面选择相应的定额。［案例工程一］采用 JKLYJ-10kV-50 绝缘导线，选择定额编号 PX5-17（绝缘铝绞线截面 95mm² 以内），根据前面计算的工程量算出此项金额为 340.01 元，其中人工费 215.77 元、材料费 91.68 元、机械费 32.56 元。由于导线跨越公路 1 处，跨低压 380V 线路 1 处，选择定额编号 PX5-40（导线跨越电力、公路、通信），可算出导线跨越金额为 1095.14 元，其中人工费 700.30 元、材料费 325.52 元、机械费 69.32 元。此数据见附录 A 中的表三甲。

（五）杆上变配电设备安装

根据杆上安装的设备选择定额。［案例工程一］安装了断路器、避雷器、隔离开关、电流互感器，选择定额编号 PX6-13、PX6-14、PX6-16、PX6-24，而干式变压器参考电气设备安装工程定额 PD1-7（10kV 干式变压器安装，容量 500kVA 以下），再根据工程量算出安装金额。此数据见附录 A 中的表三甲。

二、电缆工程

电缆工程的所用定额选择 2009 年版《20kV 及以下配电网工程预算定额》（第四册　电缆工程）。电缆工程中电缆沟工程属于基础工程，而电缆敷设、电缆防火、调试与试验属于安装工程。

（一）电缆沟工程

1. 材料运输

（1）人力运输。电缆属于线材，因而选择定额 PX1-5，根据材料汇总表算出其运输重量为 0.52t，运距为 0.1km，即为 0.052t·km，得出人力运输金额 14.82 元，其中人工费 13.29 元、机械费 1.53 元。此数据见附录 A 中的表三乙。

（2）汽车运输。电缆的汽车运输与装卸定额选择 PX1-32、PX1-33，根据其工程量算出汽车运输金额。此数据见附录 A 中的表三乙。

2. 电缆沟工程

根据工程情况分析可知在［案例工程一］中所采用的定额编号包括 1.1 破路面，1.2 直埋式电缆沟槽挖填土及移动盖板，1.5 密封电缆保护管安装。破路面根据路面的种类及厚度选择 PL1-5（砂石、碎石路面厚度在 150mm 以内），根据已经计算的工程量（90m²）得出此项金额为 558 元，其中人工费 554.4 元、机械费 3.6 元。直埋式电缆沟槽挖填土根据土质的类型选择 PL1-9（普通土），根据其工程量（67.5m³）可算出此项金额为 834.30 元，其中人工费 749.93 元、材料费 2.70 元、机械费 81.67 元。密封电缆保护管安装定额根据保护管尺寸选择 PL1-39（ϕ200 以内），工程量为 1 根，所以金额为 429.38 元，其中人工费 86.49 元、材料费 342.89 元。此数据见附录 A 中的表三乙。

（二）电缆敷设

在［案例工程一］中所需要选用的定额包括 3.1 直埋式电力电缆敷设（10kV），4.1 户外热（冷）缩式电力电缆终端头制作安装（10kV），4.2 户内热（冷）缩式电力电缆终端头制作安装（10kV）。根据电缆截面（50mm²）选择 PL3-1（截面 50mm² 以内）、PL4-1（截面 50mm² 以内）、PL4-5（截面 50mm² 以内）。根据已经计算的工程量（150m，因为此项定额单位为 100m/三相，所以在此取值 1.5）得出直埋式电力电缆敷设金额为 560.28 元，其中人工费 348.81 元、材料费 74.60 元、机械费 136.87 元；1 套户外热（冷）缩式电力电缆终端头制作安装金额为 158.80 元，其中人工费 124.40 元、材料费 34.40 元；户内热（冷）缩式电力电缆终端头制作安装金额为 74.29 元，其中人工费 39.89 元、材料费 34.40 元。此数据见附录 A 中的表三甲。

（三）电缆防火

电缆防火定额根据防火方式选择，［案例工程一］采用防火堵料，选择定额编号 PL6-1（防火堵料），算出电缆防火金额 70.12 元，其中人工费 59.57 元、材料费 10.55 元。此数据见附录 A 中的表三甲。

（四）电缆试验

电缆试验定额选择依据试验的类型，在［案例工程一］中选择了 PL8-1（绝缘摇测）、PL8-3

（交流耐压试验）、PL8-4（电阻比试验）、PL8-5（局放试验）。其试验回路均为 1，计算出电缆试验的金额。此数据见附录 A 中的表三甲。

任务4 编制单位工程和其他费用预算表

一、费用构成（根据《电网工程建设预算编制与计算标准》）

配电网工程建设预算费用由建筑工程费、安装工程费、设备购置费、其他费用和动态费用构成，其中建筑工程费、安装工程费、设备购置费和其他费用之和称为静态投资。

二、取费标准

（一）建筑、安装工程费

建筑工程是指构成建设项目的各类建筑物、构筑物等设施工程。安装工程是指构成生产工艺系统的各类设备、管道、线缆及其辅助装置的组合、装配和调试工程。

建筑安装工程费是指对构成项目的基础设施、工艺系统及附属系统进行施工、安装、调试，使之具备生产功能所支出的费用。

建筑安装工程费由直接费、间接费、利润和税金组成。其计算公式为

$$建筑安装工程费=直接费+间接费+利润+税金 \tag{1-25}$$

1. 直接费

直接费是指建筑安装产品生产过程中直接消耗在特定产品对象上的费用，由直接工程费和措施费组成。直接费计算公式为

$$直接费=直接工程费+措施费 \tag{1-26}$$

（1）直接工程费。直接工程费是指按照正常的施工条件，在施工过程中耗费的构成工程实体的各项费用，包括人工费、材料费和施工机械使用费。其计算公式为

$$直接工程费=人工费+材料费+施工机械使用费 \tag{1-27}$$

计算标准：依据《20kV 及以下配电网工程预算定额》计算，并按照电力工程定额管理规定，调整到建设预算编制年水平。详见附录 A 中表三甲、表三乙，建筑、安装工程单位工程预算表。

1）人工费。人工费是指直接为从事建筑安装工程施工的生产工人开支的各项费用，包括基本工资、工资性补贴、辅助工资、职工福利费、生产工人劳动保护费等。

a. 基本工资是指发放给生产人员的基本工资，包括生产技术人员的岗职工资、工龄工资或工龄补贴、岗位津贴等。

b. 工资性补贴是指按规定标准发放的伙食补贴，物价补贴，煤、燃气补贴，交通补贴，以及流动施工津贴等。

c. 辅助工资是指生产工人年有效施工天数以外非作业天数的工资，包括职工学习、培训期间的工资，调动工作、探亲、休假期间的工资，因气候影响的停工工资，病假在六个月以内的工资，以及产、婚、丧假期间的工资，女工哺乳期间的工资。

d. 职工福利费是指按规定标准计提的职工福利费。

e. 生产工人劳动保护费是指按规定标准发放的劳动保护用品的购置费及修理费、服装补贴、防暑降温费、在有碍身体健康环境中施工的防护费用等。

人工费标准：普通工为 34 元/工日，建筑技术工 48 元/工日，安装技术工 53 元/工日，各

地区、各年度人工费的调整应按照总站颁布的规定执行。

人工费的计算由建筑、安装工程单位工程预算表中的各项内容的人工费合计得出。比如土石方工程项目的人工费就是其人工费合计（见附录 A 表三乙土石方工程），为 262 元。

2）材料费。材料费是指施工过程中耗费的原材料、辅助材料、构配件、零件、半成品，以及施工过程中一次性消耗材料及摊销材料的费用。

配电网工程建设预算中的材料费包括主要材料费和消耗性材料费两部分。

a. 主要材料费。主要材料费是指构成工艺系统实体的原材料、辅助材料、构配件、零件、半成品等工艺性材料。一般情况下，主要材料指施工过程中必需的、但在建设预算定额中未计价的材料，也称为未计价材料或装置性材料。

主要材料费的计算公式为

$$主要材料费 = 主要材料消耗量 \times 材料信息价格 \qquad （1\text{-}28）$$

主要材料预算价格，应按照施工现场物料仓库的出库价格、项目管理单位集中存储仓库的出库价格或电力行业定额管理机构公布的材料信息价取定。

主要材料消耗量的统计由各项工程的建筑、安装工程单位工程预算表中主要材料合计算出。比如土石方工程没有主要材料，主要材料费为零。

b. 消耗性材料费。消耗性材料费是指施工过程中所消耗的、在建设成品中不体现其原有形态的材料，以及因施工工艺及措施要求需要进行摊销的材料。一般情况下，消耗性材料指预算定额中，费用已经计入定额基价的材料，也称为计价材料费，或定额材料费。

消耗性材料费的计算，根据《20kV 及以下配电网工程预算定额》规定的原则计算，并根据相关价格水平调整规则调整到建设预算编制年水平。定额材料费是由各定额中材料费合价相加而获取的。例如土石方工程定额材料费为 61.08 元（见附录 A 表三乙土石方工程）。

3）施工机械使用费。施工机械使用费是指施工机械作业所发生的机械使用费以及机械的安拆和场外移动费用。其内容主要包括折旧费、大修理费、经常修理费、安装及拆卸费、场外运费、操作人员人工费、燃料动力费及车船税费等。

施工机械使用费按照《20kV 及以下配电网工程预算定额》规定的原则计算。

a. 折旧费是指施工机械在规定的使用年限内，陆续收回其原值及购置资金的时间价值，按照国家规定计提的成本费用。

b. 大修理费是指施工机械按规定的大修理间隔台班进行必要的大修理，以恢复其正常功能所需的费用。

c. 经常修理费是指施工机械除大修理以外的各级保养和临时故障排除所需的费用，包括为保障机械正常运转所需替换设备、零件的费用，随机配备工具、附具的摊销和维护费用，机械运转中日常保养所需润滑与擦拭的材料费用，以及机械停滞期间的维护和保养费用等。

d. 安装及拆卸费是指施工机械在现场进行安装与拆卸所需的人工、材料、机械费用，试运转费用，以及辅助设施的折旧、搭设、拆除等费用。

e. 场外运费是指施工机械整体或分体自停放地点运至施工现场或由原施工地点运至另一施工地点所发生的运输、装卸、辅助材料等费用。

f. 操作人员人工费是指机上司机（司炉）和其他操作人员的基本工资、工资性补贴、辅助工资、职工福利费、生产工人劳动保护费等。

g. 燃料动力费是指施工机械在运转作业中所消耗的固体燃料（煤、木柴），液体燃料（汽油、柴油），气体燃料，以及水、电、气体等所花费的费用。

h. 车船税费是指施工机械按照国家行政主管部门规定应缴纳的车船税、保险费及年检费等费用。

工程预算中机械费的获得由各项定额中机械费合价计算获得。例如土石方工程机械费为26.70 元（见附录 A 表三乙土石方工程）。

根据已经得出的人工费、材料费、机械费，可算出直接工程费，例如土石方工程直接工程费为 349.78 元。将结果填入建筑、安装工程单位工程预算表，见表 1-16。

表 1-16　　　　　　　　　　　　建筑工程单位工程预算表

编号	编制依据	项 目 名 称	单位	数量	设备单价（元）	定额基价（元） 金额	定额基价（元） 其中工资	其中主要材料	设备费（元）	费用合计（元） 金额	费用合计（元） 其中人工费	其中主要材料
二		架空线路工程										
1		土石方工程										
		小计								349.78	262.00	
（一）		直接费	%	100		400.37				400.37		
1		直接工程费	%	100		349.78				349.78		
1.1		人工费	%	100		262.00				262.00		
1.2		材料费	%	100		61.08				61.08		
1.2.1		定额材料费	%	100		61.08				61.08		
1.2.2		装材费	%	100								
1.3		施工机械使用费	%	100		26.70				26.70		
2		措施费	%	100		50.59				50.59		
2.1		临时设施费	%	8.83		262.00				23.13		
2.2		安全文明施工措施费	%	3.25		262.00				8.52		
2.3		施工工具用具使用费	%	2.28		262.00				5.97		
2.4		冬雨季施工增加费	%	4.95		262.00				12.97		
2.5		夜间施工增加费	%			262.00						
2.6		特殊地区施工增加费	%			262.00						
（二）		间接费	%	100		159.48				159.48		
1		规费	%	100		99.48				99.48		
1.1		社会保障费	%	25.93		262.00				67.94		
1.2		住房公积金	%	10.2		262.00				26.72		
1.3		危险作业意外伤害保险费	%	1.84		262.00				4.82		
2		企业管理费	%	22.9		262.00				60.00		
（三）		利润	%	15		262.00				39.30		
（四）		税金	%	3.41		599.15				20.43		
		合计	%	100		619.58				619.58		

（2）措施费。措施费是指为完成工程项目施工，发生于该工程施工前和施工过程中非工程实体项目的费用。其内容包括临时设施费、安全文明施工措施费、施工工具用具使用费、冬雨季施工增加费、夜间施工增加费、特殊地区施工增加费。

措施费计算公式为

$$措施费=临时设施费+安全文明施工措施费+施工工具用具使用费$$
$$+冬雨季施工增加费+夜间施工增加费+特殊地区施工增加费 \qquad （1-29）$$

1）临时设施费。临时设施费是指施工企业为满足工程现场正常的管理和施工作业需要，在现场必须搭设的办公、生产作业、轮班休息、物料（含工具）存放等用的临时建筑物、构筑物以及施工用移动电源、水电管线、简易防雨（防晒）遮挡等其他临时设施所发生的费用。其内容包括临时设施的搭设、维修、拆除、折旧及摊销费，或临时设施的租赁费等。

临时设施费计算公式为

$$临时设施费=人工费×费率 \qquad （1-30）$$

临时设施费费率见表 1-17。

表 1-17　　　　　　　　　　临 时 设 施 费 费 率

工 程 类 别		建 筑 工 程	安 装 工 程
费率（%）	城区	8.83	13.14
	郊区	7.65	11.61
	乡村	6.32	10.42

例如，土石方工程的人工费为 262.00 元，则其临时设施费为 262.00×8.83%=23.13（元）。

2）安全文明施工措施费。安全文明施工措施费是指根据电力行业安全文明施工与健康环境保护规范的要求，在施工现场所采取的安全文明保障措施所支出的补助费用。其计算公式为

$$安全文明施工措施费=人工费×费率 \qquad （1-31）$$

安全文明施工措施费费率见表 1-18。

表 1-18　　　　　　　　　　安全文明施工措施费费率

工 程 类 别	建 筑 工 程	安 装 工 程
费率%	3.25	6.56

以土石方工程为例，其安全文明施工措施费为 262.00×3.25%=8.52（元）。

3）施工工具用具使用费。施工工具用具使用费是指施工企业生产、检验、试验部门使用的不属于固定资产的工具用具的购置、摊销和维护费用。此处所说的施工工具用具不包括现场管理部门使用的管理工具和管理用具。其计算公式为

$$施工工具用具使用费=人工费×费率 \qquad （1-32）$$

施工工具用具使用费费率见表 1-19。

表 1-19　　　　　　　　　　施工工具用具使用费费率

工 程 类 别	建 筑 工 程	安 装 工 程
费率（%）	2.28	4.13

以土石方工程为例，施工工具用具使用费为 262.00×2.28%=5.97（元）

4）冬雨季施工增加费。冬雨季施工增加费是指按照正常的施工组织计划安排，必须在冬季、雨季期间进行施工时需要增加的费用，包括在冬季施工期间为确保工程质量而采取的保温及养护措施、为防风防寒而采取的遮挡和采暖措施等所发生的费用，雨季施工期间采取防雨、防潮措施所增加的费用，因冬季、雨季施工增加的劳动保护措施费用，以及施工工效降低而发生的补偿费用。其计算公式为

$$\text{冬雨季施工增加费}=\text{人工费}\times\text{费率} \tag{1-33}$$

冬雨季施工增加费费率见表 1-20。

表 1-20　　　　　　　　　　　　　　**冬雨季施工增加费费率**

地 区 分 类		I	II	III	IV	V
费率%	建筑工程	4.46	4.95	5.63	6.84	8.12
	安装工程	6.22	6.63	7.45	8.66	9.88

［案例工程一］所属地区属于 II 类地区，建筑及安装工程的冬雨季施工增加费率分别取 4.95% 和 6.63%。

以土石方工程为例，冬雨季施工增加费为 262.00×4.95%=12.97（元）

5）夜间施工增加费。夜间施工增加费是指按照规程要求，工程必须在夜间连续施工的单项工程所发生的夜班补助、夜间施工降效、夜间施工照明设备摊销及照明用电等费用。其计算公式为

$$\text{夜间施工增加费}=\text{人工费}\times\text{费率} \tag{1-34}$$

［案例工程一］无夜间施工要求，不考虑此项费用。

6）特殊地区施工增加费。特殊地区施工增加费是指在高海拔、酷热、严寒等地区施工，因特殊自然条件影响而需额外增加的施工费用。其计算公式为

$$\text{特殊地区施工增加费}=\text{人工费}\times\text{费率} \tag{1-35}$$

特殊地区是指以下几个地区。

a. 高海拔地区指平均海拔高度在 3000m 以上的地区。

b. 高纬度寒冷（严寒）地区指北纬 45°以北地区。

c. 酷热地区指面积在 1 万平方千米以上的沙漠地区，以及新疆吐鲁番地区。

［案例工程一］是普通城市工程，不属于特殊地区，不考虑此项费用。

2. 间接费

间接费是指建筑安装产品的生产过程中，为全工程项目服务而不直接消耗在特定产品对象上的费用，由规费和企业管理费组成。其计算公式为

$$\text{间接费}=\text{规费}+\text{企业管理费} \tag{1-36}$$

（1）规费。规费是指按照国家行政主管部门规定必须缴纳的费用，电力工程应计列的规费内容主要包括社会保障费、住房公积金和危险作业意外伤害保险费。其计算公式为

$$\text{规费}=\text{社会保障费}+\text{住房公积金}+\text{危险作业意外伤害保险费} \tag{1-37}$$

1）社会保障费。社会保障费是指按照国家建立社会保障体系的有关要求，施工企业必须为职工交纳的保险、保障费用，由养老保险费、失业保险费和医疗保险费组成。其计算公式为

$$社会保障费=人工费×0.85×缴费费率　　　　（1-38）$$

式（1-38）中：

a. 缴费费率是指工程所在省（自治区、直辖市）社会保障机构颁布的以工资总额为基数计取的基本养老保险、失业保险和基本医疗保险费率之和；

b. 此处的 0.85 系数也称为工资总额综合折算系数。

在此社会保障费率取 25.93%。以土石方工程为例，社会保障费为 262×25.93%=67.94（元）

2）住房公积金。住房公积金是指施工企业为职工缴纳的住房公积金。其计算公式为

$$住房公积金=人工费×0.85×住房公积金缴费费率　　　　（1-39）$$

［案例工程一］中企业住房公积金缴费费率为 12%，住房公积金取费标准为 0.85×12%=10.2%。以土石方工程为例，住房公积金为 262×10.2%=26.72（元）

3）危险作业意外伤害保险费。危险作业意外伤害保险费是指按照建筑法规定，企业为从事危险作业的建筑安装施工人员支付的意外伤害保险费。其计算公式为

$$危险作业意外伤害保险费=人工费×1.84\%　　　　（1-40）$$

以土石方工程为例，危险作业意外伤害保险费为 262×1.84%=4.82（元）

（2）企业管理费。企业管理费是指施工企业组织施工生产和经营管理所发生的费用，其费用内容包括管理人员工资，办公经费，差旅交通费，劳动补贴费，员工招募及队伍调遣费，工会经费，职工教育经费，固定资产使用费，财产保险费，办公车辆的车船税费、燃料费，管理机构工具用具使用费，建筑工程定点复测费，工程点交、场地清理费，检验试验费，工程排污费，工程保护与现场物资看管费，技术转让与技术开发费，公证费，法律顾问费，咨询费，广告费，业务招待费，劳动安全卫生检测费，企业按规定缴纳的房产税、土地使用税、印花税等。其计算公式为

$$企业管理费=人工费×费率　　　　（1-41）$$

企业管理费费率见表 1-21。

表 1-21　　　　　　　　　　企 业 管 理 费 费 率

工 程 类 别	建 筑 工 程	安 装 工 程
费率（%）	22.9	35.2

1）管理人员工资是指支付给管理人员的基本工资、工资性补贴、辅助工资、职工福利费、劳动保护费等。

2）办公经费是指企业正常管理办公所使用的文具、纸张、账表、印刷、邮电、通信、书报等费用，以及施工现场的会议费、水电费、燃气费、集体取暖费、防暑降温费、卫生保洁等费用。

3）差旅交通费是指职工因公出差、调动工作的差旅费、住勤补助费，市内交通费和误餐补助费，职工探亲路费，劳动力招募费，职工离退休、退职一次性路费，工伤人员就医路费等。

4）劳动补贴费是指由企业支付离退休职工的易地安家补助费、职工退职金，六个月以上的病假人员工资，职工死亡丧葬补助费、抚恤费，按规定支付给离休干部的各项经费。

5）员工招募及队伍调遣费是指施工企业招募员工所支出的费用，以及派遣施工队伍和施

工机械到工程现场所发生的往返调遣费用。

6）工会经费是指施工企业根据国家行政主管部门有关规定，按照职工工资总额计提的工会经费。

7）职工教育经费是指为保证职工学习先进技术和提高文化水平，根据国家行政主管部门有关规定，施工企业按照职工工资总额计提的费用。

8）固定资产使用费是指施工企业管理和试验部门使用的属于固定资产的房屋、设备、仪器等折旧、大修、维修或租赁费。

9）财产保险费是指施工企业为管理用财产、车辆进行保险而支付的保险费用。

10）办公车辆的车船税费及燃料费是指施工企业为管理办公用车辆支付的车船税费及燃料费等。

11）管理机构工具用具使用费是指管理机构和人员使用的不属于固定资产的工具、器具、家具和检验、试验、测绘、消防用具等的购置、维修和摊销费。

12）建筑工程定点复测费是指规划部门对建筑物进行重新定位、检验所交纳的费用。

13）工程点交、场地清理费是指施工企业在工程竣工之后，对工程进行清点移交和现场清理所发生的费用。

14）检验试验费是指对建筑材料、构件和建筑安装产品进行一般性鉴定、检查所发生的费用。

15）工程排污费是指按照工程所在地行政主管部门的相关规定，对施工过程中产生污染物进行处理或向环境防治部门缴纳排污费所支出的费用。

16）工程保护与现场物资看管费是指施工企业从进场至工程竣工移交的正常施工期间，对已完工程、在建工程和现场物资等进行维护、看管所支出的费用。

17）劳动安全卫生检测费是指按照国家劳动安全管理规定，施工企业接受劳动安全管理部门对企业进行安全资格认定、特种设备安全检测、劳动卫生检测、劳动安全培训考核所发生的费用。

以土石方工程为例，企业管理费为 262×22.9%=60（元）

3. 利润

利润是指施工企业完成所承包工程获得的盈利。其计算公式为

$$利润=人工费×利润率 \qquad (1-42)$$

利润率见表 1-22。

表 1-22　　　　　　　　　　　　　　　　利 润 率

工 程 类 别	建 筑 工 程	安 装 工 程
费率（%）	15	22

以土石方工程为例，利润为 262×15%=39.30（元）。

4. 税金

税金是指按照国家税法规定，应计入建筑安装工程造价内的营业税、城市维护建设税及教育费附加等。其计算公式为

$$税金=（直接费+间接费+利润）×税率 \qquad (1-43)$$

税率按照工程所在地税务部门的规定计算，在此取 3.41。

以土石方工程为例，税金为（400.37+159.48+39.30）×3.41%=20.43（元）

将架空线路工程的土石方工程、基础工程和电缆线路工程的电缆沟工程三个项目的费用算出后，汇总成建筑工程专业汇总表（见附录 A 表二乙）；而将架空线路工程的杆塔工程、架线工程、杆上变配电装置和电缆线路工程的电缆敷设、电缆防火、调试与试验六个项目的费用汇总成安装工程专业汇总表（见附录 A 表二甲）。

（二）设备购置费

设备购置费是指购置组成工艺流程的各种设备，并将设备由交货地点或项目管理单位集中储备仓库运至施工现场指定位置所支出的购置及运杂费用。其计算公式为

$$设备购置费=设备费+设备运杂费 \qquad (1-44)$$

1. 设备费

设备费是指按照设备供货价格（招标合同交货价格、协议交货价格）购买设备所支付的费用（包括包装费）。

设备费的计算原则：当设备供应方式为由项目管理单位集中储备仓库提货并配送到安装地点时，设备价格可以取项目管理单位集中存储仓库的出库价格。

2. 设备运杂费

设备运杂费是指设备交货地点或项目管理单位集中储备仓库运至施工现场指定位置所发生的费用，其内容包括设备的装卸费、运输费、运输保险费以及保管费等。

设备运杂费计算公式为

$$设备运杂费=设备费×设备运杂费率 \qquad (1-45)$$

设备运杂费率：运输距离在 20km 以内，费率为 1.1%；运距超过 20km 时，每增加 10km 费率增加 0.15%，不足 10km 按 10km 计取。供货商直接供货到现场的，只计取卸车费及保管费，按设备费的 0.7%计算。

[案例工程一] 汽车运距为 25km，所以运杂费率取 1.25%，填入表 1-5 得出设备购置费。再将设备购置费填入附录 A 表二甲，完成安装工程专业汇总表。

（三）其他费用

其他费用是指为完成工程项目建设所必需的不属于建筑工程费、安装工程费、设备购置费的其他相关费用，包括建设场地征用及清理费、项目建设管理费、项目建设技术服务费、工程建设监督检测费、生产准备费、基本预备费。其计算公式为

$$其他费用=建设场地征用及清理费+项目建设管理费+项目建设技术服务费$$
$$+工程建设监督检测费+生产准备费+基本预备费 \qquad (1-46)$$

1. 建设场地征用及清理费

建设场地征用及清理费是指为获得工程建设所必需的场地并达到正常施工条件和施工环境而发生的有关费用，主要包括土地征用补偿费、余物清理费、施工场地租用费、线路施工赔偿费。其计算公式为

$$建设场地征用及清理费=土地征用补偿费+余物清理费$$
$$+施工场地租用费+线路施工赔偿费 \qquad (1-47)$$

（1）土地征用补偿费。土地征用补偿费是指按照《土地法》和《物权法》的规定，项目法人为取得工程建设用地的使用权而发生的费用，包括土地补偿费、地上附着物和青苗补偿费、林木赔偿费、安置补助费、勘测定界费、征地管理手续费、证书费以及各种基金和税金等。

［案例工程一］中无此项支出。

（2）余物清理费。余物清理费是指为满足工程建设需要，对所征用土地范围内原有的建筑物、构筑物等有碍工程建设的设施进行拆除、清理所发生的各种费用。

［案例工程一］中无此项支出。

（3）施工场地租用费。施工场地租用费是指为保证工程建设期间的正常施工而临时租用场地所发生的费用，包括场地的租金、清理和复垦费等。

［案例工程一］中无此项支出。

（4）线路施工赔偿费。线路施工赔偿费是指架空送电线路施工过程中，对线路走廊内非征用和租用土地上的建筑物、构筑物、林木、经济作物等造成不可避免的破坏而进行赔偿所发生的费用；或电缆线路工程施工中由于挖掘地面、路面等发生的赔偿费用。

［案例工程一］中无此项支出。

2．项目建设管理费

项目建设管理费是指建设项目经国家行政主管部门核准后，自项目筹建至竣工验收合格，并移交生产的合理建设期内对工程进行组织、管理、协调、监督等工作所发生的费用，包括项目管理经费、招标费、工程监理费。其计算公式为

$$项目建设管理费=项目管理经费+招标费+工程监理 \tag{1-48}$$

（1）项目管理经费。项目管理经费是指项目管理单位在项目管理工作中发生的日常管理费用，主要包括项目建设相关手续的申办费，日常办公经费，差旅交通费，固定资产使用费、工具用具使用费，技术图书资料费、工程档案管理费、办公水电费，工程组织协调费，合同订立与公证费，法律顾问费，咨询费，工程审价（结算）费，会议费，业务接待费，印花税，以及设备材料的配送组织、建设项目劳动安全验收评价、工程竣工测量、交接验收、竣工审计、编制竣工决算等日常工作经费。其计算公式为

$$项目管理经费=（建筑工程费+安装工程费）×1.15\% \tag{1-49}$$

建筑工程费、安装工程费、设备购置费可以根据建筑、安装工程专业汇总表计算，［案例工程一］的建筑工程费与安装工程费之和为 66909.47 元，算出其项目管理费为 769.46 元。

（2）招标费。招标费是指按照国家有关规定，组织或委托具有资质的机构编制、审查标书、标底，以及委托具有招标代理资质的机构对各项采购及承包项目进行招标所发生的费用。其计算公式为

$$工程招标费=（建筑工程费+安装工程费+设备购置费）×0.32\% \tag{1-50}$$

［案例工程一］的建筑工程费、安装工程费与设备购置费之和为 232101.89 元，算出其招标费为 742.73 元。

（3）工程监理费。工程监理费是指依据国家有关规定和规程、规范要求，委托工程监理机构对建设项目全过程实施监理所支付的费用。其计算公式为

$$工程监理费=（建筑工程费+安装工程费）×2.55\% \tag{1-51}$$

3．项目建设技术服务费

项目建设技术服务费是指为工程建设提供技术服务和技术支持所发生的费用，包括工程勘察费、工程设计费、设计文件评审费、项目后评价费、技术经济标准编制管理费。其计算公式为

$$项目建设技术服务费=工程勘察费+工程设计费+设计文件评审费$$
$$+项目后评价费+技术经济标准编制管理费 \tag{1-52}$$

（1）工程勘察费。工程勘察费是指有资质的勘察机构按照勘察设计规范要求，对项目影响范围内地质断面、地形、水文、杆塔定位、交叉跨越等进行勘察、测量作业并编制相关勘察文件等所支付的费用。其计算公式为

$$工程勘察费=建筑工程费×4.5\% \tag{1-53}$$

（2）工程设计费。工程设计费是指委托有资质的设计机构，按照工程设计规范要求，对现场进行踏勘、测量，编制工程初步设计文件、施工图设计文件、竣工图文件，以及设计代表进行现场技术服务所支付的费用。其计算公式为

$$工程设计费=（建筑工程费+安装工程费）×设计费费率 \tag{1-54}$$

设备费费率取定表见表 1-23。

表 1-23　　　　　　　　　　　　设 计 费 费 率 取 定 表

设备购置、建筑安装工程费之和	设计费费率（%）
20 万元以下执行最高标准	8.0
50 万元以下	6.5～8.0
100 万元以下	5.5～6.5
300 万元以下	4.0～5.5
300 万元以上	3.2～4.0
1000 万元以上执行最低标准	3.2

［案例工程一］的设备购置、建筑安装工程费之和为 23.21 万元，使用插值法计算设计费费率过程如下。

假定设计费费率为 x，则有

$$（50-23.21）/（23.21-20）=（6.5-x）/（x-8.0）$$

解得

$$x=7.84$$

［案例工程一］的设计费费率取 7.84%。再代入建筑工程费与安装工程费之和 66909.47元，算出工程设计费为 66909.47×7.84%=5245.70（元）

（3）设计文件评审费。设计文件评审费是指根据国家有关规定，项目管理单位组织或委托相关咨询、评审机构对工程项目的设计文件（包括初步设计文件、施工图设计文件）进行评审所发生的费用。其计算公式为

$$设计文件评审费=工程设计费×2.2\% \tag{1-55}$$

（4）项目后评价费。项目后评价费是指根据国家有关规定，项目管理机构为了对项目决策提供科学、可靠的依据，指导、改进项目管理，提高投资效益，同时为政府决策提供参考依据，完善相关政策，在建设项目投产后对项目的决策、设计、建设管理、投资效益等方面进行综合分析、评价所支出的费用。其计算公式为

$$项目后评价费=（建筑工程费+安装工程费）×0.5\% \tag{1-56}$$

（5）技术经济标准编制管理费。技术经济标准编制管理费是指为保证电力行业工程建设技术经济标准体系的正常运转，确保各项技术经济标准编制、修订、解释和研究工作的正常进行，需向电力行业技术经济标准编制管理机构支付的费用。其计算公式为

$$技术经济标准编制管理费=（建筑工程费+安装工程费）×0.2\% \tag{1-57}$$

4. 工程建设监督检测费

工程建设监督检测费是根据国家行政主管部门及电力行业有关规定，对工程质量、特种设备（如消防）等进行监督、检验、检测所发生的费用。其计算公式为

$$工程建设监督检测费=（建筑工程费+安装工程费）×0.3\% \tag{1-58}$$

5. 生产设备费

生产设备费是指为保证工程竣工验收合格后能够正常投产运行提供技术保证和资源配备所发生的费用，主要包括工器具购置、必要的安全防护器具（不包括消防器具）、警示牌、标志牌等发生的费用，其计算公式为

$$生产准备费=（建筑工程费+安装工程费）×0.75\% \tag{1-59}$$

6. 基本预备费

基本预备费是指为因设计变更（含施工过程中工程量增减、设备改型、材料代用）而增加的费用，一般自然灾害可能造成的损失和预防自然灾害所采取的临时措施费用，以及其他不确定因素可能造成的损失而预留的工程建设资金。其计算公式为

$$基本预备费=［建筑工程费+安装工程费+设备购置费$$
$$+其他费用（不包括基本预备费）］×费率 \tag{1-60}$$

基本预备费费率见表 1-24。

表 1-24 **基本预备费费率**

设计阶段	费率（%）	设计阶段	费率（%）
投资估算	3	施工图预算	1
初步设计概算	2		

（四）动态费用

动态费用是指筹措债务资金时，在建设期内发生并按照规定允许在投产后计入固定资产原值的利息。其计算公式为

$$建设期贷款利息=\Sigma［（年初借款本息累计+本年贷款/2）×年利率］ \tag{1-61}$$

输配电线路工程建设周期短、投资小，因此此项费用一般不发生。

［案例工程一］的其他费用的计算汇总见表 1-25。

表 1-25 **其他费用计算表** 单位：元

编号	项目名称	主要内容及范围说明	合价
1	建设场地征用及清理费		
1.1	土地征用补偿费		
1.2	余物清理费		
1.3	施工场地租用费		
1.4	线路施工赔偿费		
2	项目建设管理费		3218.38
2.1	项目管理费	（建筑工程费+安装工程费）×1.15%	769.46
2.2	招标费	（建筑工程费+安装工程费+设备购置费）×0.32%	742.73
2.3	工程监理费	（建筑工程费+安装工程费）×2.55%	1706.19
3	项目建设技术服务费		6037.59
3.1	工程勘察费	建筑工程×4.5%	208.12

编号	项 目 名 称	主要内容及范围说明	合　价
3.2	工程设计费	（建筑工程费+安装工程费）×7.84%	5245.70
3.3	设计文件评审费	工程设计费×2.2%	115.41
3.4	项目后评价费	（建筑工程费+安装工程费）×0.5%	334.52
3.5	技术经济标准编制管理费	（建筑工程费+安装工程费）×0.2%	133.82
4	工程建设监督检测费	（建筑工程费+安装工程费）×0.3%	200.73
5	生产准备费	（建筑工程费+安装工程费）×0.75%	501.82
6	基本预备费	［建筑工程费+安装工程费+设备购置费 +其他费用（不包括基本预备费）］×1%	2420.60

任务5　编制总预算表

在完成了安装工程专业汇总表（附录 A 中表二甲）、建筑专业汇总表（附录 A 中表二乙）、其他费用预算表（附录 A 中表四）后，根据工程项目划分情况，从建筑专业汇总表取建筑工程费，从安装工程专业汇总表取设备购置费和安装工程费，再从其他费用预算表中取对应的各项费用，完成总预算表。详见附录 A 中相关表格。

任务6　编写预算编制说明

一份完整的预算书还必须包括编制说明，从而交代清楚编制情况、编制依据以及一些需要说明的问题，为阅读与审核提供方便。

20kV 及以下配电网工程预算书的编制说明要具体、确切、简练、规范。

其内容一般包括以下几个方面。

（1）工程概况，包括线路经过地区的地形、土质结构、风力、运输条件；线路型号、长度、杆塔类型、接地情况；电缆的长度、尺寸、敷设方式等。

（2）工程的建设范围、施工措施及费用。

（3）编制原则及依据，包括编制范围、工程量计算依据、取费定额和标准等。

（4）有关重大问题说明。

［案例工程一］的编制说明见附录 A。

最后，按照封面、编审人员签字扉页、目录、编制说明、总预算表（附录 A 中表一）、安装工程专业汇总表（附录 A 中表二甲）、建筑专业汇总表（附录 A 中表二乙）、安装工程单位工程预算表（附录 A 中表三甲）、建筑工程单位工程预算表（附录 A 中表三乙）、其他费用预算表（附录 A 中表四）以及相应的附表、附件的顺序，编印为《20kV 及以下配电网工程建设预算书》送审，［案例工程一］即编制《10kV 某新建线路工程预算书》，参见附录 A。

思 考 与 训 练

1. 施工图预算的概念是什么？

2. 什么是项目划分？项目划分的依据是什么？

3. 已知某线路工程全长 18km，运输地形为丘陵，汽车运送至 B、D 两点，如图 1-12 所示，试计算该工程汽车运输平均运距与人力运输平均运距。

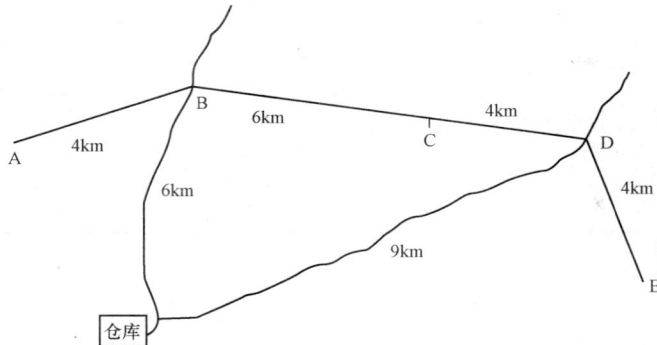

图 1-12   某线路工程材料运输示意图

4. 某工程新立混凝土电杆 11 基，电杆坑深 1.4m，试计算本工程的电杆土石方量。

5. 新立混凝土 15m 转角杆 1 基，拉线盘 2 个，埋深 1.6m，试计算该混凝土杆的土石方量。

6. 某架空线路工程，路径长度 5km，跨越 10kV 单回线路 3 处，10kV 双回线路 1 处，低压线路 2 处，试计算其安装工程费。

7. 某 1kV 架空线路工程，路径长度 5km，导线采用四芯集束 35mm^2，金具 0.1t，试计算安装工程费。

8. 某电缆工程，路径长 1km，需同沟敷设 2 根 YJV22-3×120mm^2-10kV 电缆，其中 100m 路面为钢筋混凝土路面，其余为沥青路面厚度均为 150mm，试计算其路面开挖。

9. 路径长 1.5km，需同沟敷设 4 根 YJV22-3×120mm^2-10kV 电缆，试计算其土石方开挖。

10. 某电缆工程，路径长 1km，需同沟敷设 3 根 YJV22-0-3×120mm^2 电缆，土质全部为坚土，试计算其建筑工程费用。

11. 配电网工程建设预算费用由哪些构成？

12. 建筑、安装工程费由哪些构成？

13. 某配电网工程建筑工程费为 30 万元，安装工程费为 20 万元，设备购置费为 50 万元。试计算其设计费支出。

14. 配电网工程建筑工程费为 10 万元，安装工程费为 20 万元，设备购置费为 50 万元。试计算其设计费支出。

15. 静态工程费与动态工程费是什么？

【实训项目一】 某厂配电安装工程

一、总述

（一）设计依据

（1）受某市某厂委托，对该市某厂配电安装工程进行勘察设计。

（2）《架空绝缘配电线路设计技术规程》（DL/T 601—1996）。

（3）国家其他有关规程、规范。

（二）设计范围

某配电工程。

（三）工程概况

（1）在 10kV 某 32 号杆上搭火，新建 12m 电杆 2 基，10m 电杆 1 基，新建线路全长 125m。

（2）在新立的 N2 号杆上装高压真空断路器（12kV，630A）1 台，高压计量箱 1 台，油浸式变压器（S9-200kVA/10）1 台。

二、路径及交叉跨越

（一）路径概况

该工程路径见 10kV 架空线路平面布置图，如图 1-12 所示。

（二）交叉跨越

本工程跨越河流 1 处。

（三）交通运输

本工程地处城镇，全线地形比例为平地 100%，运输地形图如图 1-13 所示。

全线地质比例为普土 80%、坚土 20%。

三、机电部分

（一）设计气象条件（略）

（二）导线

本工程架空线采用 JKLYJ-10kV-50 绝缘导线。安全系数为 7.50，架空线与周围建筑物的安全距离应满足 10kV 架空线路施工和验收规范。

（三）防雷保护、绝缘配合

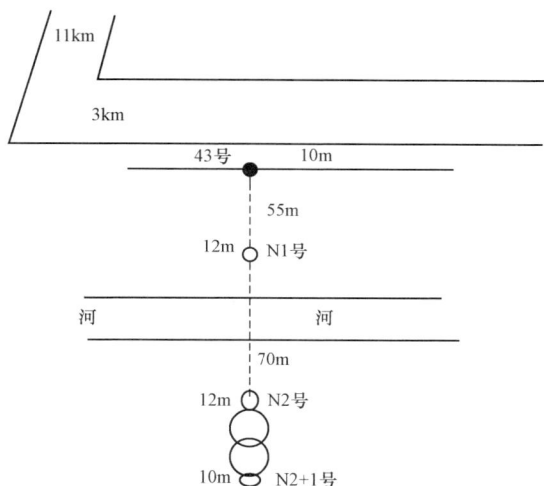

图 1-13　某厂配电工程架空线路平面布置图

（1）终端杆敷设人工接地体，接地电阻满足规程要求，绝缘子串悬挂点与接地体应有可靠电气连接。

（2）水泥杆架设段绝缘子型号为 FXBW2-10/45，直线绝缘子采用 FS-10/3 合成横担绝缘子。

（3）在 N2 号杆上装设氧化锌避雷器（HYW5-12.7/50）。

（四）金具

本工程全线采用国家标准电力金具。

四、杆塔及基础

（一）杆塔

本工程共使用电杆（φ190mm×12000mm）2 基，（φ190mm×10000mm）1 基。

（二）基础

本工程混凝土杆均采用 D0.8m×0.8m×0.17m 的底盘基础，采用 L0.8m×0.4m×0.15m 的拉线盘。

（三）其他

（1）本线路配高压跌落式熔断器（12kV，100A）1 组、避雷器 1 组。

（2）本工程图纸套用城市电网 10kV 及以下工程典型设计，如图 1-14 所示。

材 料 表

序号	名 称	规 格	数量	单位	重量(kg) 一件	小计
1	混凝土电杆	φ190mm×12000mm	1	根		
2	混凝土电杆	φ190mm×10000mm	1	根		
3	架空绝缘线	JKLYJ-8.7/10-6	550	m		
4	高压引线横担	L63mm×6mm×2000mm	1	副		
5	跌落式熔断器横担	L63mm×6mm×2000mm	1	副		
6	避雷器横担台架	L63mm×6mm×2000mm	2	副		
7	柱上开关横担支架	10mm×2246mm	2	副		
8	台架抱箍	φ266mm	2	个		
9	绝缘子	FS-10/3	12	个		
10	跌落式熔断器	FRC-10/50	3	台		
11	避雷器	HY5W-12.7/50	3	台		
12	变压器	S9-10/200	1	台		
13	铜铝过渡线夹	SLB-1B	18	只		
14	低压引线横担	L50mm×5mm×1000mm	1	根		
15	高压计量装置	XJ-01	1	套		
16	针式绝缘子	PD-1T	4	只		
17	铜线	TJ-25	40	m		
18	低压配电箱		1	台		
19	槽钢	12mm×12mm×800mm	2	根		
20	组合式互感器	JLSZV-10	1	台		
21	合成绝缘子	FXBW2-10/45	3	串		

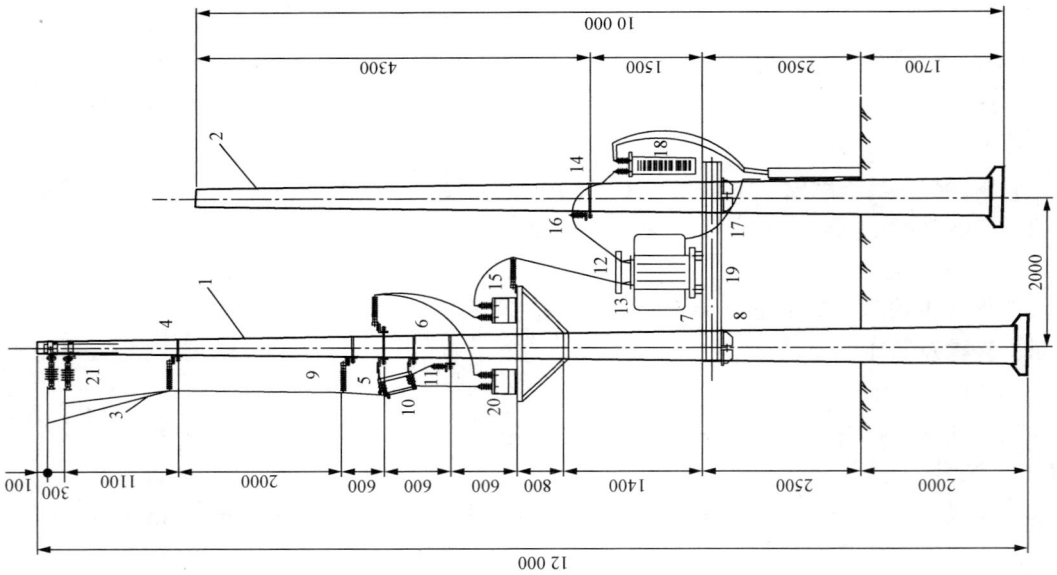

图 1-14 终端变压器台区

学习项目二 编制 220kV 架空送电线路

工程初步设计概算书

【学习指南】 学习项目二主要以［案例工程二］为载体，介绍了编制 220kV 送电线路初步设计概算书的方法：首先根据 2007 年版《电网工程建设预算编制与计算标准》明确送电线路工程项目划分，熟悉其费用构成和计算标准；再经过现场收集资料，落实地域性取费标准；结合工程设计情况核算具体工程项目各单位工程量；然后选择适用的定额、费率编制单位工程概算表，汇总形成安装工程概算表，完成编制辅助设施概算表、其他费用概算表；依据安装工程概算表、辅助设施概算表、其他费用概算表汇总形成总概算表；最后编写概算说明书，从而确定 220kV 送电线路初步设计概算。

案例工程二   **220kV 某新建送电线路工程概况**

一、总述

1. 设计依据

（1）与四川省电力公司签订的勘测设计合同。

（2）四川省电力公司《关于某市 220kV 某送电线路新建工程可行性研究报告的批复》。

（3）某设计院对《某市 220kV 某送电线路新建工程》的可行性研究报告和投标技术文件。

2. 设计范围

从某 220kV 变电站（小号侧）出线构架至某 220kV 变电站（大号侧）进线构架长 51.8km 的 220kV 单回（其中小号侧变电站出线 3km 采用同塔双回设计，本期单侧挂线）2×LGJ-400/35 导线送电线路本体设计，并完成工程投资概算，辅助设施工程只在本工程中列入所需费用。全线加挂 OPGW（地线复合光缆），OPGW 材料及安装费计入通信工程。

二、路径及交叉跨越

线路全长约 51.8km，曲折系数 1.20，途经三个县（市）行政区域，线路路径如图 2-1 所示。全线海拔高程在 300～600m 之间。沿线地形北高南低，局部地段地形起伏较大，相对高差达 100m 以上。地形划分为平地 7.4%，丘陵 51.4%，山地 41.2%。

线路沿线地层简单，主要为侏罗系遂宁组鲜红、紫红色泥岩、钙质泥岩第四系残积、残坡积黏性土。岩石一般较完整，松散堆积层状态也较好，地基土条件较好。地质划分为岩石 25%，松砂石 55%，普通土 16%，泥水 4%。

本工程交通运输主要以区乡公路为主，全线与线路平行和交叉的机耕道较多，个别地段运输条件较差。全线汽车运输距离 28km，人力运输距离 0.8km。

全线主要交叉跨越见表 2-1。

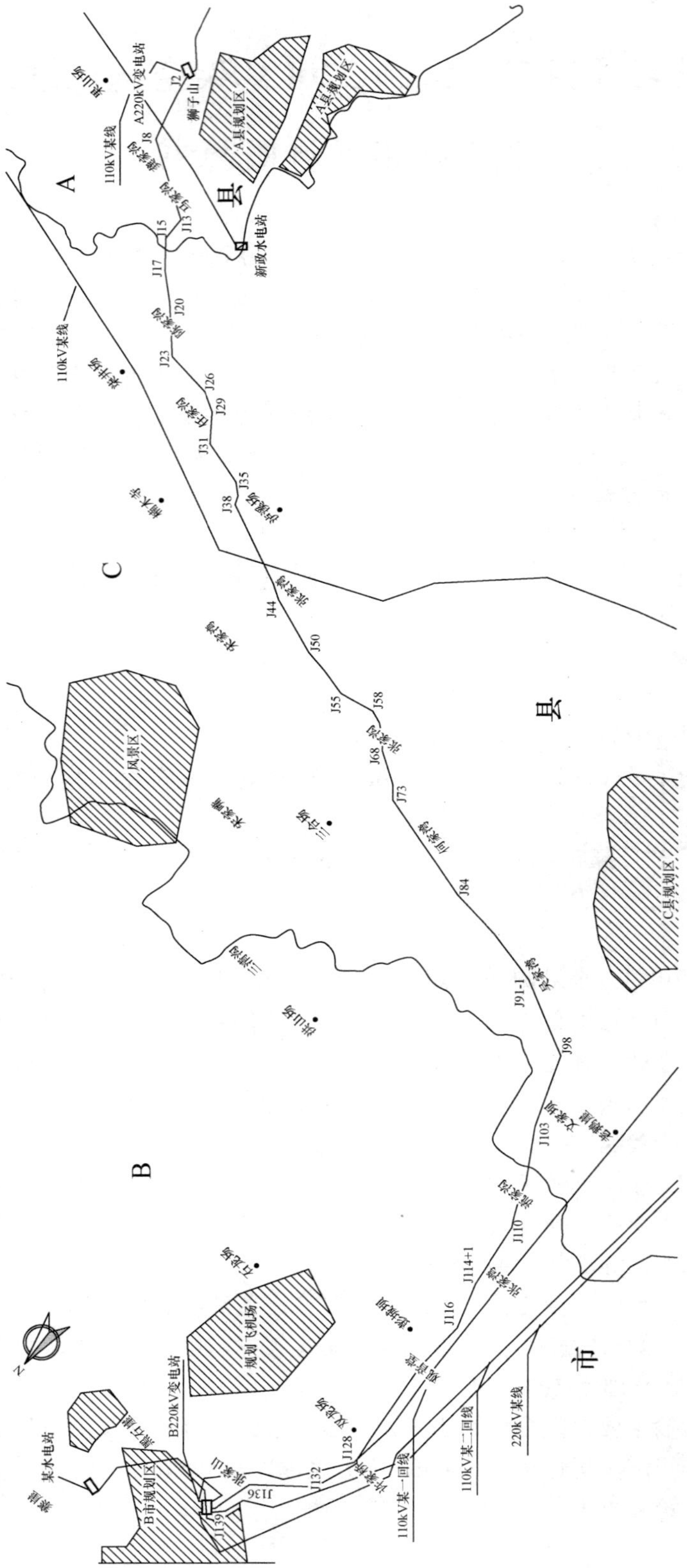
A
县
C
县
B
市
110kV某线
A220kV变电站
狮子山
A县规划区
A县规划区
新政水电站
J2
J8
J13
J15
J17
J20
J23
J26
J29
J31
J35
J38
J44
J50
J55
J58
J68
J73
J84
J91-1
J98
J103
J110
J114+1
J116
J128
J132
J136
J139
风景区
C县规划区
规划飞机场
B市规划区
B220kV变电站
某水电站
110kV某一回线
110kV某二回线
220kV某线

图 2-1 线路路径示意图

表 2-1 　　　　　　　　　　　　　全线主要交叉跨越表

编号	被跨越物	跨越次数	编号	被跨越物	跨越次数
1	110kV 电力线	3	6	公路、机耕道	44
2	35kV 配电线	6	7	小河及河沟	11
3	10kV 配电线	32	8	堰塘	7
4	380V 及以下线路	146	9	嘉陵江	1
5	广播线、通信线	86			

三、机电部分

1. 设计气象条件组合（略）

2. 导地线型号

导线采用 2×LGJ-400/35 型钢芯铝绞线（GB 1179—1983）。大号侧变电站进线段约 8.0km 采用 OPGW-100 与另一根良导体 LBGJ-100-30AC 铝包钢绞线（YB/T124—1997）成双地线，其他地段采用 GJX-80（1×7-11.4-1270-A-YB/T183-2000）稀土锌铝合金镀层钢绞线与 OPGW-100 配合，OPGW 挂在线路右侧地线支架上。

3. 相分裂导线排列形式及间距

导线为垂直排列双分裂，一般不安装间隔棒，挡距大于 700m 时的加装间隔棒，分裂间距为 400mm。

为方便引下线的施工，变电站进出线挡分裂导线采用水平排列方式，加装间隔棒，分裂间距为 400mm。

耐张塔中相跳线采用垂直排列方式，边相跳线采用水平排列方式，加装跳线间隔棒，分裂间距为 200mm。

4. 导地线的防振

本工程导线和地线一般采用防振锤防振，对于重要的交叉跨越（包括 35kV 及以上电压等级的高压送电线路，I 级通信线路，主干公路、嘉陵江等）的直线塔，除防振锤外，加装预绞丝护线条进行联合保护。防振锤使用型号及安装个数见表 2-2。

表 2-2 　　　　　　　　　　　防振锤使用型号及安装个数表

线型 ＼ 型号 ＼ 数量		1	2	3	4
LGJ-400/35	FD-5F	$L\leqslant 450$m	450m$<L\leqslant 800$m	800m$<L\leqslant 1200$m	
LBGJ-100-30AC	FR-2	$L\leqslant 300$m	300m$<L\leqslant 600$m	600m$<L\leqslant 900$m	900m$<L\leqslant 1200$m
GJX-80	FG-70	$L\leqslant 300$m	300m$<L\leqslant 600$m	600m$<L\leqslant 900$m	900m$<L\leqslant 1200$m

5. 绝缘配合及防雷保护

（1）污秽等级的确定。本工程线路所经地区无大的污染源，根据四川省电力公司 2006 年编印的《四川省电力系统污区分布图》，结合现场实地调查搜资情况，确定大号侧变电站进线段 5km 为Ⅲ级污秽区，其余部分为Ⅱ级污秽区，按Ⅲ级污秽区下限设计。

（2）绝缘配合。本工程线路所经地带海拔高程不超过 600m，绝缘子串绝缘子片数按能耐受长期工频电压作用确定，受污秽等级的控制。本工程线路多位于丘陵、山区，运行维护条件差，为方便运行维护，设计推荐Ⅱ、Ⅲ级污区悬垂串、耐张串均采用玻璃绝缘子 U100BP2，Ⅱ级污区悬垂串和耐张串分别为 14 片和 15 片，Ⅲ级污区各增加一片。两端进线构架侧采用瓷质绝缘子，防止玻璃绝缘子因故自爆而危及变电站设备和运行人员。

按设计规程的规定，铁塔高度超过 40m，按高度每增加 10m，绝缘子串增加一片绝缘子设计。

本工程线路所经地段海拔高程均在 600m 以下，不需要特殊考虑增加空气间隙，本工程所取空气间隙值见表 2-3。

表 2-3　　　　　　　　　　　　　空 气 间 隙 值 表

工作状态	运行电压	内过电压	外过电压	带电作业
间隙值（cm）	55	145	190	180

注　带电作业人员需要停留工作的部位，带电作业还应考虑人体活动范围 30～50cm。

（3）防雷保护与接地。本工程线路所经地区年平均雷电日为 40 天，属中雷区。线路全线采用架设双避雷线进行防雷保护，地线采用直接接地方式。为便于线路两端变电站接地电阻的准确测量，进出线挡靠门型构架侧地线耐张金具串加一片 XDP-70C 型无裙瓷质绝缘子。非测量状态下，应将该绝缘子短接。

根据本工程的地质情况，接地装置采用典型设计，即环形加风车式放射形浅埋水平布置接地型式，如图 2-2 所示，与杆塔基础自然接地相结合。除甲型接地装置外，乙、丙、丁、戊、己型的形式相同，仅 A 取值不同，$A_乙$ 为 5m、$A_丙$ 为 20m、$A_丁$ 为 30m、$A_戊$ 为 60m、$A_己$ 为 78m。接地装置按土壤电阻率选用，见表 2-4，其中丙型占 10%，丁型占 35%，戊型占 50%，己型占 5%。接地体采用 ϕ10mm 圆钢，引下线采用 ϕ12mm 圆钢，均要求热镀锌处理，接地引下线不得露出地面过长。按照设计规程和反措细则规定，杆塔接地电阻在雷雨季节干燥时的工频接地电阻不得超过表 2-5 中的数值。

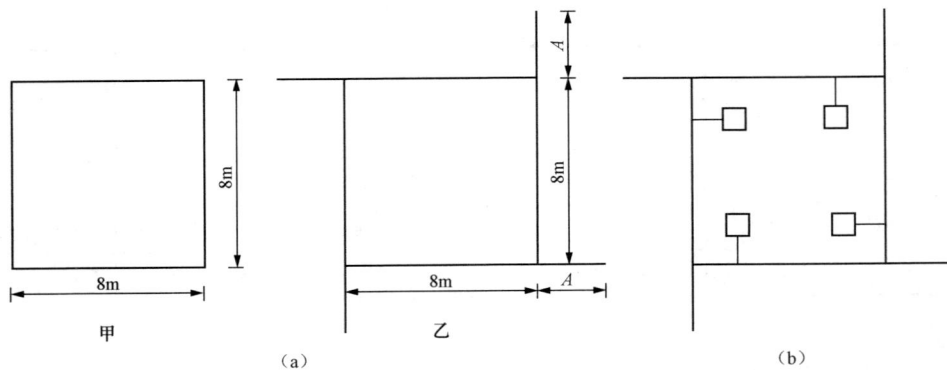

图 2-2　接地装置形式及其与铁塔连接示意图

（a）接地装置形式；（b）接地装置与铁塔连接示意图

表 2-4   接地装置选用及其材料表

适用土壤电阻率（Ω·m）			≤100	100~300	300~500	500~1000	1000~2000	>2000
接地装置型号			甲	乙	丙	丁	戊	己
材料表	圆钢 φ12	长度（m）	10.0	10.0	10.0	10.0	10.0	10.0
		重量（kg）	8.88	8.88	8.88	8.88	8.88	8.88
	φ10	长度（m）	40	60	120	160	280	352
		重量（kg）	24.50	36.76	73.52	98.02	171.53	215.64
	扁钢 130×50×5	长度（m）	0.52	0.52	0.52	0.52	0.52	0.52
		重量（kg）	1.230	1.230	1.230	1.230	1.230	1.230
	铁塔用 M16×45 镀锌螺栓及螺母	套	4	4	4	4	4	4
		重量（kg）	0.584	0.584	0.584	0.584	0.584	0.584
接地土石方量（m³）			9.6	14.4	28.8	38.4	67.2	84.5

表 2-5   工频接地电阻取值表

土壤电阻率（Ω·m）	≤100	100~300	300~500	500~1000	1000~2000	>2000
工频接地电阻（Ω）	5	10	12	15	20	27

6. 绝缘子串及金具

玻璃绝缘子的主要尺寸及特性见表 2-6。

表 2-6   绝缘子主要尺寸及特性表

绝缘子型号	主 要 尺 寸			机 电 特 性		额定机械破坏负荷（kN）
	高度（mm）	盘径（mm）	爬距（mm）	工频湿闪放电电压（kV）	全波冲击闪络电压（kV）	
U100BP2	146	280	450	45	120	100

导地线接续均采用液压方式。本工程使用的金具绝缘子串型及其具体使用范围见表 2-7，绝缘子金具串组装一览图如图 2-3、图 2-4 所示。

表 2-7   金具绝缘子串型及其具体使用范围表

编号	线型	型 式	用 途
1	导线	HX 单联加护线条串（1×14×U100BP2）	重要跨越直线塔
2		SHX 双联加护线条串（2×14×U100BP2）	大挡距直线塔
3		SHX1 双联加护线条串（2×14×U100BP2）	重要跨越直线塔
4		CTX 单联跳线串（1×14×U100BP2）	一般转角塔中相
5		N 双联耐张串（2×15×U100BP2）	耐张转角塔
6		DN 单联耐张串（1×15×U100BP2）	进出线挡门型架侧
7		TDN 单联耐张串加双调整板（1×15×U100BP2）	进出线挡终端塔侧
8	地线	BX11 单联悬垂串	一般直线塔 GJX-80
9		BX12 单联悬垂串	一般直线塔 LBGJ-100-30AC
10		BN1 单联耐张串	耐张、转角塔 GJX-80
11		BJN 单联耐张串加绝缘子（1×1×XDP2-70C）	进线挡门型架侧

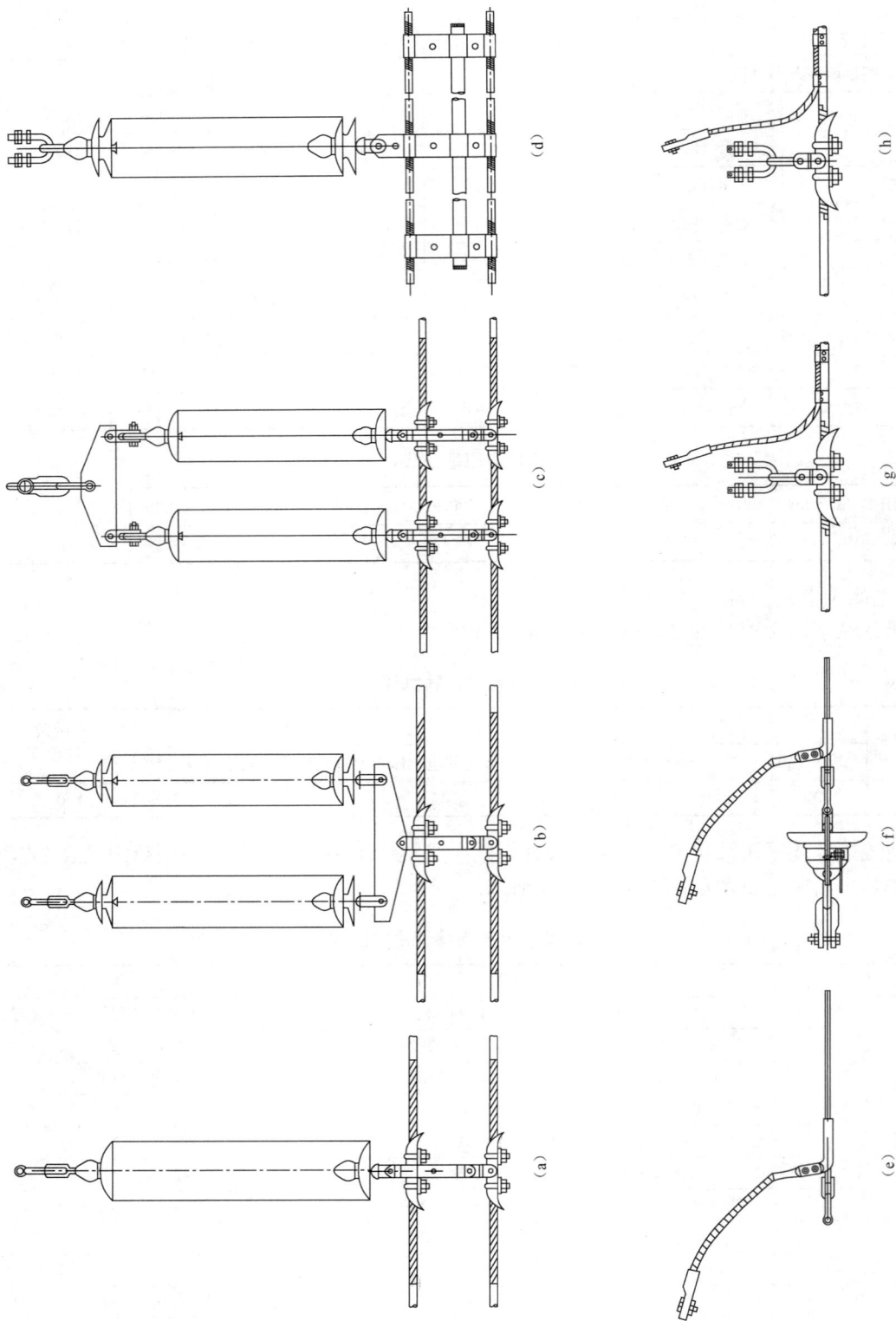

图 2-3　导线悬垂串及地线绝缘子金具串组装一览图

(a) HXS；(b) HX1；(c) SHX；(d) CTX；(e) BN1；(f) BJN；(g) BX11；(h) BH12

（a）

（b）

（c）

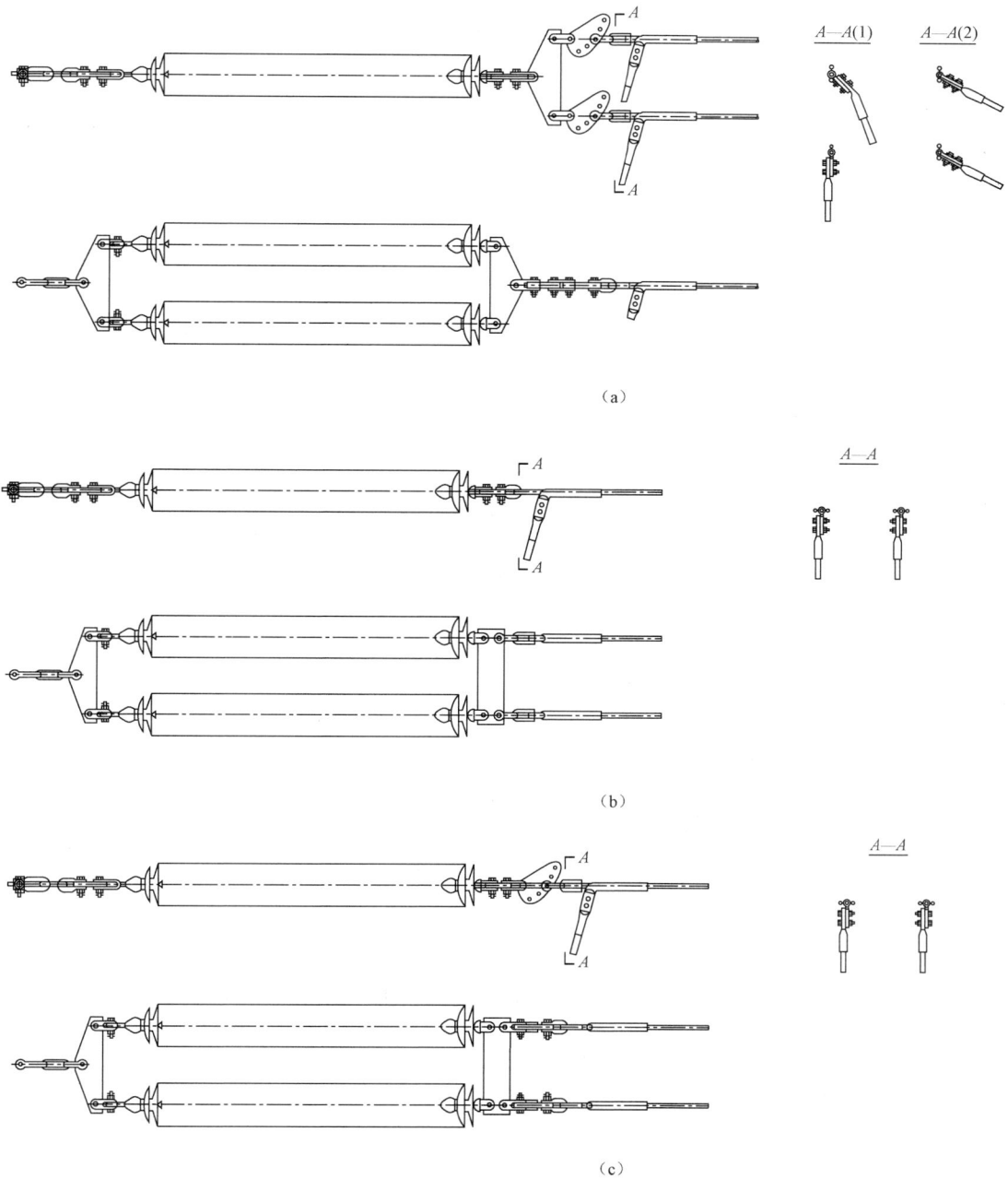

图 2-4　耐张绝缘子金具串组装一览图

（a）N；（b）DN；（c）TDN

7. 导线换位及相序配合

本工程线路长 51.8km，按设计规程要求，导线不需要进行换位。因两端变电站不对应，在线路工程两侧终端塔调整相序。

8. 导线对地和交叉跨越距离

导线对地和交叉跨越距离见表 2-8。

表 2-8　　　　　　　　　　　　　　　　导线对地和交叉跨越距离表

编号	被跨越物名称	间距（m）	备　　注
1	居民区	7.5	港口、城镇等人口密集地区
2	非居民区	6.5	车辆能到达的房屋稀少地区
3	交通困难地区	5.5	车辆不能到达地区
4	公路路面	8.0	
5	电力线	4.0	
6	通信线	4.0	
7	至最大自然生长高度树木顶部	4.5	
8	至最大自然生长高度果树顶部	3.5	
9	通航河流（4 级）	3.0	最高航行水位的最高船桅顶
10	距百年一遇洪水位	4.0	

9. 通信保护

本工程属中性点直接接地系统，导线大多呈三角形排列。临近主要电信线路为架空光缆，经测算，本工程对影响范围内电信线路无危险、干扰影响；对临近无线电设施的危险和干扰影响均满足防护间距要求，无影响。

10. 杆塔及基础

（1）杆塔。本工程全部采用全方位不等高腿自立式铁塔，直线塔采用猫头型（呼称高为21～42m），转角塔采用干字型（呼称高为 18～36m），双回线路部分采用双回鼓型塔，塔身断面均为正方形，均选自 2005 年版《国家电网公司输变电工程典型设计》。全线选择 ZM1、ZM2、ZM3 等 12 种塔型，见表 2-9，杆塔一览图（其中，JC2、JC3、JC4 塔形同 JC1，SJ3、SJ4 塔形同 SJ2），参见图 2-5 所示。

表 2-9　　　　　　　　　　　　　　　　杆 塔 表 选 用 一 览 表

编号	杆塔型号	适用线型截面	呼称高（m）	耗钢量（t）	备　　注
1	2A-ZM1	2×400 复导线	27	4.88	套用（猫头型直线塔）
2	2A-ZM2	2×400 复导线	33	6.32	套用（猫头型直线塔）
3	2A-ZM3	2×400 复导线	39	8.04	套用（猫头型直线塔）
4	2A-ZMC3	2×400 复导线	36	9.62	套用（猫头型直线塔）
5	2A-ZMC4	2×400 复导线	39	11.74	套用（猫头型直线塔）
6	2A-JC1（0°～20°）	2×400 复导线	30	10.47	套用（干字型耐张塔）
7	2A-JC2（20°～40°）	2×400 复导线	30	11.28	套用（干字型耐张塔）
8	2A-JC3（40°～60°）	2×400 复导线	30	12.49	套用（干字型耐张塔）
9	2A-JC4（60°～90°）	2×400 复导线	30	14.10	套用（干字型耐张塔）
10	2I-SZ3	2×400 复导线	38	14.70	套用（双回鼓型直线塔）
11	2I-SJ2（20°～40°）	2×400 复导线	27	27.82	套用（双回鼓型耐张塔）
12	2I-SJ3（40°～60°）	2×400 复导线	27	28.36	套用（双回鼓型耐张塔）
13	2I-SJ4（60°～90°）	2×400 复导线	27	31.78	套用（双回鼓型耐张塔）

图 2-5 杆塔一览图

（a）ZM1；（b）ZM2；（c）ZMC3；（d）ZMC4；（e）ZM3；（f）JC1（0°～20°）；（g）SZ3；（h）SJ2

全线共计使用铁塔 137 基。平均挡距为 0.38km，平均耐张段长度为 1.04km，其中直线铁塔 86 基，平均呼称高 28m；耐张或转角铁塔 51 基，平均呼称高 22m。杆塔用钢材为 Q235、Q345 钢，连接螺栓 M16 螺栓为 4.8 级，M20 和 M24 螺栓为 6.8 级。

各塔位最短腿基础立柱顶面以上、8.0m 平面以下范围内的全部铁塔螺栓采用防盗螺栓，其余螺栓采取防松措施。

（2）基础。本工程所采用基础型式，是根据现场地形，结合工程地质和水文地质情况确定。沿线地震裂度为Ⅵ度，遵照《电力设施抗震设计规范》（GB 50260—1996），基础不考虑防震措施。全部采用钢筋混凝土现浇基础，其形式共有四大类（八种），即岩石嵌固式基础（QG）、直柱式全掏挖基础（TW）、斜柱式基础、直柱式柔性基础（LZ），如图 2-6 所示。

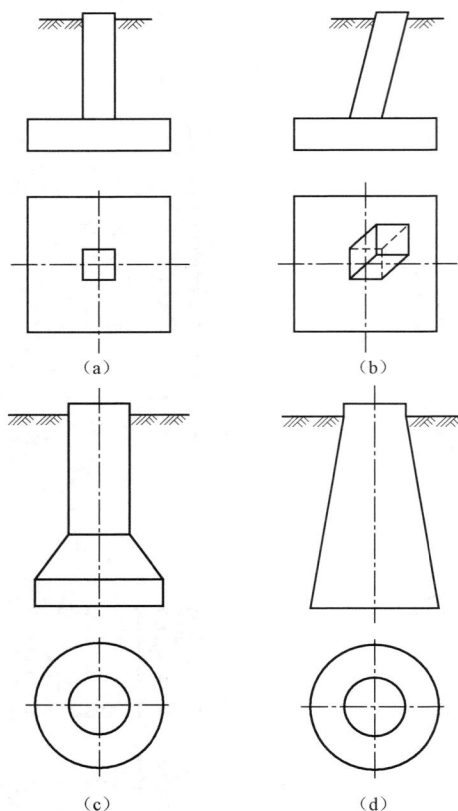

\multicolumn{7}{c}{基础材料一览表}
编号	基础名称	基础代号	浇筑型式	单个基础钢材量 (kg)	单个基础混凝土量 (m³)	适用塔型
---	---	---	---	---	---	---
1	直柱式	LZ 型	现浇基础	111.5～483.3	1.4～5.92	直线塔型
2	斜柱式	XC 型		220.6～618.9	2.81～7.94	耐张塔型
		XCZ 型		91.9～426.8	1.38～4.13	直线塔型
		XL 型		276.1～1234.9	1.08～17.72	耐张塔型
		XY 型		232.4～626.4	2.81～7.3	耐张塔型
3	掏挖式	TW 型		43.4～118.4	2.25～4.13	所有塔型
4	嵌固式	QG 型		27.0～58.3	2.51～5.33	所有塔型

说明：（1）现浇混凝土基础钢筋采用HPB235(Ⅰ)、HRB335(Ⅱ)；地脚螺栓采用Q235、35号；混凝土强度等级为C20、C25；基础保护帽、基础垫层用C10。
（2）表中单个耗钢量未计入插入角钢和地脚螺栓的重量。
（3）表中单个耗混凝土量未计入保护帽方量。

图 2-6　基础一览图

（a）直柱柔性基础；（b）斜柱式基础；（c）直柱式全掏挖基础；（d）岩石嵌固式基础

基础混凝土强度等级为 C20 和 C25 级，基础垫层和地脚螺栓保护帽为 C10 级。基础用钢材为 HPB235（Q235）和 HRB335（20MnSi）级钢筋；地脚螺栓圆钢采用 35 号钢或 16Mn 钢、钢板采用 Q235、Q345 钢。混凝土用砂、石、水、水泥（普通硅酸盐水泥）均应符合相应标准规范的规定。

（3）施工说明及要求、运行维护注意事项、环境保护及水土保持措施（略）。

任务1　熟悉概算书的组成

要顺利完成编制送电线路工程概算书的任务，应掌握概算书的内容组成，特别是概算相关费用组成和计算标准，掌握概算编制方法和流程，明确工程项目划分，理解送电线路工程施工组织和施工方法。在具体工作中，还必须熟练使用工程定额。

《电网工程建设预算编制与计算标准（2007年版）》（以下简称预规）是电力建设预算系列标准之一，预规由中国电力企业联合会提出，国家发展和改革委员会批准颁布，于2007年12月1日实施；由电力工程造价与管理总站归口管理并解释。

预规规定了电网工程建设预算的费用构成与计算标准、费用性质划分、预算项目划分、建设预算编制办法以及建设预算的计价格式，作为电网工程可行性研究投资估算、初步设计概算、施工图预算和电力建设工程量清单报价的编制和费用计算依据，应与电力工程投资估算指标、概算定额、预算定额和电力建设工程量清单计价规范配套使用。"预规"是编制电网工程招标标底、投标报价和工程结算的参考计算依据，同时也是调解处理工程建设经济纠纷、鉴定投标报价的基础依据。

预规可适用于各种投资渠道新建、改建和扩建35～750kV交流送变电工程，±500kV及以下直流送电工程、换流站工程，以及系统通信工程。

需要注意的是预规有关表内所称"××及以下"，包括××在内，其下限截止低一挡"××及以下"的上限之上。凡未注明"××及以下"的，适用于本电压等级工程。对于20kV及以下配电网工程，则执行国家能源局颁布的《20kV及以下配电网工程建设预算编制与计算标准》、《20kV及以下配电网工程预算定额》及其他相关规定。

一、建设预算内容组成

工程建设概算是初步设计阶段编制的工程建设预算。编制工程建设预算时，首先应制定统一的编制原则，确定统一的编制依据。编制原则的内容包括编制范围、价格水平年，定额、价格、取费标准的取定原则等。编制依据包括工程量计算依据，人工、材料、机械等消耗量计算的依据（定额或指标），人工、材料、机械、设备等价格采用的依据、价格水平调整依据以及取费计算标准等。工程量的计算，应执行"预规"中的建设预算项目划分，根据定额（指标）所规定的工程量计算规则，按照设计图纸标示数据计算；采用的定额或指标必须是编制年现行适用的；人工、材料及机械价格以电力行业定额（造价）主管部门颁布的定额及相关规定为依据，并结合项目所在省（自治区、直辖市）的价格调整规定计算；取费计算标准应执行预规中的预算费用构成及计算标准，与所采用的定额或指标相匹配。

工程建设预算编制工作，也称为工程造价的确定与控制，是指依据设计确定的某工程的建设工程量进行取费相关系列计算，在此基础上履行编制、校核、审核和批准程序，确定工程合理投资金额的工程造价活动。编制人员被称为工程造价员、造价工程师，统称工程造价人员。在工程造价确定活动中，要求工程造价人员努力提高自身业务水平，按相关造价文件的规定如实地编制工程概（预）算，采用合理的取费计算方式，提高所编工程建设预算的准确度。

按照预规规定，送电线路工程建设预算费用由安装工程费、其他费用和动态费用构成，其中前两项之和称为静态投资。对编制工程建设预算时已发生变化、或应项目法人提出要求对其中部分费用进行调整或作补充的部分，编制单位应予以具体说明原因，并提供调整的充分依据；在预规之外确有必要增列的费用项目，必须以国家行政主管部门、各省（自治区、直辖市）人民政府的规定为依据，经电力行业定额（造价）管理机构确认后计列。送电线路工程建设预算按费用性质不同分为安装工程费、辅助设施工程费和其他费用。架空线路工程的工地运输、土石方工程、基础工程、杆塔组立、架线、附件安装统称为安装工程，是针对线路工程本体的安装工程。

　　工程建设预算由编制说明、工程概况及总预算表（表一）、专业汇总预算表（表二）、单位工程预算表（表三）、其他费用预算表（表四）、主要技术经济指标表（表五）、建设场地征用及清理费用预算表（表七）以及相应的附表、附件组成，并应有预算造价水平分析。送电线路工程建设预算内容组成见表2-10。

表2-10　　　　　　　　　　　送电线路工程建设预算成品内容表

编号	内容组成名称	可行性研究估算	初步设计概算	施工图预算
1	编制说明（含造价水平分析）	√	√	√
2	工程概况及主要经济指标表（表五丙）	√	√	√
3	总预（估、概）算表（表一乙、丁）	√	√	√
4	送电线路建筑安装工程费用汇总预（估、概）算表（表二乙）	√	√	√
5	送电线路单位工程预（估、概）算表（表三丙、丁）	*	√	√
6	送电线路辅助设施工程预（估、概）算表（表三戊）	√	√	√
7	其他费用预（估、概）算表（表四）	√	√	√
8	建设场地征用及清理（估、概）算表（表七）	√	√	√
9	综合地形增加系数计算表（附表一）	√	√	√
10	送电线路工程装置性材料统计表（附表二）	*	√	√
11	送电线路土石方量计算表（附表三）	*	√	√
12	送电线路工程工地运输重量计算表（附表四）	*	√	√
13	送电线路工程工地运输工程量计算表（附表五）	*	√	√
14	送电线路工程杆塔分类一览表（附表六）	*	√	√

　　注　"*"表示内容作为编制单位的原始资料，可不印刷；相关表格见附录A中表2-15、表2-17、表2-20、表2-33、
　　　　表2-34等。

　　建设预算的其他费用附表应完整，包括价差预备费计算表、建设期贷款利息计算表（可行性研究估算可不附）、编制年价差计算表等，还应有必要的附件。附件包括外委设计项目的建设预算表，特殊项目的依据性文件及建设预算表等。

　　二、概算编制方法

　　概算，也称初步设计概算，是指在初步设计阶段，根据初步设计文件、预算定额和费用计算有关规定，预先测算和确定工程造价；也指在初步设计阶段编制、测算和确定概算文件的过程。

　　（一）准备工作

　　1. 了解工程总体情况

　　编制人员接受概算编制任务后，应对建设工程的设计情况进行全面了解。其内容如下。

（1）设计任务书（委托书）或项目建议书（文号、批准单位及内容——建设目的、规模、电压等级、设计范围及主要设计原则等）。

（2）工程的起讫地点及经过地区的地形、地貌、地质、地下水位、风力、地震烈度、线路亘长，导、地线型号、杆塔类型等。

（3）资金来源（融资单位的出资比例）及投资限额，各投资方的合营（合作）协议复印件（含资本平衡及分利水平），银行对融资部分的贷款意向承诺文件（包括融资成本、还贷方式及年限），其他融资渠道证明文件。

（4）建设方式（主要是招标形式）和建设单位名称、建设工期（含计划投产日期）。

（5）工程所在地有关政府部门颁发的相关文件、规定，如建设场地准备费及征地费用标准、项目所在地生活福利性建设工程造价标准及依据文件等。

（6）主要设备、材料的招标价及供货范围。

（7）网（省）电力公司承诺的代销电量协议书，有关部门对测算的上网电价的承诺文件。

（8）委托外部设计项目的正式概算（如公路、码头、航道等）。

（9）按协议规定的其他有关文件资料。

（10）勘测设计的初步安排及对本专业的要求。

（11）其他有关问题。

2. 现场搜集资料

了解工程总体情况后，再查阅参考本设计院所设计的同类型或同地区线路工程资料，并编写调查搜资提纲，经相关负责人审查同意后，按搜资提纲外出搜资。

搜资结束后，对搜集到的资料进行分析整理，编制搜资报告。

（二）编制执行的规定及依据

（1）《电网工程建设预算编制与计算标准》。

（2）2006 年版《电力建设工程预算定额（第四册）送电线路工程》。

（3）工程所在省电力建设装置性材料价格。

（三）编制概算流程

概算编制工艺流程如图 2-7 所示。

（1）确定概算工程量。概算工程量应根据初步设计的内容与深度规定，并按设计推荐的优化方案，由设计人员按概算编制的要求和深度提供。

（2）熟悉相应的概算指标或预算定额（送电工程仅有预算定额），以及"预规"等相关规定。

（3）取费计算。参照送电线路工程预算定额，执行"预规"等相关规定，对工程量进行取费计算，确定建筑安装工程费（含装置性材料费）、其他费用和动态费用等，最终计算出初步设计概算投资额。

初步设计概算的取费计算可以采用单位工程逐项取费、单位工程综合系数取费或单位工程汇总后逐项取费等方式，分别在案例工程概算确定过程中得以体现。

（4）填写工程概况及主要技术经济指标表。

（5）编制编写说明书。

（6）校核、审核、审批。

首先由编制人对包括说明书、表格、附表及附件等组成的概算书全部内容进行自行校核，

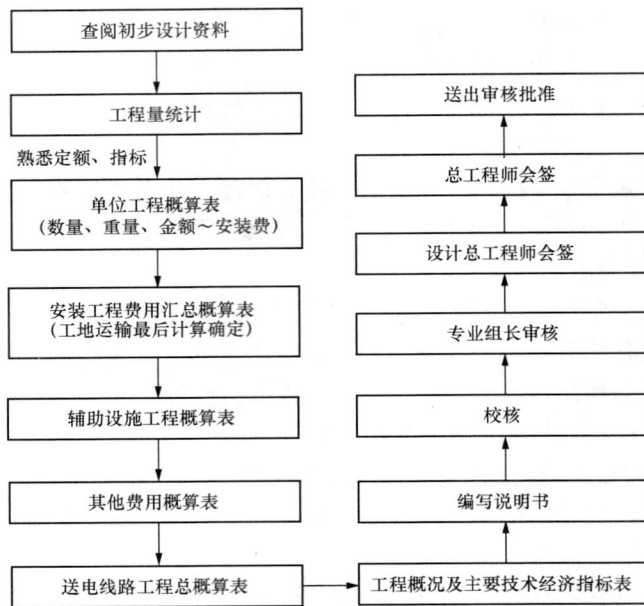

图 2-7　概算编制工艺流程示意图

其次由专业组长对概算书进行审核，再次是设计总工程师、总工程师会签，形成概算书成品。各级编制、校核、审核人员必须在正式的概算书上签字并加盖电力工程造价人员专用章。

概算书送交电力行业定额（造价）管理部门审核后，包括概算书在内所有设计文件送交工程项目甲方或甲方指定机构审批，基于审批文件，设计单位继续实施工程项目施工图设计，进而编制施工图预算。

（7）注意事项。

1）概算必须根据选定的送电线路工程路径编制，取费符合规定，计算正确。

2）对定额及取费中不包含的特殊施工项目，可根据设计方案及施工组织设计大纲中的工程量计算费用，列入工程概算。

3）装置性材料、消耗性材料及机械台班价格按照电力行业定额（造价）管理部门颁发的规定计算，并按照项目所在地市场价格计算价差，该价差只记取税金。

4）初步设计概算是在初步设计阶段确定工程总投资，原则上控制在已批准的可行性研究估算投资范围内。

5）根据工程准备和建设程序的需要，"四通一平"或单项工程开工项目概算可先行编制。

（四）编制概算的基本方法

（1）手工编制。手工编制即先画表格，再计算填表，形成概算书。随着计算机的普及应用，现已基本不再应用。

（2）Excel 电子表格。Excel 是 Microsoft 公司开发的办公自动化软件的一个组件，它具有容易学习、容易实现表格的编辑及计算功能等特点。因为工程概预算的表现形式是表格，所以 Excel 电子表格特别适用于作为概算编制的工具。考虑到一般电网工程技术人员所作的送电线路工程概算等级较为单一，工程数目较少，用 Excel 电子表格完全能满足需要，只要生成了一个较为完整的工程数据表格，在其基础上做同类型的工程的概预算，只要稍加修改，便可以大大减轻工作量。

（3）专业预算软件。目前常见的有博微、鹏业、远东、筑业等多款电力工程造价软件，适用于电力行业发电、送变电工程估算、概算、预算、结算的编制与审核工作，均按照"预规"以及各省电力行业相关文件规定开发。这些专业预算软件功能相近，易学易用。

三、送电线路工程项目划分

输电线路工程与配电线路工程项目建筑安装作业内容不尽相同，配电线路工程包括配电装置和配电线路，而输电线路工程只含线路部分，因此在项目划分上不完全一样。输电线路又称送电线路，为符合技术经济工作习惯，以下均称送电线路。

送电线路工程是电网工程下的专业系统（工程），其项目划分为：第一级为扩大单位工程，如一般线路本体工程；第二级为单位工程，如工地运输；第三级为分部工程，如人力运输或汽车运输。

1. 架空送电线路工程项目划分

架空送电线路工程项目划分见表 2-11。

表 2-11　　　　　　　　　　　　架空送电线路工程项目划分表

编号	项 目 名 称	主要内容及范围说明	技术经济指标单位
一	一般线路本体工程		元/km
1	土石方工程		元/m³
1.1	材料运输		
1.2	土石方开挖	包括杆塔坑、拉线坑、接地槽、风偏、施工基面的土石方	
2	基础工程	包括相应的材料运输	元/m³
2.1	材料运输		
2.2	基础工程	包括铺石灌浆，各种预制基础，现浇混凝土基础，打预制基础，灌注桩基础	
2.3	护坡、挡土墙及排洪沟砌筑		
3	杆塔工程		元/基
3.1	材料运输		
3.2	杆塔组立	包括各种杆塔的组立，拉线制作和安装	
3.3	接地安装		
4	架线工程		元/km
4.1	材料运输		
4.2	架线	包括导地线架设及一般跨越架设	
5	附件安装工程		元/基
5.1	材料运输		
5.2	附件安装	绝缘子、金具、均压屏蔽环等安装	
二	大跨越本体工程		元/km
1	土石方工程		元/m³
1.1	材料运输		

编号	项 目 名 称	主要内容及范围说明	技术经济指标单位
1.2	土石方开挖		
2	基础工程		元/m³
2.1	材料运输		
2.2	基础工程		
2.3	护坡、挡土墙及排洪沟砌筑		
3	杆塔工程		
3.1	材料运输		
3.2	杆塔组立		
3.3	接地安装		
4	架线工程		元/km
4.1	材料运输		
4.2	架线	包括导地线架设及一般跨越架设	
5	附件安装工程		元/基
5.1	材料运输		
5.2	附件安装	绝缘子、金具、均压屏蔽环等安装	

2. 电缆线路工程项目划分

电缆线路工程项目划分见表 2-12。

表 2-12   **电缆送电线路工程项目划分表**

编号	项 目 名 称	主要内容及范围说明	技术经济指标单位
	电缆本体工程		
1	电缆沟、井、隧道、小间及保护管工程	土石方工程，电缆沟、隧道砌筑，电缆井，电缆小间，电缆保护管敷设及相应的材料运输	元/km
2	电缆支架、桥架及托架工程	包括相应的材料运输	元/t
3	电缆敷设工程		元/km
3.1	路面处理		
3.2	电缆敷设	包括电力电缆、控制电缆和电缆导管的敷设	
3.3	电缆头制作安装		
3.4	电缆防火		
4	避雷器及接地工程		
4.1	避雷器安装		
4.2	接地装置安装		
5	两端工程	包括送端和受端的设备及安装	
6	电缆常规试验		

3. 送电线路辅助设施工程项目划分

送电线路辅助设施工程项目划分见表 2-13。

表 2-13　　　　　　　　　　送电线路辅助设施工程项目划分表

编号	项目名称	主要内容及范围说明	技术经济指标单位
1	巡线、检修站工程		元/m²
1.1	办公室、汽车库及仓库		
1.2	巡检修站征地		
1.3	室外工程		
2	巡线、检修道路工程		元/km
3	生产维护通信设备		元/km
4	生产作业工具		元/km

　　编制送电线路工程建设预算时，对各级项目的工程名称不得任意简化，均应按照"预规"规定的全名填写。

　　如在本项目划分之外确有必要增列的工程项目，应按照专业设计划分，在系统（工程）、扩大单位工程或单位工程项目序列之下，在已有项目之后顺序排列。比如，在工程中使用旧设备或改造设备，就需要在相应位置增加回收设备费、内部调拨设备费等。回收设备费是指施工设备、工程装置设备（如旧线路的导地线、杆塔等）处理后所得的款项。原有的旧设备、装置及设施对于新建工程是属于设备调拨的，计入内部设备调拨费，且均计入总投资。其只有实物，作价但不拨款。

四、概算书的组成

　　概算书是送电线路工程概算的实体表现形式，是描述送电线路工程概况、工程量、工程造价及相关资料的文本文件。概算书由封面、签名、目录、编制说明、各类表格、附件和封底组成。

（一）封面

（1）封面上部应书写工程名称和初设概算、批准概算名称。

（2）右上角为工程代号，左上角为检索号。

（3）封面下部应书写设计单位的全称，设计证号，勘测证号，编制年、月及编制地点。

［案例工程二］概算书封面如图 2-8 所示。

（二）签名（［案例工程二］实物图片见图 2-8）

　　应由编制人、校对人、科（组）长、主任（专责）工程师、设计总工程师、总工程师逐级签字，并加盖电力工程造价人员专用章。

（三）目录

（1）编制说明。

（2）工程概况及主要技术经济指标表。

（3）总概算表。

（4）送电线路建筑安装工程费用汇总概算表及单位工程概算表。

（5）送电线路辅助设施工程概算表。

检索号：××-×××××-×　　　　　　　　　　工程代号：

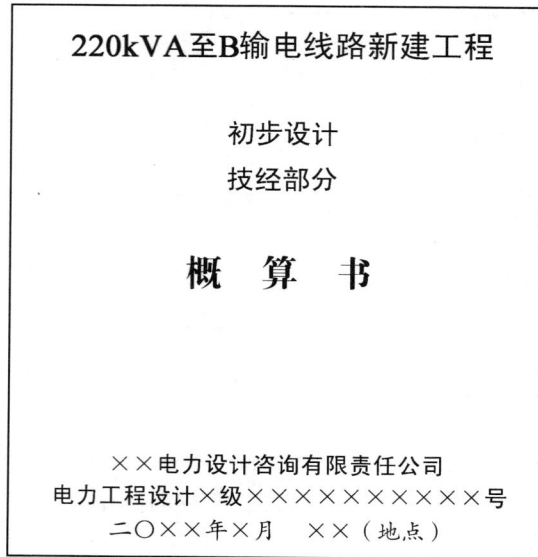

图 2-8　［案例工程二］概算书封面

（6）其他费用概算表。

（7）建设场地征用及清理概算表。

（8）附表。附表包括综合地形增加系数、装置性材料、工程量计算表，送电线路杆塔分类一览表，其他费用附表等。

（9）附件。

（四）编制说明

要求在编制说明部分简明扼要地叙述本工程概算编制的各项要点，并进行造价水平分析，内容必须完整。

编制说明的内容包括设计依据、工程概况、编制原则、编制方法、造价水平分析等。一般的，工程概况及主要技术经济指标表列于编制说明最后。

（五）各类表格

（1）总概算表（表一乙）。

（2）送电线路建筑安装工程费用汇总概算表及单位工程概算表（表二乙、表三丙）。

（3）送电线路辅助设施工程概算表（表三戊）。

（4）其他费用概算表（表四）。

（5）建设场地征用及清理概算表（表七）。

（6）附表。

1）综合地形增加系数计算表（附表一）。

2）送电线路工程装置性材料统计表（附表二）。

3）送电线路土石方量计算表（附表三）。

4）送电线路工程工地运输重量计算表（附表四）。

5）送电线路工程工地运输工程量计算表（附表五）。

6）送电线路工程杆塔分类一览表（附表六）。

上述表格样式详见以下内容中相应表格。

（六）附件

（1）设计依据和概算编制依据方面的主要文件。例如，设计任务书（委托书）或项目建议书、初步设计审批文件或审查纪要的有关内容，工程主管部门、建设单位提供的有关文件。

（2）外委设计项目的建设预算表，特殊项目的依据性文件及建设预算表。

（3）涉及本工程项目签署的协议（合同）、议定的取费原则等，应写明全称及其编号。

任务 2　现 场 搜 集 资 料

在送电线路工程初步设计阶段，设计人员需要到可行性研究阶段确定的线路路径（可能不止一个路径方案）现场勘察并完成设计任务，并向概算编制人员提供概算工程量及相关资料。但考虑到设计人员和概算编制人员对同一个工程项目的关注点不尽相同，因此对概算编制人员来讲，除了可以向设计人员了解工程项目设计方案等相关资料外，还需要到现场搜集部分资料。

现场搜集资料，是指概算编制人员向设计人员全面了解工程情况外，到送电线路工程沿线踏勘、核查并搜集编制概算所需资料的工作。视工作需要，概算编制人员可与设计人员同行，也可自行前往线路路径现场。搜集资料结束后，应及时整理并编制搜资报告。

一、现场搜集资料

（一）了解工程沿线相关资料

1. 地形

一般将送电线路工程地形分为平地、丘陵、山地、高山、峻岭、泥沼、河网等。

（1）平地：指地形比较平坦广阔，地面比较干燥的地带。

（2）丘陵：指陆地上起伏和缓、连绵不断的矮岗、土丘，水平距离 1km 以内地形起伏在 50m 以下的地带。

（3）山地：指一般山岭或沟谷等，水平距离 250m 以内，地形起伏在 50～150m 的地带。

（4）高山：指人力、牲畜攀登困难，水平距离 250m 以内，地形起伏在 150～250m 的地带。

（5）峻岭：指地势十分险峻，水平距离 250m 以内，地形起伏在 250m 以上的地带。

（6）泥沼：指经常积水的田地及泥水淤积的地带。

（7）河网：指河流频繁，河道纵横交叉成网，影响正常陆上交通的地带。

在实际工作中，首先将全线线路路径按地形的不同划分为若干区段，再计算出各种地形在工程全线中所占长度的百分比。还应确定风偏影响地形，需要实施土石方开挖的位置及数量。

2. 地貌

地貌指地面种植的植物种类。搜集资料时要求调查：

（1）沿线林木种类、数量、胸径和疏密程度；

（2）青苗种类、面积。

3．土质分类

一般将土质分为普通土、坚土、松砂石、岩石、泥水、流砂、水坑，应确定不同种类的土质在全线中所占的比例（根据地质报告确定）。

4．交通运输条件

到各地的交通局或公路局了解送电线路工程沿线的公路等交通线的分布情况，以便布置材料站、卸料站等。交通运输条件是确定工地运输量方式及其平均运距的基础，是确定需要修建施工用临时道路和桥梁的位置和数量的基础。

5．障碍物情况

掌握送电线路工程沿线需要拆迁的房屋类型、结构、面积，以及需迁移的坟墓的种类、数量，还有采石场、石灰窑、炸药库、油库等构筑物的结构、面积等。

6．重要的交叉跨越

掌握送电线路工程沿线跨越的公路、铁路、通信线、电力线路、河流、湖泊、泥沼的位置、数量、跨距等。

上述内容原则上由设计人员提供，概算编制人员主要是做核查工作。

（二）向工程沿线人民政府相关部门搜集相关资料

需要向工程所在地人民政府相关部门搜集的资料包括土地征用、场地租用、迁移补偿、送电线路走廊赔偿等有关规定、赔偿标准及计算办法。相关知识及确定方法详见任务 4 "其他费用"中建设场地征用及清理费的说明，以及案例工程概算的其他费用相关部分说明。

1．土地征用相关资料

送电线路工程的土地征用，一般仅对杆塔基础（含拉线基础）一定范围的土地实施，具体参见电力行业主管部门的相关规定。其目的是确保在基础附近土壤实施耕作等行为不致影响基础稳定运行。

计算送电线路工程的土地征用费时，不同地区的土地价格标准不尽相同，若全线相差不大，取最高价格来计算；若不同地区的地价相差悬殊，则应分别计算后累加，汇总计入土地征用费。

概算编制人员需要到当地国土管理部门，详细了解征地费用标准，及其是否包含土地补偿费、安置补助费、税金等全部内容。

2．林木迁移、清理及赔偿相关资料

以线路走廊为界，凡影响送电线路施工及运行的林木（竹、树）必须迁移或清理，需计算其赔偿费用，计入送电线路走廊赔偿费。

概算编制人员需要详细了解林木的种类、数量、胸径、疏密程度，并到当地林业主管部门收集相应的赔偿标准。原则上对于多年生长的经济林木，要尽量移植，由用地单位支付移植费，如必须砍伐的，由用地单位按实际价值补偿；对于成材林木，由林权所有者自行砍伐，用地单位只付伐工工时费，不予补偿。具体赔偿标准，应根据当时当地实际情况而定，由工程业主方与林木所有者协商确定。

3．青苗赔偿相关资料

青苗赔偿费是指征用土地或工程施工时，农作物正处在生长阶段而未能收获，工程业主方应给予土地承包者或土地使用者的经济补偿。送电线路工程建设常导致线路走廊及其附近一定范围的土地上种植的庄稼及其他经济作物损毁，需要对其进行赔偿，计入送电线路走廊赔偿费。导致青苗赔偿的原因具体分为土地征用和线路工程施工，青苗赔偿费在送电线路走廊赔偿费中常占有较大的比例。

青苗赔偿费标准：土地上长有的青苗，因征地或施工被毁掉的，应由用地单位按照在田作物一季产量、产值计算，给予补偿。对于刚刚播种的农作物，按其一季产值的 1/3 补偿工本费；对于成长期的农作物，最高按一季产值补偿；对于粮食、油料和蔬菜青苗，能够得到收获的，不予补偿，不能收获的按一季补偿。具体赔偿标准，应根据当时当地实际情况而定，由工程业主方与土地承包者或土地使用者协商确定。比如在具体操作中，土地征用或工程施工引起的青苗赔偿的年限就是不一样的，前者一般较长，后者只赔一季。

概算编制人员需了解青苗的种类、面积、赔偿标准等相关资料。常见的青苗种类包括水稻、小麦、玉米及其他经济作物等。水稻分单季、双季，小麦分单种、间种。青苗的面积通常以线路亘长、线路走廊宽度为基础，分段计算在预计施工期内种植的各种青苗面积，单独设置的施工场地面积另计，累计即为青苗赔偿面积（亩）。赔偿金额计算公式为

$$青苗赔偿面积=线路亘长\times线路走廊宽度\times沿线某种青苗比例 \qquad (2\text{-}1)$$
$$赔偿金额=青苗赔偿面积\times亩产\times市场价格 \qquad (2\text{-}2)$$

4. 建筑物、构筑物等迁移补偿相关资料

线路工程征用土地范围内以及线路走廊内影响送电线路正常施工及运行的机关、企业、住宅及有关建筑物和构筑物，以及电力线路、通信线路、铁路、公路、沟渠、管道、坟墓等需要迁移及清理，需要计算其赔偿费用，分别计入迁移补偿费和余物清理费。

概算编制人员需要到工程所在地政府建设委员会（拆迁办），了解相关赔偿标准，已签订迁移及清理协议（合同）的搜集协议（合同）价格。

5. 施工场地租用相关资料

材料站、卸料站及牵张场地租用的相关费用计入施工场地租用费。已签订协议（合同）的按协议价（合同价）计列，未签订协议（合同）参考同类型工程计列。

概算编制人员需向业主方或有关部门收集相关资料。

（三）搜集其他资料

（1）到当地的建材市场搜集工程所在地区的砂石资源的产地、产量、质量、价格或供应点的供应量及价格，了解砂、石就地取材的可能性，尽量减少运输距离以降低工程成本。

（2）对改扩建工程，应了解可以利用的部分或特殊条件，如旧塔的利用、改接点的情况、是否需要停电等。

（3）搜集工程沿线电力主管部门颁发的现行电力工程装置性材料预算价格。

（4）通过工程沿线的有关主管部门搜集统一定额、地区单位估价表和现行工资单价。

（5）向工程沿线电力定额（造价）管理部门搜集已计价材料费和施工机械使用费的调整系数。

（6）按"预规"中规定的应由建设和施工单位提供的资料。

概算编制人员在搜集资料过程中，应主动与建设单位、施工单位（若已经确定）搞好协调配合，对现场实际情况要及时核对记录，力求意见统一，避免事后发生分歧。整理出的搜资报告中，应附相关协议书及会谈纪要，一并向上级行业主管部门汇报及提供审阅，再结合主管部门意见，主编人提出书面的工程概算技术组织措施初稿，经审查后与建设单位、主管部门、银行、施工单位等共同协商，形成意见一致的编制原则，以保证概算的编制质量。

（四）[案例工程二]现场搜资情况

（1）某市对某 220kV 输变电新建工程可行性研究报告的批复。

（2）水文气象报告。

（3）工程地质报告。

（4）A 县、C 县、B 市规划区域。

（5）A 220kV 变电站、B 220kV 变电站出线规划。

（6）某设计院完成的可行性研究报告和设计投标文件。

（7）与地方政府签订的路径协议。

（8）线路路径附近主要电信线路、无线电设施相关资料。

（9）其他参见[案例工程二]线路工程概况。

二、计算地形增加系数

（一）关于地形增加系数

1. 采用地形增加系数的原因

采用地形增加系数，是因为预算定额均按平地施工考虑，如在其他地形条件下施工时，就应分别按预算定额的规定考虑实际地形对工程施工的影响，计算综合地形增加系数，对人工和机械费用进行调整。

2. 地形增加系数的计算方法

（1）地形比例计算方法。根据现场搜资和设计人员提供的资料，按地形的定义将工程全线划分为若干段，再将各类地形的长度汇总，计算出各类地形长度占全线路长度的百分比。除高原台地外，各类地形段内夹杂着少量的其他地形时，可不予考虑，而按主要地形确定百分比例。

（2）预算定额的地形增加系数见表 2-14。

表 2-14   地 形 增 加 系 数 表   单位：%

编号	定额名称		项 目	丘陵	山地	高山	峻岭	泥沼	河网	备 注
1	工地运输	人力运输	（1）混凝土杆、混凝土预制品、钢管杆、线材的运输	40	150	300	400	70	—	不包括机械
			（2）金具、绝缘子、零星钢材、塔材、砂、石、石灰、土、水泥、降阻剂、水的运输	20	100	150	200	40	—	
		汽车、拖拉机运输		20	80	—	—	—	—	不包括装卸
2	土石方工程			5	10	20	25	10	5	不包括机械
3	基础工程			10	20	40	50	40	10	
4	杆塔工程			20	70	110	120	70	20	不包括高塔及接地工程
5	架线工程		一般放、紧线	15	100	150	170	40	10	不包括跨越架设、拦河线安装
			张力机械放、紧线	5	40	80	90	20	5	
			光缆接续	5	30	60	80	15	5	不包括测量
6	附件工程			5	20	50	60	10	5	
7	电缆工程		沟槽直埋	10	20	40	—	10	5	

注意：

1）在确定运输地形时，应按运输路径的实际地形来划分，不同于工程地形。工程地形是指工程沿线线路路径的地形；工地运输地形可能与工程地形接近，但仍应分别按实际路径区分。人力运输的路径可以参考工程地形。

2）汽车运输地形一般为平地、丘陵，有连续的弯道（盘山公路）时为山地。

3）在高山、峻岭地带进行人力运输时，其平均运距的确定，应以山坡垂直高差的平均计算斜长和地形增加系数计列，不得按实际的运输距离计算。

4）同一地段内，泥沼与河网并存时，仅可套用泥沼地形的增加系数，两者不可同时取用。

5）西北高原台地沿线路平台长度 2km 以内的工程地形可按山地计算，工程运输地形按运输路径的实际情况而定，上台运输按山地计算，台上运输按平地计算。

6）在城市市区架空送电线路除人力运输外，参考丘陵地形计算。

（二）［案例工程二］的综合地形增加系数

（1）［案例工程二］综合地形增加系数计算表见表 2-15

表 2-15　　　　　　　　　　案例工程二综合地形增加系数计算表

编号	项目	地形增加系数（%）						地形比例（%）						综合增加系数（%）						
		丘陵	山地	高山	峻岭	泥沼	河网	丘陵	山地	高山	峻岭	泥沼	河网	丘陵	山地	高山	峻岭	泥沼	河网	合计
1	2	3	4	5	6	7	8	9	10	11	12	13	14	15	16	17	18	19	20	21
一	人力运输：线材及混凝土制品（不含机械费）	40	150	300	400	70		51.4	41.2					20.56	61.8					82.36
	人力运输：其他（不含机械费）	20	100	150	200	40		51.4	41.2					10.28	41.2					51.48
	汽车、拖拉机运输（不含装卸）	20	80					51.4	41.2					10.28	32.96					43.24
二	土石方工程（不含机械费）	5	10	20	25	10	5	51.4	41.2					2.57	4.12					6.69
三	基础工程	10	20	40	50	40	10	51.4	41.2					5.14	8.24					13.38
四	杆塔工程	20	70	110	120	70	20	51.4	41.2					10.28	28.84					39.12
五	架线工程（一般放紧线）	15	100	150	170	40	10	51.4	41.2					7.71	41.2					48.91
	架线工程（张力机械放紧线）	5	40	80	90	20	5	51.4	41.2											
六	附件工程	5	20	50	60	20	5	51.4	41.2					2.57	8.24					10.81

注　（1）因平地无增加系数，故不计列。

（2）如果高山中人力运输按盘山道考虑，加长了运距，其他地形增加系数套用山地系数。

（3）（15）＝（3）×（9），（16）＝（4）×（10），…，以此类推。

（4）（15）＋（16）＋（17）＋（18）＋（19）＋（20）＝（21）。

（2）计算说明。根据设计资料，［案例工程二］的工程地形划分为平地 7.4%、丘陵 51.4%、山地 41.2%。人力运输地形同工程地形；由于线路路径附近公路以区乡公路为主，多为盘山公路，因此汽车运输地形划分同工程地形；架线工程采用一般放、紧线方式。

任务3　确定工程量

工程量，是指在送电线路工程建设中，基础工程、杆塔工程、架线工程及附件工程安装施工的工作量统计值，一般是指工作中完成安装的混凝土及其制成品、塔材、导地线、金具、绝缘子及附件等主要材料（简称主材，也称装置性材料）的数量，还包括土石方工程中土石方开挖量、线路复测及分坑工作数量，以及工地运输工程中完成装卸及运输工作的数量。工程量的确定是下一步取费计算即确定工程造价的主要的基础性工作，应严格采用"预规"中附表规定的分类标准，与电力建设工程预算定额的定额子目一一对应。

初步设计阶段的工程量，由设计人员按概算编制的要求和深度提供，概算工程量应与初步设计图纸、说明书及设备、材料清册保持一致。对投资影响较大的项目，如电缆、桥架、土石方、地基处理、杆塔耗量、混凝土基础等，技术经济人员（概算编制人员）应根据掌握的资料，对设计人员提供的工程量参照相同自然条件的参考设计、类似工程施工图或预算工程量进行核查，并提出反馈意见。技术经济人员需对设计人员提供的工程量进行复核，施工损耗应按 2006 年版《电力建设工程预算定额（第四册　送电线路工程）》规定的损耗率进行计算。工程量确有问题的，可要求设计人员说明原因或修改其提供的资料。工程量经分析确定后，不得再套用其他工程的估算或概算。

因为需要概算编制人员分析核算设计人员提供的工程量，所以在本学习任务中重点学习工程量计算方法。本学习项目所列工程量资料中，未特别注明出处的，均来自由设计人员提供的［案例工程二］的工程量相关资料。

一、整理工程量资料

（一）设计人员提供的工程量

（1）线路名称、起讫点、电压等级、长度。

（2）导线和避雷线型号、回路数。

（3）基础型式种类（如图 2-5 所示）、各型式数量。

（4）杆塔型式种类（如图 2-6 所示）、各型式数量。

（5）附件安装型式及数量。

（6）接地安装型式及数量。

（7）防振锤型式及数量。

（8）线路工程中拆迁各种障碍物的种类及数量。

（9）风偏尖峰开挖（线挡中导、地线因风偏而对地距离不够）、基础坑土石方开挖量或高低腿基础的开挖土石方量。

（10）跨越架种类及数量（跨越距离及宽度，跨江河时的江河宽度）。

（11）地质报告。

（二）整理工程量资料

接收设计人员提供的工程量资料后，概算编制人员须按照预规中规定的送电线路工程项目划分等相关要求，通过分析核查，将其整理成为符合取费计算要求的工程量表，具体包括土石方工程量计算、工地运输工程量计算、基础工程量计算、杆塔工程量计算、架线工程量计算、附件工程量计算六个方面的统计计算工作。

二、土石方工程量的计算

送电线路工程中开挖的土石方工程量主要是指工程施工中涉及的尖峰、施工基面、基础坑、拉线坑、接地槽等开挖的土石方量，具体而言，包括电杆坑、拉线塔坑、拉线坑、电缆沟的挖方（或爆破）及回填，自立式铁塔坑的挖方（或爆破）及回填，接地槽的挖方（或爆破）及回填，岩石嵌固基坑爆破，坚土坑掏挖，挖孔桩基坑开挖，井点施工开挖及回填，排水沟开挖，尖峰及施工基面挖方等。土石方工程量的计算，与设计提供的尺寸及土质的类别相关。设计提供的尺寸是土石方量的静尺寸，还需要考虑施工操作裕度、边坡系数等。施工操作裕度及边坡系数的取值又取决于施工操作方法及土质类型。此处仅介绍尖峰及施工基面开挖土石方量计算方法，土、石质分类及杆塔基坑、拉线坑、接地槽的开挖土石方量的计算方法等详见本书学习项目一相关内容。

（一）尖峰及施工基面开挖土石方量计算

1. 尖峰及施工基面开挖的原因及计算原则

尖峰开挖一般出现在弧垂最低点附近，导线因风偏等原因对地安全距离不够时，对相关部位土石进行开挖。施工基面开挖，一般是指杆塔基础位于山坡、山顶、山梁等位置时的施工基面平整，或基础位于水田、泥沼等软弱土质较薄处降低施工基面需要的土石方开挖。尖峰及施工基面开挖的土石方量一般由设计人员提供，直接计入概算。尖峰及施工基面土石方量计算，应按设计提供的基面标高并按地形、地貌实际情况进行计算。

2. 尖峰及施工基面开挖土石方量的计算公式

（1）塔位位于山坡的施工基面，如图 2-9 所示。

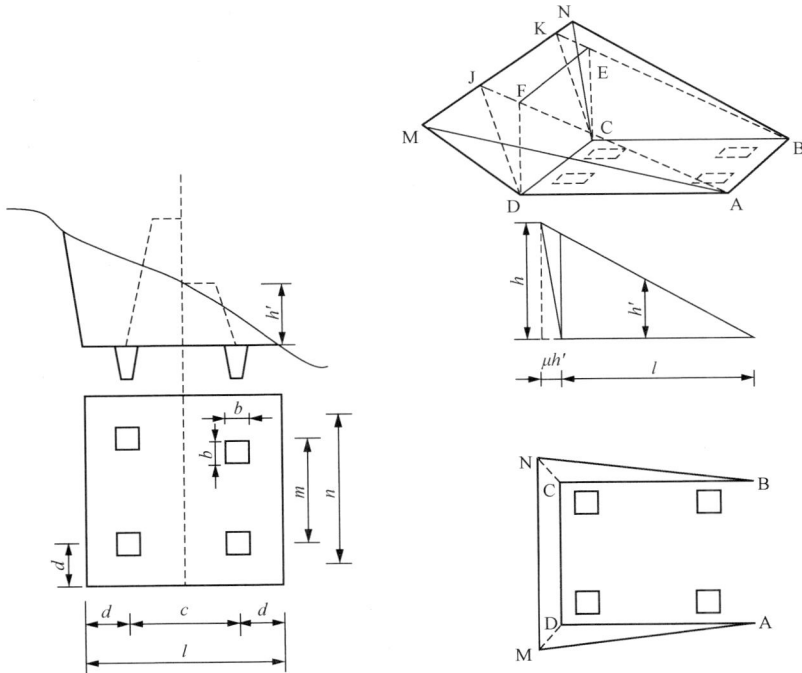

图 2-9　山坡施工基面示意图

1）不放边坡部分的体积（ABCDEF 体积）为

$$V_a = lnh' \tag{2-3}$$

2）放边坡部分体积由三部分组成（μ 为放坡系数），即上坡方向部分的体积（CDEFJK 体积），即

$$V_2 = \frac{\mu h^2 n}{2} \tag{2-4}$$

左右二侧（ADMJA+BCKNB）体积，即

$$V_3 = \frac{\mu h^2 l}{3} \tag{2-5}$$

3）基面总体积为

$$V = V_a + V_2 + V_3 \tag{2-6}$$

（2）塔位位于圆形山顶上的施工基面，如图 2-10 所示，可按近似椭圆球体积的一半计算，即

$$V = \frac{\pi lnh}{6} \tag{2-7}$$

（3）塔位位于山脊的施工基面，如图 2-11 所示。

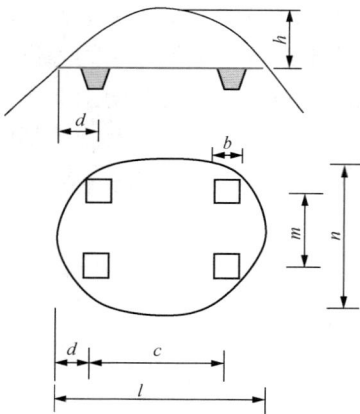

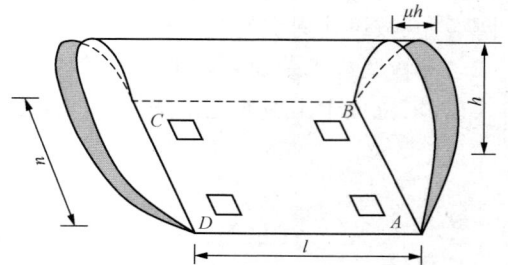

图 2-10　圆形山顶施工基面示意图　　　　图 2-11　山脊施工基面示意图

由于山脊两侧坡度的陡缓不同，可按近似长方体体积计算，但应乘以小于 1 的修正系数 K，一般可取 0.4～0.6。因而有

$$V = Klnh + \mu h^2 n \tag{2-8}$$

其中：V 为土石方体积，m^3；h、h' 为降基面值（施工基面高度），m；l 为施工基面底长，m；n 为施工基面底宽，m；c、m 为基础正、侧面根开，m；b 为基础坑口尺寸，m；d 为操作裕度及边坡预留尺寸，m；μ 为放坡系数。

（二）余土处理

一般工程不考虑余土处理，需要时可考虑将余土运至允许堆弃地，其运距超过 100m 以上部分可列入工地运输。余土运输量计算如下。

1. 灌注桩钻孔渣土

灌注桩钻孔渣土余土运输量计算式有

余土运输量=桩设计零米以下部分体积（m^3）×1.7t/m^3 $\tag{2-9}$

其中，1.7t/m³ 中包括 0.2t/m³ 的含水量。

2. 现浇和预制基础基坑余土

现浇和预制基础基坑余土运输量计算式有

$$余土运输量=混凝土体积（m³）×1.5t/m³×30\% \tag{2-10}$$

3. 掏挖式、挖孔桩基础基坑余土

掏挖式、挖孔桩基础基坑余土运输量计算式有

$$余土运输量=混凝土体积（m³）×1.5t/m³ \tag{2-11}$$

（三）回填土

回填土均按原挖原填考虑，需要 100m 以外的取（换）土回填时，可按设计规定的换土比例和平均运距，另行套用尖峰挖方和工地运输定额。

（四）［案例工程二］中土石方量的计算

1. ［案例工程二］土石方量表

土石方工程量汇总表见表 2-16。

表 2-16 ［案例工程二］土石方工程量汇总表

名　　　称	单位	数量
自立式铁塔坑的挖方（爆破）及回填　普通土　坑深 3.0m 以内	m³	643.20
自立式铁塔坑的挖方（爆破）及回填　普通土　坑深 4.0m 以内	m³	775.20
自立式铁塔坑的挖方（爆破）及回填　普通土　坑深 4.0m 以上	m³	3372.00
自立式铁塔坑的挖方（爆破）及回填　松砂石　坑深 3.0m 以内	m³	2210.40
自立式铁塔坑的挖方（爆破）及回填　松砂石　坑深 4.0m 以内	m³	2665.20
自立式铁塔坑的挖方（爆破）及回填　松砂石　坑深 4.0m 以上	m³	11590.80
自立式铁塔坑的挖方（爆破）及回填　岩石（爆破）　坑深 3.0m 以内	m³	804.00
自立式铁塔坑的挖方（爆破）及回填　岩石（爆破）　坑深 4.0m 以内	m³	968.40
自立式铁塔坑的挖方（爆破）及回填　岩石（爆破）　坑深 4.0m 以上	m³	4214.40
自立式铁塔坑的挖方（爆破）及回填　岩石（人凿）　坑深 3.0m 以内	m³	200.40
自立式铁塔坑的挖方（爆破）及回填　岩石（人凿）　坑深 4.0m 以内	m³	242.40
自立式铁塔坑的挖方（爆破）及回填　岩石（人凿）　坑深 4.0m 以上	m³	1053.60
自立式铁塔坑的挖方（爆破）及回填　泥水坑　坑深 3.0m 以内	m³	160.80
自立式铁塔坑的挖方（爆破）及回填　泥水坑　坑深 4.0m 以内	m³	194.40
自立式铁塔坑的挖方（爆破）及回填　泥水坑　坑深 4.0m 以上	m³	843.60
接地槽挖方（或爆破）及回填　普通土	m³	1187.10
接地槽挖方（或爆破）及回填　松砂石	m³	4080.04
接地槽挖方（或爆破）及回填　泥水土	m³	296.28
接地槽挖方（或爆破）及回填　岩石（爆破）	m³	1483.38
接地槽挖方（或爆破）及回填　岩石（人凿）	m³	371.09
排水沟开挖　普通土	m³	55.00
排水沟开挖　松砂石	m³	186.00

名　称	单位	数量
排水沟开挖　泥水沟	m³	14.00
排水沟开挖　岩石（爆破）	m³	68.00
排水沟开挖　岩石（人凿）	m³	17.00
尖峰及施工基面挖方　普通土	m³	196.00
尖峰及施工基面挖方　松砂石	m³	537.00
尖峰及施工基面挖方　岩石（爆破）　尖峰	m³	147.00
尖峰及施工基面挖方　岩石（人凿）　尖峰	m³	49.00

2. 计算说明

［案例工程二］全部采用钢筋混凝土现浇基础，设计了直柱柔性基础、斜柱式基础、掏挖式基础和岩石嵌固式基础等四种基础类型，详见图 2-6。根据工程设计资料，［案例工程二］主要采用前三种基础类型，下面就三种基础各取其一列出土石方量计算过程，填入表 2-17，以说明基础开挖土石方量计算方法。［案例工程二］中，一般情况下铁塔基础立柱露出地面高度旱地 200mm、水旱田 300mm。

（1）直柱柔性基础的土石方量计算。某铁塔基础 A、B、C、D 四腿均采用直柱柔性基础 LZG2026，丘陵地形，地质条件：0～0.5m 为耕土，0.5m 以下为粉砂质泥岩（褐红或紫红色，强风化）。直柱柔性基础采用人力开凿方式开挖。

LZG2026 基础底板为正方形 2m×2m，坑底不支设模板，立柱顶面距离坑底 2.6m，扣除立柱露出地面高度 200mm，基础坑深为 2.4m。

根据上述条件，查表 1-8、表 1-9，施工操作裕度为 0.1m，边坡系数为 1:0.33，由式（1-16）可得，LZG2026 基础基坑的坑口宽为

$$a_1 = a + 2h \times 0.33$$
$$= 2 + 2 \times 0.1 + 2 \times 2.4 \times 0.33$$
$$= 3.784 \ (\text{m})$$

LZG2026 基础开挖土石方量为

$$V = \frac{h}{3}(a^2 + aa_1 + a_1^2)$$
$$= \frac{2.4}{3} \times [(2 + 2 \times 0.1)^2 + (2 + 2 \times 0.1) \times 3.78 + 3.784^2]$$
$$= 21.987 (\text{m}^3)$$

（2）斜柱式基础的土石方量计算。某铁塔基础 A、B、C、D 四腿均采用斜柱式基础 XJG2742，山地地形，地质条件：0～0.5m 为耕土，0.5m 以下为粉砂质泥岩（褐红或紫红色，强风化）。斜柱式基础采用人力开凿方式开挖。

XJG2742 基础底板为正方形 2.7m×2.7m，坑底不支设模板，立柱顶面距离坑底 4.2m，扣除立柱露出地面高度 200mm，基础坑深为 4m。

根据上述条件，查表 1-8、表 1-9，施工操作裕度为 0.1m，边坡系数为 1:0.33，由式 1-16 可得，XJG2742 基础基坑的坑口宽为

$$a_1=a+2h\times0.33=2.7+2\times0.1+2\times4\times0.33=5.54（m）$$

XJG2742 基础开挖土石方量为

$$V=\frac{h}{3}(a_2+aa_1+a_1^2)$$

$$=\frac{4}{3}\times[(2.7+2\times0.1)^2+(2.7+2\times0.1)\times5.54+5.54^2]$$

$$=73.557(m^3)$$

（3）掏挖式基础的土石方量计算。某铁塔基础 A、B、C、D 四腿均采用掏挖式基础 TWG1630，山地地形，地质条件：0～0.4m 为残积粉质黏土，0.4m 以下为粉砂质泥岩（褐红或紫红色，强风化）。掏挖式基础采用人力开凿方式开挖。

如图 2-12 所示，底板为圆形ϕ1.6m，高 0.3m；立柱为圆形ϕ0.8m，高 2.2m；立柱与底板间为平截圆锥体，高 0.5m。坑底不支设模板，立柱顶面距离坑底 3m，扣除立柱露出地面高度 200mm，基础坑深为 2.8m。

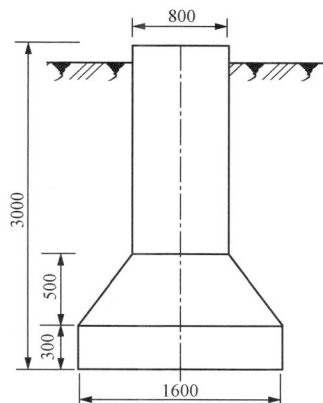

图 2-12　TWG1630 基础结构图（单位：mm）

TWG1630 基础开挖土石方量为

$$V=\pi r_1^2h_1+\frac{\pi h_2(r_1^2+r_2^2+r_1r_2)}{3}+\pi r_2^2h_3$$

$$=\pi\times0.8^2\times0.3+\frac{\pi\times0.5(0.8^2+0.4^2+0.8\times0.4)}{3}+\pi\times0.4^2\times2$$

$$=2.194(m^3)$$

（4）接地装置的土石方量计算。根据铁塔接地装置安装图，接地装置埋深一般取 0.6m，耕地应埋在耕作深度以下，岩石地区不小于 0.3m。

如图 2-2 所示，乙型接地装置埋设ϕ10mm 圆钢长度为 60m（见表 2-4），其接地槽开挖土石方量为

$$V=0.4\times长度\times槽深$$
$$=0.4\times60\times0.6$$
$$=14.4（m^3）$$

查表 2-4，丙、丁、戊、己型接地装置土石方量分别 28.8、38.4、67.2、84.5m³，137 套接地装置中，丙型占 10%，丁型占 35%，戊型占 50%，己型占 5%。［案例工程二］接地装置土石方量计算为

$$（28.8\times10\%+38.4\times35\%+67.2\times50\%+84.5\times5\%）\times137=7417.9（m^3）$$

根据设计资料，［案例工程二］地质划分为岩石 25%，松砂石 55%，普通土 16%，泥水 4%。根据同类型工程经验，岩石地质开挖，爆破方式占 80%，人力开凿方式占 20%。因此，接地装置土石方量——接地槽挖方（或爆破）及回填工程量分解为普通土 1187.10m³，松砂石 4080.04m³，泥水土 296.28m³，岩石（爆破）1483.38m³，岩石（人凿）371.09m³，填入表 2-17。

表 2-17 案例工程二土石方计算表 单位：m³

地形	土质	基础型式	坑底长×宽（m）	坑深（m）	每坑土石方量（m³）		每基坑数（个）	每基土石方量（m³）	坑深 2m 以内		坑深 3m 以内		坑深 3m 以上		备注
					杆坑	马道			基数	合计	基数	合计	基数	合计	
1	2	3	4	5	6	7	8	9	10	11	12	13	14	15	
丘陵	松砂石	LZG2026	2×2	2.4	21.987		4	87.948				87.948			
山地	松砂石	XJG2742	2.7×2.7	4.0	73.557		4	294.227					1	294.227	
山地	松砂石	TWG1630	ϕ1.6	2.8	2.194		4	8.776				8.776			
其余略															

注 （1）[（6）+（7）]×（8）=（9）。

（2）（9）×（10）=（11），（9）×（12）=（13）或（9）×（14）=（15）。

（3）根据（4）、（5）数据查表，填入（6）。

（4）坑深分类，取决于不同种类土石方开挖对应的定额子目的分类要求。

（5）本表中铁塔基础按每基 4 个基坑计，统计土石方量时以基为单位；但应注意到现在设计中多出现同一基铁塔四个腿基础型式不同的情况，统计时应注意加以区分，应以坑为单位统计土石方量。

三、装置性材料的数量、重量统计

装置性材料，是指安装工程中构成工艺系统实体的原材料、辅助材料、构配件、零件、半成品等工艺性材料。在统计基础、杆塔、导地线及附件等装置性材料时，应计入其施工损耗量，主要的装置性材料施工损耗率详见表 1-4。从前面的讲述可知，装置性材料统计，一方面是为了计算装置性材料费；另一方面是为了计算其相应的安装费，所以统计时设置的口径必须满足两个方面的需要。前者注意区别材料名称及规格、单位和损耗率即可，而后者则必须考虑相应定额子目的项目划分。

（一）基础工程

基础工程包括预制基础、现浇基础、岩石基础、灌注桩基础、预制桩基础、人工挖孔桩基础的安装，护坡、挡土墙及排洪沟砌筑，混凝土基础防腐，拉线棒防腐等，前六者是不同种类基础的安装，后三者是基础附属设施及构件处理。不同种类基础因其材料、结构和施工工艺不同，其相应安装费不同；不同的基础组成部分如钢筋制作及加工、基础垫层、基础本体安装费也不同；同理，不同种类的基础附属设施及构件处理的安装费也不同，但为了后续工作中便于套用定额，完成取费计算，在填写送电线路工程装置性材料统计表时，除了考虑材料名称及规格、单位和损耗率的不同外，还应充分考虑基础工程定额子目的项目划分。

1. 几种常见基础型式的装置性材料统计相关要求

（1）预制基础。预制基础，多为钢筋混凝土预制，根据其结构的不同分为底盘、套筒、卡盘及拉线盘，"预制基础"定额子目的项目划分也分为底盘安装、套筒安装、卡盘安装和拉线盘安装，统计口径较简单，按不同种类和重量以"基"、"块"、"组"、"根"为单位统计。统计时，底盘区分单杆和双杆，分为每基一块、每基两块；套筒分为每基一根、每基两根；卡盘分为每基一块、每基两块、每基四块；拉线盘分为每组一块、每组两块，定额子目步距均取决于重量。

（2）现浇基础。现浇基础按不同等级（单基混凝土方量）以"m³"为单位统计，其组成材料分为钢筋、砂、石、水泥、水，也有在工程中直接使用商品混凝土的，不同种类材料预算单价、损耗率、包装系数均不同，应区别统计。现浇基础定额子目基础钢筋加工及制作不包括热镀锌。

现浇基础的基础垫层，分为铺石、铺石并灌浆、铺石并加浇混凝土、灰土和素混凝土垫层，应分类统计，其石、石灰、砂浆或混凝土的用量应按设计规定计算。如设计未作规定时，其石灰、砂浆的用量可以按垫层体积的 20%计列，混凝土的用量可以按垫层体积的 30%计列。

（3）灌注桩基础。灌注桩钻孔土质分类如下。

1）砂土、亚黏土指亚砂土和中、轻亚黏土。

2）黏土指重亚黏土、黏土和松散的黄土。

3）砂砾土指重亚黏土、僵石黏土，并伴有含量不超过 20%，粒径不大于 15cm 的砾石或卵石。

4）凡一孔中有不同土质时，应按设计提供的地质资料分层计算。

（4）预制桩基础。打预制桩的体积，按设计全长乘以桩的截面积，扣除桩尖的虚体积。送桩按桩截面面积乘以设计桩顶面标高至自然地坪另加 0.5m 长度计算。接桩按接头个数计算。截桩按根数计算。

（5）几种现浇基础超灌量的规定。各类现浇基础的超灌量应按设计规定执行，如设计无规定时，灌注桩基础的超灌量为设计计算量的 17%；掏挖式基础、岩石嵌固基础、挖孔桩基础的超灌量为设计计算量的 7%；岩石灌浆基础的超灌量为设计计算量的 8%；现浇护壁的超灌量为现浇护壁设计计算量的 17%。

（6）混凝土和砂浆用料按下列配合比计算。

现浇混凝土配合比见表 2-18，砂浆配合比见表 2-19。

表 2-18　　　　　　　　　　现浇混凝土配合比表

编号	混凝土强度	水泥强度等级	水泥	中砂	碎石	水	备　注
			t	m³	m³	t	
1	C10	32.5	0.250	0.550	0.830	0.180	碎石粒径在 40mm 以内
2	C15	32.5	0.310	0.490	0.840	0.180	
3	C20	32.5	0.344	0.460	0.850	0.180	
4	C25	32.5	0.405	0.410	0.850	0.180	
5	C30	42.5	0.383	0.420	0.860	0.180	
6	C35	42.5	0.411	0.400	0.860	0.180	
7	C40	42.5	0.460	0.370	0.860	0.180	

续表

编号	混凝土强度	水泥强度等级	水泥	中砂	碎石	水	备　注
			t	m³	m³	t	
8	C20	32.5	0.397	0.460	0.790	0.215	
9	C25	32.5	0.470	0.400	0.800	0.215	
10	C30	42.5	0.451	0.410	0.800	0.215	灌注桩用，碎石粒径在15mm以内
11	C35	42.5	0.479	0.400	0.800	0.215	
12	C40	42.5	0.536	0.370	0.790	0.215	
13	C45	52.5	0.512	0.390	0.790	0.215	

表 2-19　　　　　　　　　　砂 浆 配 合 比

项　　目	单　位	水泥砂浆				
		砂浆标号				
		M15	M10	M7.5	M5	M2.5
		数量				
32.5 水泥	t	0.455	0.331	0.268	0.210	0.150
中砂	m³	1.180	1.180	1.180	1.180	1.180
水	t	0.220	0.220	0.220	0.220	0.220

2.［案例工程二］基础工程装置性材料统计

（1）［案例工程二］基础工程装置性材料统计表。

1）基础工程装置性材料统计计算表见表 2-20。

表 2-20　　　　　　　　［案例工程二］基础工程装置性材料统计计算表

编号	材料名称及规格	单位	单重	单价	设计用量	损耗率（%）	总重	总价
1	2	3	4	5	6	7	8	9
一	LZG2026 型 10 以内				9.568m³			
	钢筋	t	1.000	3500	0.872	0.5	0.88	3065.85
	地脚螺栓	t	1.000	5700	0.260	3	0.27	1528.57
	水泥	t	1.000	350	3.291	5.824	3.48	1219.08
	中砂	m³	1.550	85	4.401	16.236	7.93	434.85
	碎石	m³	1.600	60	8.133	12.06	14.58	546.82
	水	t	1.000		1.722			
	小计						27.14	6795.17
二	XJG2742 型 40 以内				24.052m³			
	钢筋	t	1.000	3500	2.982	0.5	3.00	10489.19
	地脚螺栓	t	1.000	5700	0.790	3	0.81	4640.44
	水泥	t	1.000	350	8.274	5.824	8.76	3064.52
	中砂	m³	1.550	85	11.064	16.236	19.93	1093.12
	碎石	m³	1.600	60	20.444	12.06	36.66	1374.59
	水	t	1.000		4.329			
	小计						69.16	20661.85

续表

编号	材料名称及规格	单位	单重	单价	设计用量	损耗率（%）	总重	总价
1	2	3	4	5	6	7	8	9
三	TWG1630 型 10 以内				8.776m³			
	钢筋	t	1.000	3500	0.372	0.5	0.37	1308.51
	地脚螺栓	t	1.000	5700	0.260	3	0.27	1528.57
	水泥	t	1.000	350	3.554	5.824	3.76	1316.45
	中砂	m³	1.550	85	3.598	16.236	6.48	355.50
	碎石	m³	1.600	60	7.460	12.06	13.37	501.55
	水	t	1.000		1.580			
	小计						24.26	5010.59
四	拉盘 LP-1.2	块	0.45	158	1	0.5	0.45	160.00
...								
C10					38.2 m³			
	水泥	t	1.000	350	9.550	5.824	10.11	3537.17
	中砂	m³	1.550	85	21.010	16.236	37.85	2075.80
	碎石	m³	1.600	60	31.706	12.06	56.85	2131.78
	水	t	1.000		6.876			
	小计						129.52	12915.34
C20					2430.92 m³			
	钢筋	t	1.000	3500	174.875	0.5	175.75	615121.41
	地脚螺栓	t	1.000	5700	36.114	3	37.20	212024.12
	水泥	t	1.000	350	836.236	5.824	884.94	309728.61
	中砂	m³	1.550	85	1118.223	16.236	2014.66	110481.12
	碎石	m³	1.600	60	2066.282	12.06	3704.76	138928.54
	水	t	1.000		437.566			
	小计						6817.30	1386283.80
	合计						6947.28	1399359.14

注　（1）（8）=（4）×（6）×［1+（7）］，（9）=（5）×（6）×［1+（7）］。

（2）价格单位为元，单价为示例预算价格，实际工程中应以工程设计当时当地装置性材料预算价或合同价为准。

2）钢筋加工及制作工程量统计。汇总表 2-20 中各型现浇基础的钢筋和地脚螺栓设计用量，再乘以各型基础数量，即得到［案例工程二］的钢筋加工及制作工程量统计数据 210988.4kg（见表 2-20，参见图 2-6 中"基础材料一览表"，其中，基础钢筋Ⅰ级 60721.5kg，Ⅱ级 114153.1kg；地脚螺栓 Q235 钢 36113.8kg）。

3）基础垫层工程量统计。无设计用量。

4）现浇混凝土基础混凝土搅拌及浇制工程量统计。根据表 2-20 中数据及各型基础数量，列出表 2-21，以方便计算安装费。

表 2-21 现浇混凝土基础混凝土搅拌及浇制情况统计表

每基混凝土量（m³） 型号（基数）	10 以内	20 以内	40 以内	80 以上	120 以内	120 以上
LZG2026 型（1 基）	9.568					
XJG2742 型（1 基）			24.052			
TWG1630 型（1 基）	8.776					
…	…					
合计	18.344		24.052			

参见图 2-6 中基础材料一览表，［案例工程二］混凝土设计用量为 2469.12m³，其中 C10 级为 38.20m³，C20 级为 2430.92m³，见表 2-20。C10 级混凝土主要用于基础保护帽浇制。

5）护坡、挡土墙及排洪沟彻筑工程量统计。［案例工程二］护坡、挡土墙及排洪沟彻筑等工程量按同类工程估计值为土石方开挖 950m³，条石堡坎 510m³，护坡面积 240m³，挡土墙 79.1m³，排水沟 17.55m³。余土外运 750m³。

将表 2-20、表 2-21 数据汇总，填入表 2-22。

表 2-22 ［案例工程二］基础工程工程量统计表

名　　　称	单　位	数　　量
基础钢筋加工及制作　一般钢筋	t	174.88
混凝土搅拌及浇制　每基混凝土量 10m³ 以内	m³	1003.74
混凝土搅拌及浇制　每基混凝土量 20m³ 以内	m³	785.63
混凝土搅拌及浇制　每基混凝土量 40m³ 以内	m³	641.55
保护帽浇制　每基方量 0.5m³ 以内	基	137.00
排洪沟　浆砌	m³	132.00
护坡或挡土墙　斜坡形　浆砌	m³	995.80
基础防腐　混凝土基础	m³	2740.00

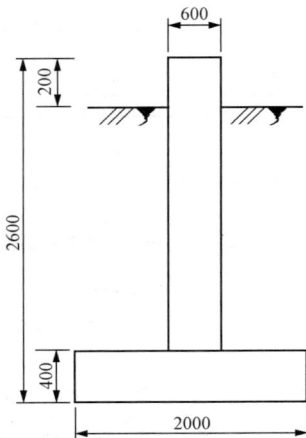

图 2-13　LZG2026 基础结构图（单位：mm）

（2）计算说明。［案例工程二］初步设计时，根据设计经验并参考同类型工程，初步确定使用 137 基铁塔及其塔型和呼称高，再根据塔型和呼称高选定基础型式。下面以几种选用的基础型式为例，分步统计计算其装置性材料数量，以说明基础工程装置性材料统计计算方法。

1）LZG2026 基础。LZG2026 基础结构图如图 2-13 所示。根据设计资料，LZG2026 基础采用 C20 混凝土，单个（腿）基础混凝土 2.39m³，钢筋设计用量（主筋 ϕ16mm、箍筋 ϕ6mm、支撑筋 ϕ8mm、底板筋 ϕ14mm）共计 217.9kg。

根据铁塔基础根开表，查出使用 LZG2026 基础的某铁塔（ZM1-18）的地脚螺栓根开（正侧面）为 220mm，地脚螺栓规格为 M36；根据直柱式基础地脚螺栓加工图，查出 M36 地脚螺栓使用材料，见表 2-23。

此时应注意复核设计图纸提供的工程量数据，包括混凝土方量、钢筋及地脚螺栓使用量等。LZG2026 基础单个（腿）基础混凝土方量为

$$V=2×2×0.4+0.6×0.6×2.2=2.392（m^3）$$

设计提供的 LZG2026 基础单个（腿）基础混凝土方量为 2.39m³，而复核计算值为 2.392m³，在以下工程量计算中应使用后者。

根据表 2-18，C20 混凝土采用强度等级为 32.5 的水泥，配合比为 0.344:0.460:0.850:0.180。LZG2026 基础单腿使用混凝土 2.392m³，因此其水泥、砂、石、水用量为 0.823t、1.117m³、2.033m³、0.431t。根据表 2-20，中砂的单位运输重量为 1.55t/m³，碎石的单位运输重量为 1.6t/m³；按现行装置性材料预算价格确定单价；查表 1-4，综合考虑 [案例工程二] 地形划分为：平地 7.4%，丘陵 51.4%，山地 41.2%，分别计算水泥、石、砂等材料的施工损耗率，钢筋、螺栓等材料直接应用表 1-4 中数据。

水泥的施工损耗率为

$$（7.4\%+51.4\%）×5.0\%+41.2\%×7.0\%=5.824\%$$

石的施工损耗率为

$$（7.4\%+51.4\%）×10.0\%+41.2\%×15.0\%=12.06\%$$

砂的施工损耗率为

$$（7.4\%+51.4\%）×15.0\%+41.2\%×18.0\%=16.236\%$$

将单腿基础工程量数据分别乘以 4，得到整基基础工程量，填入表 2-20 中，再计算出总价和总重。

2）XJG2742 基础。XJG2742 基础结构图如图 2-14 所示。根据设计资料，XJG2742 基础采用 C20 混凝土，单个（腿）基础混凝土 6.03m³，钢筋设计用量（主筋 ϕ25mm、箍筋 ϕ8mm、支撑筋 ϕ8mm、底板筋 ϕ14mm）共计 745.5kg；根据铁塔基础根开表，查出使用 LZG2026 基础的 N22 号铁塔（JC1-18）的地脚螺栓根开（正侧面）为 260mm，地脚螺栓规格为 M52；根据斜柱式基础地脚螺栓加工图，查出 M52 地脚螺栓使用材料见表 2-23。

XJG2742 基础单个（腿）基础混凝土方量为

$$V=2.7×2.7×0.5+2.8×0.8×3.7$$
$$=6.013（m^3）$$

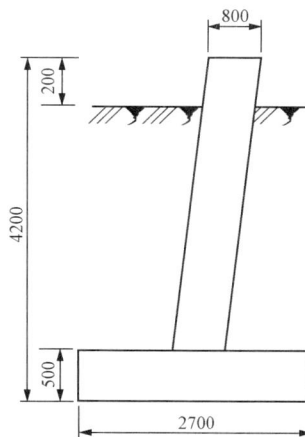

图 2-14　XJG2742 基础结构图（单位：mm）

设计提供的 XJG2742 基础单个（腿）基础混凝土方量为 6.03m³，而复核计算值为 6.013m³，在以下工程量计算中应使用后者。

与 LZG2026 基础一样，同理确定其水泥、砂、石、水用量等数据分别填入表 2-20 中，计算出总价和总重。

3）TWG1630 基础。TWG1630 基础结构图如图 2-23 所示。根据设计资料，TWG1630 基础采用 C25 混凝土，单个（腿）基础混凝土 2.32m³，钢筋设计用量（主筋 ϕ16mm、外箍筋 ϕ8mm、内箍筋 ϕ12mm）共计 90.3kg；根据铁塔基础根开表，查出使用 TWG1630 基础的某铁塔（ZM1-30）

的地脚螺栓根开（正侧面）为 220mm，地脚螺栓规格为 M36；根据直柱式基础地脚螺栓加工图，查出 M36 地脚螺栓使用材料见表 2-23。

TWG1630 基础单个（腿）基础混凝土方量为

$$V = \pi r_1^2 h_1 + \frac{\pi h_2 (r_1^2 + r_2^2 + r_1 r_2)}{3} + \pi r_2^2 h_3$$

$$= \pi \times 0.8^2 \times 0.3 + \frac{\pi \times 0.5(0.8^2 + 0.4^2 + 0.8 \times 0.4)}{3} + \pi \times 0.4^2 \times 2.2$$

$$= 2.194 \, (\text{m}^3)$$

设计提供的 TWG1630 基础单个（腿）基础混凝土方量为 2.32m³，而复核计算值为 2.194m³，在以下工程量计算中应使用后者。

与 LZG2026 基础一样，同理确定其水泥、砂、石、水用量等数据分别填入表 2-20 中，计算出总价和总重。

表 2-23　　　　　　　　　　　　　　　　　　地脚螺栓使用材料表

地脚螺栓			地脚螺栓垫片		地脚螺栓钢箍		锚固端钢材（kg）	螺帽（kg）	每组螺栓合计（kg）
直径（mm）	数量（件）单重（kg）	小计	数量（件）单重（kg）	小计	数量（件）单重（kg）	小计			
36	4	44.76	4	6.36	5	1.40	9.59	2.98	65.09
	11.19		1.59		0.28				
52	4	134.70	4	16.28	9	5.43	31.71	9.47	197.60
	33.68		4.07		0.60				

（二）杆塔工程

杆塔工程包括混凝土杆组立、钢管杆组立、铁塔组立、高塔组立、拉线制作及安装、接地安装等。

1. 几种常见杆塔组立形式的装置性材料统计相关要求

（1）混凝土杆组立。定额中每基重量是指杆身自重与横担、叉梁、脚钉（爬梯）、拉线抱箍等全部杆身组合构件的总重量，不包括底、卡、拉盘的重量。

（2）钢管杆组立。定额中每基重量是指钢管杆杆身自重与横担、螺栓等全部杆身组合构件的总重量。

（3）铁塔组立。定额中每基重量是指铁塔总重量，即

$$总重量 = \Sigma(铁塔本身所有的型钢、连板、螺栓、脚钉、爬梯等) \times (1 + 3\%) \qquad (2\text{-}12)$$

其中：3%为塔材以大代小增加量，钢管塔不计列。

（4）高塔组立。高塔组立定额子目适用于塔全高超过 70m 的高塔组立。

杆塔组立按不同重量等级以"基"统计；拉线制作以"根"统计，应注意其长度区别；接地安装以"根"统计，应注意接地极（接地引下线）的长度。

2.［案例工程二］杆塔工程装置性材料统计（附表二）

（1）［案例工程二］杆塔工程装置性材料统计表。

1）杆塔工程装置性材料统计。根据设计资料，本工程全线使用铁塔 137 基，其中直线铁

塔 86 基，耐张、转角铁塔 51 基，见表 2-24。

表 2-24 具体塔型及数量统计表

编号	回路数	冰区	用途	塔 型	呼称高（m）	基数	小计	合计（基）
1	单回路	5mm	直线塔	2A-ZM1	21	4	22	85
					24	6		
					27	8		
					30	4		
				2A-ZM2	21	4	30	
					24	5		
					27	5		
					30	7		
					33	6		
					36	3		
				2A-ZM3	24	2	25	
					27	4		
					30	7		
					33	6		
					36	3		
					39	2		
					42	1		
				2A-ZMC3	24	2	5	
					33	1		
					36	1		
					42	1		
				2A-ZMC4	27	2	3	
					42	1		
			转角塔	2A-JC1（0°～20°）	21	11	30	44
					24	10		
					27	9		
				2A-JC2（20°～40°）	24	5	11	
					27	4		
					30	2		
				2A-JC3（40°～60°）	21	2	2	
				2A-JC4（60°～90°）	21	1	1	
2	双回路	5mm	直线塔	2I-SZ3	27	1	1	1
			转角塔	2I-SJ2（20°～40°）	24	2	3	7
					27	1		
				2I-SJ3（40°～60°）	24	2	3	
					27	1		
				2I-SJ4（60°～90°）	21	1	1	

通过查阅实际设计资料中××型塔单线图及材料汇总表，得出各型铁塔包括角钢、螺栓、脚钉、垫圈等材料的设计用量，填入表 2-25。

表 2-25　　　　　　　　　　[案例工程二] 杆塔工程装置性材料计算表

编号	材料名称及规格	单位	单重	单价	设计用量	损耗率（%）	总重	总价
1	2	3	4	5	6	7	8	9
一	ZM1-27 型 9 以内				7.0514t			
	塔材（角钢、钢板）	t	1	6800	6.4262	0.5	6.4583	43916.65
	螺栓、脚钉、垫片	t	1	6800	0.4324	3.5	0.4475	3043.23
	塔材代用 3%	t	1	6800	0.1928	0.5	0.1937	1317.50
	小计						7.0996	48277.38
二	JC1-21 型 11 以内				10.9318t			
	塔材（角钢、钢板）	t	1	6800	10.0839	0.5	10.1343	68913.37
	螺栓、脚钉、垫片	t	1	6800	0.5454	3.5	0.5645	3838.53
	塔材代用 3%	t	1	6800	0.3025	0.5	0.3040	2067.40
	小计						11.0028	74819.30
三	SJ2-24 型 30 以内				28.0390t			
	塔材（角钢、钢板）	t	1	6800	26.0113	0.5	26.1414	177761.22
	螺栓、脚钉、垫片	t	1	6800	1.2474	3.5	1.2911	8779.20
	塔材代用 3%	t	1	6800	0.7803	0.5	0.7842	5332.84
	小计						28.2167	191873.26
…								
					1133.4914t			
	塔材（角钢、钢板）	t	1	6800	1059.423	0.5	1064.7201	7240096.78
	螺栓、脚钉、垫片	t	1	6800	74.0684	3.5	76.6608	521293.40
	塔材代用 3%	t	1	6800	31.7827	0.5	31.9416	217202.90
	合计						1173.3225	7978593.08

注　(1)（8）=（4）×（6）×[1+（7）]，（9）=（5）×（6）×[1+（7）]。

　　(2)价格单位为元，单价为示例预算价格，实际工程中应以工程设计当时当地装置性材料预算价或合同价为准。

根据表 2-24 中所列铁塔各塔型使用数量，以及表 2-25 中各塔型塔材、螺栓、脚钉、垫片设计用量，分类汇总即得到 [案例工程二] 杆塔工程的装置性材料量（见表 2-25），此处限于篇幅不再赘述。

2）杆塔组立工程量统计。根据表 2-24 中所列铁塔各塔型使用数量，以及表 2-25 中各塔型塔材设计用量，按照铁塔安装定额子目划分，填入表 2-26，以方便计算安装费。

表 2-26　　　　　　　　　　　　　杆塔组立工程量统计计算表

型号（基数）＼每基重量（t）	5 以内	7 以内	9 以内	11 以内	30 以内	小计
ZM1-27 型（8 基）			7.0514			56.4111
JC1-21 型（11 基）				10.9318		120.2500
SJ2-24 型（2 基）					28.0390	56.0781
...						
合计（t）			8 基	11 基	2 基	232.7392

3）接地安装工程量统计。根据实际初步设计总说明书，［案例工程二］使用 137 套接地装置，其中丙型占 10%，丁型占 35%，戊型占 50%，己型占 5%。根据实际设计资料中设备材料汇总表，接地装置工程量统计见表 2-27，注意计算复核工程量。

表 2-27　　　　　　　　　　　　　接地安装工程量统计计算表

编号	材料名称及规格	单位	单价	设计用量	损耗率	总重	总价
1	圆钢 ϕ10mm	kg	4000	18934.2	0.5	19028.9	76115.57
2	圆钢 ϕ12mm	kg	4000	1216.6	0.5	1222.6	4890.57
3	扁钢 130mm×50mm×5mm	kg	4000	168.5	0.5	169.4	677.41
4	镀锌螺栓 M16mm×45mm	kg	5800	80.0	3.0	82.4	477.97
合计				20319.3		20503.3	82161.52

表 2-27 中圆钢和扁钢设计用量为 20319.3kg，即为接地体加工及制作工程量，填入表 2-28；如图 2-2 所示，［案例工程二］中使用的接地装置为丙、丁、戊、己型，每个接地装置敷设的 ϕ10mm 接地圆钢 4 根，每根长度分别为 28、38、68、86m，根据各型接地装置使用比例计算接地圆钢根数，填入表 2-28。将表 2-26 中"合计"栏数据，填入表 2-28。

（2）计算说明。下面以［案例工程二］中使用的几种铁塔的装置性材料统计计算为例，说明杆塔工程装置性材料统计计算方法。

表 2-28　　　　　　　　　［案例工程二］杆塔工程工程量统计表

名　称	单位	数　量
铁塔组立　每基重量 5t 以内	基	19
铁塔组立　每基重量 7t 以内	基	45
铁塔组立　每基重量 9t 以内	基	28
铁塔组立　每基重量 11t 以内	基	19
铁塔组立　每基重量 13t 以内	基	19
铁塔组立　每基重量 27t 以内	基	4

续表

名　称	单位	数　量
铁塔组立　每基重量 30t 以内	基	3
接地体加工及制作	kg	20319.3
接地体敷设　每基长度 200m 以内	根	247
接地体敷设　每基长度 300m 以内	根	274
接地体敷设　每基长度 400m 以内	根	28
电阻测量	基	137

1）ZM1-27 型直线塔。查阅设计资料中 ZM1 型塔单线图及材料汇总表，ZM1-27 型直线塔各种材料设计用量为：角钢，Q345 为 2644.2kg，Q235 为 3079.8kg；钢板，Q345 为 365.0kg，Q235 为 337.2kg；螺栓，6.8 级，M16 为 183.5kg，M20 为 211.8kg；脚钉，6.8 级，36kg；垫圈（垫片）1.1kg。将角钢和钢板量相加后填入表 2-25 "塔材" 栏，将螺栓、脚钉、垫圈（垫片）量相加后填入表 2-25。

2）JC1-21 型转角塔。查阅设计资料中 JC1 型塔单线图及材料汇总表，JC1-21 型转角塔各种材料设计用量为：角钢，Q345 为 4375kg，Q235 为 4105.4kg；钢板，Q345 为 1214.9kg，Q235 为 388.6kg；螺栓，6.8 级，M16 为 99.5kg，M20 为 284.1kg，M24 为 129.2kg；脚钉，6.8 级，31.1kg；垫圈（垫片）1.5kg。同理填表 2-25。

3）SJ2-24 型转角塔。查阅设计资料中 SJ2 型塔单线图及材料汇总表，SJ2-24 型转角塔各种材料设计用量为：角钢，Q345 为 11239.7kg，Q235 为 10342.8kg；钢板，Q345 为 3454.2kg，Q235 为 974.6kg；螺栓，4.8 级（M16）为 220.4kg，6.8 级（M20）为 933.9kg；脚钉，4.8 级（M16）为 63.8kg，6.8 级（M20）为 28.3kg；垫圈（垫片）1.0kg，同理填表 2-25。

4）接地装置材料

查表 2-4，每套丙、丁、戊、己型接地装置使用 ϕ12mm 圆钢均为 8.88kg，137 套接地装置中，丙型占 10%，丁型占 35%，戊型占 50%，己型占 5%。[案例工程二] 接地装置 ϕ12mm 圆钢设计用量计算为

$$（8.88×10\%+8.88×35\%+8.88×50\%+8.88×5\%）×137=1216.6（kg）$$

同理可得 ϕ10mm 圆钢、扁钢和镀锌螺栓设计用量，填入表 2-27。

（三）架线工程

架线工程包括导线、避雷线、光缆架设，导线、避雷线、光缆跨越架设，耦合屏蔽线安装，拦河线安装，光缆测量与接续。

1. 相关要求

定额分一般架设和张力架设两种，使用时应根据施工图设计要求套用。定额按导线和避雷线截面设置子目，并已包括跳线绝缘子串安装，不列电压等级。架线工程量以线路亘长为准，且悬挂点高差角在 10° 范围以内。定额中导线是按三相交流单回线路工程考虑。

2. [案例工程二] 架线工程装置性材料统计

（1）[案例工程二] 架线工程装置性材料统计表，见表 2-29。

表 2-29　　　　　　　　　　[案例工程二]架线工程装置性材料统计表

编号	材料名称及规格	单位	单重	单价	设计用量	损耗率（%）	总重	总价
1	2	3	4	5	6	7	8	9
一	导线 LGJ-400/35	t	0.001349	16800	310800	0.4824	421.29	7077701.48
二	单根避雷线 GJX-80	t	0.000628	14000	43800	0.3	27.59	386244.87
	单根避雷线 LBGJ-100-30AC	t	0.00057393	14000	8000	0.4824	4.61	64590.25
	小计							

注　（1）（8）=（4）×（6）×[1+（7）]，（9）=（5）×（6）×[1+（7）]。

　　（2）价格单位为元。

（2）计算说明。

根据导线、避雷线和光缆的回路数，导线分裂数，导线、避雷线和光缆根数，单位长度重量，线路长度，再计及损耗得总重量。总重量计算公式为

$$总重量 = n_1 \times n_2 \times G_0 \times \Sigma l_i \times n_3 \times (1 + 损耗率\%) \tag{2-13}$$

式中　n_1——导线、避雷线和光缆的回路数，分单、双、多回；

　　　n_2——导线分裂数，分双分裂、四分裂、六分裂、八分裂等，避雷线和光缆则取 1；

　　　n_3——导线相数、避雷线和光缆根数；

　　　G_0——导线、避雷线和光缆的单位长度重量，kg/km；

　　　Σl_i——线路长度（亘长），即沿线各挡挡距之和，km；这里的线路长度本应是导线、避雷线或光缆的实际长度，因初步设计阶段各挡的挡距、高差、弧垂均未确定，一般用线路亘长替代，施工图设计后即可计算出实际长度。存在的误差部分则根据经验并结合工程地形，通过适当放大工程量来处理，表 2-29 中数据未经放大处理；

损耗率%——导线、避雷线和光缆的损耗率不同，同时与地形有关，详见 2006 年版《电力建设工程预算定额（第四册　送电线路工程）》；[案例工程二]导线（含良导体底线）的施工损耗率为 0.4824%，计算如下（7.4%+51.4%）×0.4%+ 41.2%×0.6%=0.4824%。

导线、避雷线总价的计算公式为

$$总价 = 总重量 \times 单价 \tag{2-14}$$

根据设计资料，[案例工程二]亘长 51.8km，导线采用双分裂 LGJ-400/35，避雷线采用单根避雷线配合 OPGW，其中 GJX-80 型避雷线长 43.8km，LBGJ-100-30AC 型避雷线长 8km。

由式（2-13）、式（2-14）计算导线、避雷线的总重和总价。

1）导线的总重量为

$$1 \times 2 \times 1.349 \times 51800 \times 3 \times (1 + 0.4824\%) = 421291.75（kg）$$

2）GJX-80 避雷线的总重量为

$$1 \times 1 \times 0.628 \times 43800 \times 1 \times (1 + 0.3\%) = 27588.92（kg）$$

3）LBGJ-100-30AC 避雷线的总重量为

$$1×1×0.57393×8000×1×（1+0.4824\%）=4613.59（kg）$$

同理计算总价。表 2-29 中单价为示例预算价格，实际工程中应以工程设计时当地装置性材料预算价或合同价为准。

（四）附件工程

附件工程包括绝缘子串悬挂，导线悬垂线夹安装，均压环、屏蔽环安装，防振锤、间隔棒安装，重锤安装，阻尼线安装，阻冰环安装。

1. 相关要求

绝缘子串悬挂适用于直线、直线转角及换位杆塔的绝缘子串安装；不包括耐张金具及耐张绝缘子串安装，耐张导、地线端头制作，跳线串安装，跨越跳线端头制作及安装，直线转角及换位杆（塔）地线的绝缘子串安装，这些工作内容均包括在架线工程中。

附件工程安装的装置性材料主要是指绝缘子和金具，分别按"串"、"个"、"套"统计。绝缘子分为导线用悬垂串、耐张串以及地线用绝缘子，金具包括联板类、挂环类、碗头挂板类和其他类，其他类金具包括线夹、均压环、屏蔽环、防振锤、间隔棒、重锤、阻尼线、阻冰环、接地螺栓、引下线等。

2. ［案例工程二］附件工程装置性材料统计表

（1）［案例工程二］附件工程装置性材料统计表，见表 2-30。

表 2-30　　　　　　　　　　［案例工程二］附件工程装置性材料统计表

编号	材料名称及规格	单位	单重	单价	设计用量	损耗率（%）	总重	总价
1	2	3	4	5	6	7	8	9
一	绝缘子							
	U100BP2	片	4	85	15966	2.0	65141.28	1384252.2
	XDP-70CN	片	7	80	6	2.0	42.84	489.6
二	金具							
	联板类							
	联板 L-1640	块	9.54	144	926	1.0	8922.38	134677.44
	...							
	挂环类							
	U 型挂环 U-7	件	0.44	12	30	1.0	13.33	363.6
	...							
	碗头挂板类							
	碗头挂板 WS-10	件	1.2	34	1065	1.0	1290.78	36572.1
	...							
	其他类							
	悬垂线夹 XCS-6	件	15	234	346	1.0	5241.90	81773.64
	耐张线夹 NY-80G	件	1.3	43	214	1.0	280.98	9294.02

续表

编号	材料名称及规格	单位	单重	单价	设计用量	损耗率（%）	总重	总价
1	2	3	4	5	6	7	8	9
	防振锤 FDZ-5F	件	7.2	67	1726	1.0	12551.47	116798.42
	预绞丝护线条 FYH-400/35	件	2.8	274	176	1.0	497.73	48706.24
	...							
	合计						119706.40	2413711.00

注　（1）（8）＝（4）×（6）×［1+（7）］，（9）＝（5）×（6）×［1+（7）］。

　　（2）重量单位为 kg，价格单位为元，单价为示例预算价。

（2）计算说明。

1）绝缘子数量的计算。参考实际设计资料中设备材料汇总表，导线绝缘子 U100BP2 设计用量为 15966 片，地线绝缘子 XDP-70CN 设计用量为 6 片。根据表 2-7 金具绝缘子串型及其具体使用范围表和表 2-24 具体塔型及数量统计表，计算本案例工程中绝缘子和金具设计用量，以此对设计提供的材料量进行复核，然后填入表 2-30。

2）金具数量的计算。计算方法同绝缘子数量的计算类似。只是金具的种类和数量较多，表 2-30 只选取部分材料列表，其他限于本书篇幅不再赘述。

在统计绝缘子、金具数量时，应注意线路两端的门型构架或分支杆塔上的耐张绝缘子金具串是否遗漏。

根据表 2-20、表 2-25、表 2-27、表 2-29、表 2-30，计算［案例工程二］主要装置性材料及工程量指标，见表 2-31。

表 2-31　　　　　　　　　　主要装置性材料及工程量指标表

项目名称	导线	避雷线 GJX-80	避雷线 LBGJ	塔材	金具	基础钢筋	混凝土量	土石方量	绝缘子
单位	t/km	t/km	t/km	t/km	t/km	t/km	m³/km	m³/km	片/km
数量	8.13	0.63	0.58	22.65	2.31	3.38	47.67	745.68	315

四、工地运输工程量计算

（一）设备、材料的运输

设备、材料的运输是指将设备、材料从生产厂家运至施工现场。设备的运输费用计入设备购置费，按合同定价（含运杂费）或设备原价基础加运杂费（设备原价乘运杂费率）。线路工程的装置性材料运输分为大运输、小运输。

1. 大运输

大运输，是指装置性材料从生产厂家经铁路或水路、公路运至工地的材料集散仓库的运输。

大运输的费用包括厂内运输费，铁路（水路、公路）运费，装卸费，进入仓库运费，采购保管费，供销部门手续费等（不同材料、不同单位有相应的规定）。对于装置性材料而言，其大运输费用则直接计入装置性材料的预算价格之中，装置性材料预算价格一般是执行全省统一价格，由各省电力定额（造价）管理站根据上一季度本省区域装置性材料市场价格制定本季度价格。

2. 小运输

小运输，又称工地运输，是指装置性材料自工地集散仓库（材料站）运至沿线各杆、塔位的装卸、运输及空载回程等全部工作。

工地运输按运输方式分为人力运输、拖拉机运输、汽车运输、船舶运输、索道运输。之所以要区分不同运输方式,是因为采用不同运输方式运输单位重量消耗的人工、机械和材料是不同的,对应选取的定额子目不同。另外,还应注意不同运输方式的地形是不同的,比如人力运输的地形一般考虑与线路工程地形一致;而汽车运输又应该按实际汽车运输线路地形计。

（二）工地运输重量的计算

工地运输重量的计算式有

$$概算量=设计用量+损耗量=设计用量×（1+损耗率） \tag{2-15}$$

$$运输重量=概算量×单位运输重量 \tag{2-16}$$

式中,概算量的计算工作实际上在编制装置性材料数量统计计算表中完成,详见表 2-20、表 2-25、表 2-27、表 2-29、表 2-30,其中"总量"栏数值即为该种装置性材料的概算量。

设计用量是指由设计人员提供,经概算编制人员计算复核后,确定的包括各单位工程装置性材料种类和数量等在内的工程量数据。原则上概算编制人员不得擅自增减该数据种类和数量。但是,概算编制人员复核确定的该数据的数值常常大于设计提供的数值,根据经验视材料种类的不同分别放大 5%~10%。其原因是初设概算控制整个工程投资额,而初步设计工程量数据较为粗略,为了确保预算投资额不突破概算投资额,只有适当放大工程量。本书中表 2-20、表 2-25、表 2-27、表 2-29、表 2-30 中数据均未作放大处理。

损耗量是指因搬运等施工原因导致装置性材料损坏的数量。损耗率详见表 1-4,因施工损耗而准备的各种备件不计安装费,只计算其金额和重量计入总量和总价中。

计算运输重量时,直接取前述的装置性材料统计计算表中的概算量用于计算,材料的单位运输重量应执行预算定额的规定,见表 2-32。

表 2-32　　　　　　　　　　**装置性材料的单位运输重量表**

材 料 名 称		单位	运输重量（kg）	备　注
混凝土制品	人工浇制	m^3	2600	包括钢筋
	离心浇制	m^3	2860	包括钢筋
线材	导线（有线盘）	kg	$W×1.15$	
	避雷线（有线盘）	kg	$W×1.10$	
	避雷线、拉线（无线盘）	kg	$W×1.04$	
	光缆（有线盘）	kg	$W×1.20$	
	电缆	kg	$W+G$	G 为盘重
商品混凝土		m^3	2560	
土方		m^3	1500	实挖量
块石、碎石、卵石		m^3	1600	
石灰		m^3	1200	
黄砂（干中砂）		m^3	1550	
水泥、降阻剂		kg	$W×1.01$	袋装
水		kg	$W×1.20$	
金具、绝缘子（瓷、玻璃）		kg	$W×1.07$	
合成绝缘子		kg	$W×2.00$	
螺栓、垫圈、脚钉		kg	$W×1.01$	

　　注　表中未列入的其他种类装置性材料按净重计算,W 为理论重量。

预算定额中各类材料的含义:混凝土杆,是指以离心机制的整根及分节混凝土杆、混凝土套筒及混凝土横担等;混凝土预制品,是指以人工浇制、机械振捣的混凝土制成品及半成品,如底盘、拉盘、卡盘、叉梁、盖板等;线材,是指导线、避雷线、耦合屏蔽线、电缆、光缆;塔材,是指铁塔钢材;钢管杆是指以钢板压制、焊接形成的整根或分节钢管杆;金具、绝缘子、零星钢材,是指金具、绝缘子、电杆用横担、地线支架、拉棒、拉杆、抱箍、连接金具、防振锤、间隔棒、铸铁重锤、接地管(带)材、螺栓、垫圈等。

工地运输的平均运距以 "km" 为单位。凡用汽车、船舶运输时,其平均运距不足 1km 者按 1km 计算;用拖拉机、人力运输时,其平均运距保留两位小数。平均运距计算方法详见学习项目一中工程量计算相关内容。

(三)[案例工程二]的平均运距

[案例工程二]交通运输主要以区乡公路为主,全线与线路平行和交叉的机耕道较多,但个别地段运输条件较差。全线汽车运输平均运距 28km,人力运输平均运距 0.80km。

计算说明:

经测算,沿[案例工程二]线路路径的用于材料运输的公路里程数为 56km,考虑将材料站设置在公路中点位置,所以取汽车运输平均运距为 28km。因初步设计阶段杆塔位并未确定,人力运距参考同类型工程,估计为 0.80km。余土外运采用人力运输,参考同类型工程,平均运距为 150m。

(四)[案例工程二]的工地运输工程量计算

[案例工程二]工地运输重量和工程量计算见表 2-33、表 2-34。

计算说明:

根据表 2-20、表 2-25、表 2-27、表 2-29、表 2-30 中数据等 5 个单位工程装置性材料数量统计数值,按照表 2-33 中材料类别分类汇总各种装置性材料的重量,填入表 2-33(表中材料类别是依据预算定额中定额子目划分来确定的,仅列出[案例工程二]中有的材料种类)。此时,应注意区分材料种类,因为不同材料的包装系数不同,这就需要将不同单位工程的同一种装置性材料汇总。

同样,表 2-34 中项目名称是依据预算定额中定额子目划分来确定的。表 2-34 中应注意区分装置性材料的人力运输和汽车运输工程量,还应注意余土外运采用人力运输,且其平均运距是不同的。表 2-34 中现浇混凝土基础工程用水是按普通装置性材料同样的平均运距来计算其工地运输重量和工程量,实际工程施工中水一般是就地取用。定额中已考虑了混凝土的洗石、搅拌、养护、洗模板等所需的用水量的 100m 范围内运输。

表 2-33　　　　　　　　　　　[案例工程二]工地运输重量计算表

| 材料类别 | 单位 | 全线概算量(含损耗) | | | | | | | 包装系数 | 运输重量(t) |
		土石方工程	基础工程	杆塔工程	绝缘子及挂线金具安装	架线工程	接地工程	合计		
混凝土预制品										
500kg 以内	kg		454.50					454.50	1.00	0.45
线材										
1000kg 以内导线	kg					421291.75		421291.75	1.15	484.49

续表

材料类别	单位	全线概算量（含损耗）							包装系数	运输重量（t）
		土石方工程	基础工程	杆塔工程	绝缘子及挂线金具安装	架线工程	接地工程	合计		
1000kg 以内地线	kg					32202.51		32202.51	1.10	35.42
金属、绝缘子、零星钢材、塔材										
金具	kg				119706.40			119706.40	1.07	128.09
绝缘子	kg				65184.12			65184.12	1.07	69.75
零星钢材	kg		175748.97				20420.90	196169.87	1.00	196.17
塔材	kg			1096661.70				1096661.70	1.00	1096.66
螺栓、垫圈、脚钉	kg		37197.21	76660.80			82.40	113940.41	1.01	115.08
砖、砂、石、土、水、水泥、石灰										
砂	m³		1324.20					1324.20	1.55t/m³	2052.51
石	m³		2351.00					2351.01	1.60t/m³	3761.61
土（余土外运）	m³	750.00						750.00	1.50t/m³	1125.00
水	m³		444.44					444.44	1.20	533.33
水泥	kg		895045.08					895045.08	1.01	904.00
合计										10502.55

注　（1）拉线、避雷线、导线根据型号，每盘重量不同分栏填表，其包装系数按有关规定计算。

　　（2）"运输重量"数填入附表五。

表 2-34　　　　　[案例工程二]　工地运输工程量计算表　　　　运距单位：km

材料站	项目名称	地形运输量（t）	平　地		丘陵		山地		高山		峻岭		泥沼	
			运距	t·km	运距	t·km	运距	t·km	运距	t·km	运距	t·km	运距	t·km
×站	人力运输	人力平均运距 800m												
	余土外运	1125	0.15	168.75										
	混凝土预制品													
	500kg 以内	0.45	0.80	0.36										
	线材													
	1000kg 以内	519.51	0.80	415.61										
	金具、绝缘子、零星钢材	431.66	0.80	345.32										
	塔材	1174.09	0.80	939.27										
	砖、砂、石、土、水、水泥、石灰	7251.44	0.80	5801.15										
	汽车运输	汽车平均运距 28km												

续表

材料站	项目名称	地形运输量（t）	平　地		丘陵		山地		高山		峻岭		泥沼	
			运距	t·km	运距	t·km	运距	t·km	运距	t·km	运距	t·km	运距	t·km
	混凝土预制品													
	500kg 以内	0.45	28.00	12.60										
	线材													
	1000kg 以内	519.51	28.00	14546.28										
	金具、绝缘子、零星钢材	431.66	28.00	12086.34										
	塔材	1174.09	28.00	32874.50										
	砖、砂、石、土、水、水泥、石灰	7251.44	28.00	203040.39										

注　（1）此处仅计算平地地形的运输工程量，在安装费取费计算时再考虑综合地形调增系数。
　　（2）铁塔用螺栓、垫圈、脚钉重量计入塔材。

任务 4　取 费 计 算

任务 3 确定了线路工程的工程量，而对编制工程初步设计概算工作来讲，掌握工程量只是第一步，还必须执行"预规"规定的预算费用构成和计算标准，取定适用的装置性材料单价、安装费单价（基价）以及各种费率，依据工程量计算出工程概算投资金额数量，从而完成取费计算。这是取费计算的内涵，取费计算的外化表现为组成概算书的系列表格。

这些概算表格的填写，是依据任务 3 统计出来的各单位工程的工程量，套用定额确定各工程量对应的安装费单价，工程量乘以单价即得合价金额，再结合工程实际和现行相关规定考虑人工、机械、材料费的调整系数，采用加、乘、转移数据等多种方式，完成表格的填写工作。本学习任务侧重说明概算书的表一乙、表二乙、表三乙、表三丙、表四等表格的编制方法和过程。

在具体完成填写各种概算表格之前，首先应熟悉送电线路工程建设预算费用构成，它与学习项目一所述配电线路工程建设预算费用构成略有不同；其次，应进一步熟悉 2006 年版《电力建设工程预算定额（第四册　送电线路工程）》，以便取用适当的定额子目对应的安装费单价。本项目中所涉及费用内涵同学习项目一的，请查阅学习项目一中相关内容，此处不再赘述。

一、送电线路工程建设预算费用构成

送电线路工程建设预算费用由安装工程费、其他费用和动态费用组成，安装工程费和其他费用之和称为静态投资。

（一）安装工程费用的构成

安装工程费是指对构成项目的基础设施、工艺系统及附属系统进行施工、安装、调试，使之具备生产功能所支出的费用。

（1）直接费。直接费指建筑安装产品生产过程中直接消耗在特定产品对象上的费用。由直接工程费和措施费组成。

1）直接工程费，包括人工费、材料费、施工机械使用费。

2）措施费，包括冬雨季施工增加费、夜间施工增加费、施工工具用具使用费、特殊地区施工增加费、临时设施费、施工机构转移费、安全文明措施补助费。

（2）间接费。间接费指建筑安装产品生产过程中，为全工程项目服务而不直接耗用在特定产品对象上的费用。由规费和企业管理费组成。

1）规费，包括社会保障费、社会公积金、危险作业意外伤害保险费。

2）企业管理费。

（3）利润。

（4）税金。

（二）其他费用的构成

其他费用，是指完成工程项目建设所必需的，不属于建筑安装工程费的其他相关费用。它包括以下费用。

（1）建设场地征用及清理费。

1）土地征用费。

2）施工场地租用费。

3）迁移补偿费。

4）余物清理费。

5）送电线路走廊赔偿费。

6）通信设施防送电线路干扰措施费。

（2）项目建设管理费。

1）建设项目法人管理费。

2）招标费。

3）工程监理费。

4）设备建造费。

5）工程保险费。

（3）项目建设技术服务费。

1）项目前期工作费。

2）知识产权转让及研究试验费。

3）勘察设计费，包括勘察费、设计费。

4）设计文件评审费，包括可行性研究设计文件评审费、初步设计文件评审费。

5）项目后评价费。

6）工程建设监督检测费，包括工程质量监督检测费、特种设备安全监测费、环境监测验收费、水土保持项目验收及补偿费、桩基检测费。

7）电力建设标准编制管理费。

8）电力工程定额编制管理费。

（4）分系统调试及整套启动调试费。

1）分系统调试费。

2）整套启动调试费。

3）施工企业配合调试费。

（5）生产准备费。

1）管理车辆购置费。

2）工器具及办公家具购置费。

3）生产职工培训及提前进场费。

（6）大件运输措施费。

（7）基本预备费。

（三）动态费用的构成

动态费用，是指对构成工程造价的各要素在建设预算编制年至竣工验收期间，因时间和市场价格变化所引起价格增长和资金成本增加所发生的费用，主要包括价差预备费和建设期贷款利息。

下面按照概算编制工作流程介绍各种概算表格的编制。

二、编制单位工程概算表

单位工程概算表在概算书中占的篇幅最多，包括土石方工程、基础工程、杆塔工程、架线工程、附件工程、工地运输等六个单位工程概算表。

单位工程概算表格式见表 2-35，其中主要包括装置性材料费和安装费两类费用，分为单价和合价。编制单位工程概算表时，依据送电线路工程装置性材料统计表、土石方量计算表、工地运输工程量计算表，在"项目名称及规范"栏填入该单位工程安装的装置性材料的名称，因土石方工程和工地运输单位工程没有装置性材料，则填入土石方开挖工程量或工地运输工程量的名称，与此同时，在"单位"和"数量"栏中填入相应数据；查阅适用定额，在"编制依据"栏填入相应的定额子目编号，作为该工程量对应的定额安装基价（即单价）的确定依据；依据定额子目对应的定额安装基价，填入"单价"栏中安装费所属"合计"、"其中工资"、"其中机械"栏；依据选定的装置性材料预算价格，填入"单价"栏中装置性材料单价；合价等于数量乘以单价。

表 2-35　　　　　　架空送电线路单位工程概算表格式（表三丙）

编号	编制依据	项目名称及规范	单位	数量	单　价（元）				合　价（元）			
					装置性材料	安　装　费			装置性材料	安　装　费		
						合计	其中工资	其中机械		合计	其中工资	其中机械

一般地，表 2-35 直接填入合价（源于装置性材料统计计算表总价），不反映由单价到合价的计算过程。因为计算安装费时，使用的是装置性材料的设计用量，不包括施工损耗量，装置性材料合价包括施工损耗量。

（一）关于装置性材料费的计算

装置性材料的数量来自工程量统计数据，单价则取自工程所在地当时执行的送变电工程设备材料信息价或适用的电力建设工程装置性材料预算价格，其余材料按工程所在地当前市场价格计。其计算公式为

$$装置性材料费=装置性材料消耗量×装置性材料预算价格 \tag{2-17}$$

装置性材料预算价格按照电力行业定额（造价）管理机构公布的装置性材料预算价格或综合预算价格计算，一般由各省电力行业定额（造价）管理机构每季度公布上一季度的电力

建设工程装置性材料预算价格。现行的装置性材料预算价格为上一季度价格水平，与现行的电力建设工程预算定额和电网工程建设预算编制与计算标准配套使用。材料到场检验试验费已包括在施工单位的企业管理费中。

（二）关于安装费的计算

单位工程概算表中的安装费包括定额直接费、地形调增、人工费调整和材机调整，它和装置性材料费相加构成直接工程费。安装费的计算公式为

$$安装费=定额直接费+地形调增+人工费调整+材机调整 \tag{2-18}$$

1. 定额直接费

定额直接费是安装费的主体部分，包含人工费、材料费（消耗性材料费）、机械费。某计算公式为

$$定额直接费（合价）=各单位工程的工程量×定额安装基价（单价） \tag{2-19}$$

定额安装基价简称定额基价或基价，样例见表 2-36，摘自 2006 年版《电力建设工程预算定额（第四册 送电线路工程）》。

表 2-36　　　　　　　　　　　线路复测及分坑定额子目样例表

工作内容：复测桩位及挡距，测定坑位、坑界及施工基面，主桩或辅助桩遗失或变动后的恢复，平、断面的校核，工器具搬运。

单位：基

定额编号		YX2-1	YX2-2	YX2-3	YX2-4	YX2-5
项目		直线单杆	直线双杆及拉线塔	耐张（转角）双杆	直线自立塔	耐张（转角）自立塔
基价（元）		29.36	44.28	59.48	51.10	68.29
其中	人工费（元）	9.93	14.23	21.18	24.29	36.74
	材料费（元）	18.53	28.69	36.49	24.57	28.61
	机械费（元）	0.90	1.36	1.81	2.04	2.94
名称	单位	数量				
人工	综合工日	工日	0.30	0.43	0.64	0.74	1.11
材料	木桩	个	5.000	8.000	9.000	8.000	10.000
	竹桩	个	16.000	24.000	35.000	16.000	16.000
机械	送电专用载重汽车 4t	台班	0.004	0.006	0.008	0.009	0.013

（1）人工费已包含在定额基价内，见表 2-36。根据送电线路工程预算定额，定额的人工包括基本用工和其他辅助用工，不分工种、等级，均以综合工日表示；综合工日单价即定额基准工日单价，送电线路工程基准工日单价为 33.10 元/工日，其中已包括工资性补贴 2.40 元/工日。

（2）材料费，即消耗性材料费，又称计价材料费，一般是指在预算定额中，费用已经计入定额基价的材料。消耗性材料费根据定额规定的原则计算，已包含在定额基价内，见表 2-36。

（3）机械费，即施工机械使用费，按照 2006 年版电力建设施工机械台班费用定额规定的原则计算，已包含在定额基价内，见表 2-36。施工机械台班单价中，已考虑上下班用车；运输车辆的过路过桥费用在材机调整系数中已考虑；未计算的运输机械的养路费及车船税，应

根据各省（自治区、直辖市）规定标准在材机调整中予以考虑；大型施工机械是指起重量 40t 以上的吊装机械；大型机具的进出场费，按照机械台班定额的规定执行，预算定额中未包括且不属于施工机构转移费范围的，应在临时工程项目中单独列项，套用机械台班定额计算。

2. 地形调增

地形调增是指在定额直接费的人工费的基础上调增，调增系数（即综合地形增加系数）见任务 2 相关内容。

3. 人工费调整

根据《电力建设工程概预算定额价格水平调整办法》（电定总造［2007］14 号），各地区只调整工资性补贴并计入取费基数。人工费调整金额计算公式为

$$人工费调整金额=定额基价的人工费 \times \frac{当地工资性补贴-2.4}{定额基准工日单价} \quad (2-20)$$

各年度、各地区工资性补贴金额由各省（自治区、直辖市）电力建设定额站测算，经上级电力建设定额站平衡，报电力工程造价与定额管理总站（简称定额总站）核定后发布实施。人工费调整金额应汇总计入概算编制年直接工程费的人工费，作为各项取费的取费基数。

4. 材机调整

材机调整是指安装工程定额材料、机械台班费用调整（简称材机调整），是针对定额基价中除人工费之外的材料与机械台班费用进行各地区概算编制水平年与定额基价水平年之间差值的调整。材机调整系数计算公式为

$$材机调整系数 = \frac{\Sigma(材料市场价格 \times 消耗量)+\Sigma(机械台班单价 \times 消耗量)}{\Sigma(定额内材料价格 \times 消耗量)+\Sigma(定额内机械台班单价 \times 消耗量)}-100\% \quad (2-21)$$

送电线路工程分 750、500（含直流）、330、220、110kV 及以下五个电压等级，分别测定各电压等级典型工程的材料及机械品种（见表 2-37）的材机调整系数。材机调整系数由各省（自治区、直辖市）电力建设定额站测算，经上级电力建设定额站平衡，报定额总站核定后，于每年第一季度末发布实施。

编制年材料市场价格的取定，按照各省（自治区、直辖市）编制水平年的第三季度材料价格为依据取定。编制年机械台班单价的取定，以 2006 年版电力建设工程施工机械台班单价费用定额为依据，水平运输机械需缴纳的养路费、车船使用税，按各地规定一并计入机械台班单价中予以调整；施工机械用油、电的市场价格与定额取定价格之差，按表 2-37 中规定的消耗量计入机械台班费用中一并调整。材机价差的计算公式为

$$材机价差=（定额基价-定额基价中的人工费） \times 材机调整系数 \quad (2-22)$$

在编制概算时，材机价差只计取税金，汇总进入编制年价差，不参与安装工程各项取费。

表 2-37　　　　　　　　送电线路典型工程定额材料及机械品种构成表

编　码	名　称　规　格	单位	每千米含量				
			110kV	220kV	330kV	500kV	750kV
	材料						
C4101102	圆木 红白松 二等	m³	0.28	0.38	0.49	0.47	0.63
C4102102	方材 红白松 二等	m³	0.95	1.18	1.57	0.78	1.40

续表

编码	名 称 规 格	单位	每千米含量				
			110kV	220kV	330kV	500kV	750kV
C4102202	板材 红白松 二等	m³	1.33	1.38	1.78	1.67	2.25
C5101101	电焊条 J422 综合	kg	21.00	44.00	63.65	110.00	138.16
C5206101	圆钉	kg					41.97
C5251101	镀锌铁丝 8 号	kg	46.15	93.40	136.63	131.85	155.72
C6319101	硝铵炸药 2 号	kg	14.41	50.72		139.18	161.30
C6319202	雷管 火雷管	个				385.67	
C6324201	焦炭	kg		150.65		506.83	
C6407101	沥青清漆	kg	4.41				
C7103104	镀锌钢绞线 GJ-70	kg		36.23			
C7103105	镀锌钢绞线 GJ-100	kg			25.49	29.03	
C7103106	镀锌钢绞线 GJ-120	kg					52.00
C7115701	铝包带 1×10	kg	2.70		12.95	11.43	16.52
C7208418	导线接续管 JTB-185	个	2.00				
C7208421	导线接续管 JYB-300	个		8.00	6.82		
C7208423	导线接续管 JYB-400	个				9.84	14.76
C8101101	钢管脚手架 包括扣件	kg	26.87	34.77	48.11	52.45	62.69
C8101801	安全网	m³	13.16	28.35		36.18	
	机械						
J1302202	送电专用汽车式起重机 8t	台班	1.21		2.57	4.58	4.93
J1302204	送电专用汽车式起重机 20t	台班			2.94	2.64	3.05
J1302205	送电专用汽车式起重机 25t	台班					3.05
J1401501	送电专用载重汽车 4t	台班	18.55	28.72	21.83	21.42	31.07
J1401502	送电专用载重汽车 5t	台班	14.98	29.96	41.04	45.02	62.69
J1802102	污水泵 100mm	台班		6.40	9.52	8.99	
J2101103	柴油发电机 60kW	台班			1.48	2.21	3.43
J2203102	牵引机组 一牵二	台班			1.09		
J2203103	牵引机组 一牵四	台班				0.91	
J2203104	牵引机组 一牵六	台班					1.04
J2203202	张力机组 一张二	台班			1.09		
J2203203	张力机组 一张四	台班				0.91	1.04
J2203301	机动绞磨	台班		8.33		11.42	
	汽油	kg	472.65	770.09	556.15	598.36	791.76
	柴油	kg	516.63	867.84	1705.80	1958.24	2799.65
	电	kW·h		832.00	1237.97	1169.05	

（三）[案例工程二] 的单位工程概算表

1. 土石方工程单位工程概算表

除任务 3 中确定的土石方量需取费计算外，单位工程还包括线路复测及分坑工程量的取费计算，见表 2-38。

取费计算说明：

（1）参见表 2-24，[案例工程二] 使用铁塔 137 基，其中直线塔 86 基、耐张塔 51 基；再根据表 2-16，查阅 2006 年版《电力建设工程预算定额（第四册 送电线路工程）》"土石方工程"一章，选择合适的定额子目，填入表 2-38 中对应栏中。根据表 2-38 中"数量"和"单价"栏各项数据及式（2-19），计算出"合价"栏各项数据（见表 2-38，分为装置性材料费和安装费，安装费又分为合计、其中工资、其中机械三项费用）。

（2）汇总依据各定额子目计算出"合价"栏中安装费三项费用，得到土石方工程的定额直接费小计。

（3）查表 2-15，得土石方工程（不含机械费）对应的综合地形增加系数为 6.69%。因此综合地形增加系数不含机械费，在"定额直接费小计"栏中的合计数值扣减机械费后乘以 6.69%，得地形调增安装费各项数据，从表 2-38 中看到，"合价"→"安装费"→"其中机械"对应的地形调增为 0。

（4）将"定额直接费小计"和"地形调增"对应栏数据相加，得到定额直接费合计数据。

（5）本单位工程无装置性材料。

表 2-38 　　　　　表三丙　土石方工程单位工程概算表

编号	编制依据	项目名称及规范	单位	数量	单价（元）				合价（元）			
					装置性材料	安　装　费			装置性材料	安　装　费		
						合计	其中工资	其中机械		合计	其中工资	其中机械
1	YX2-4	线路复测及分坑 直线塔	基	86.00		51.10	24.49	2.04		4394.60	2106.14	175.44
2	YX2-5	线路复测及分坑 直线塔	基	51.00		68.29	36.74	2.94		3482.79	1873.74	149.94
3	YX2-34	自立式铁塔坑的挖方（爆破）及回填 普通土 坑深 3.0m 以内	m³	643.20		13.70	12.68	1.02		8809.91	8153.85	656.06
4	YX2-35	自立式铁塔坑的挖方（爆破）及回填 普通土 坑深 4.0m 以内	m³	775.20		16.12	14.70	1.42		12493.12	11392.34	1100.78
5	YX2-36	自立式铁塔坑的挖方（爆破）及回填 普通土 坑深 4.0m 以上	m³	3372.00		17.29	15.82	1.47		58308.62	53351.78	4956.84
6	YX2-42	自立式铁塔坑的挖方（爆破）及回填 松砂石 坑深 3.0m 以内	m³	2210.40		26.42	24.16	2.26		58405.40	53409.90	4995.50
7	YX2-43	自立式铁塔坑的挖方（爆破）及回填 松砂石 坑深 4.0m 以内	m³	2665.20		31.84	28.90	2.94		84849.31	77013.62	7835.69

编号	编制依据	项目名称及规范	单位	数量	单价（元）				合价（元）		
					装置性材料	安　装　费			装置性材料	安　装　费		
						合计	其中工资	其中机械		合计	其中工资	其中机械
8	YX2-44	自立式铁塔坑的挖方（爆破）及回填　松砂石　坑深4.0m以上	m³	11590.80		35.77	32.60	3.17		414649.28	377906.44	36742.84
9	YX2-46	自立式铁塔坑的挖方（爆破）及回填　岩石（爆破）　坑深3.0m以内	m³	804.00		65.51	53.42	5.20		52672.45	42952.09	4180.80
10	YX2-47	自立式铁塔坑的挖方（爆破）及回填　岩石（爆破）　坑深4.0m以内	m³	968.40		69.63	57.50	5.20		67424.85	55678.16	5035.68
11	YX2-48	自立式铁塔坑的挖方（爆破）及回填　岩石（爆破）　坑深4.0m以上	m³	4214.40		71.67	59.05	5.65		302046.05	248860.32	23811.36
12	YX2-50	自立式铁塔坑的挖方（爆破）及回填　岩石（人凿）　坑深3.0m以内	m³	200.40		137.21	122.37	12.44		27497.08	24523.15	2492.98
13	YX2-51	自立式铁塔坑的挖方（爆破）及回填　岩石（人凿）　坑深4.0m以内	m³	242.40		145.57	130.28	12.89		35286.65	31580.36	3124.54
14	YX2-52	自立式铁塔坑的挖方（爆破）及回填　岩石（人凿）　坑深4.0m以上	m³	1053.60		153.79	137.60	13.79		162029.98	144972.20	14529.14
15	YX2-54	自立式铁塔坑的挖方（爆破）及回填　泥水坑　坑深3.0m以内	m³	160.80		60.40	28.60	17.99		9712.00	4598.56	2892.79
16	YX2-55	自立式铁塔坑的挖方（爆破）及回填　泥水坑　坑深4.0m以内	m³	194.40		78.57	37.37	27.39		15274.01	7264.73	5324.62
17	YX2-56	自立式铁塔坑的挖方（爆破）及回填　泥水坑　坑深4.0m以上	m³	843.60		87.49	44.26	29.42		73802.35	37333.52	24818.71
18	YX2-69	接地槽挖方（或爆破）及回填　普通土	m³	1187.10		8.32	7.51	0.81		9881.42	8919.87	961.55
19	YX2-71	接地槽挖方（或爆破）及回填　松砂石	m³	4080.04		19.62	18.60	1.02		80058.54	75896.90	4161.64
20	YX2-72	接地槽挖方（或爆破）及回填　泥水土	m³	296.28		14.55	13.74	0.81		4309.99	4070.00	239.99
21	YX2-73	接地槽挖方（或爆破）及回填　岩石（爆破）	m³	1483.38		54.31	43.43	1.42		80557.92	64418.74	2106.40
22	YX2-74	接地槽挖方（或爆破）及回填　岩石（人凿）	m³	371.09		82.98	77.65	4.07		30794.16	28816.25	1510.34
23	YX2-102	排水沟开挖　普通土	m³	55.00		4.58	4.17	0.41		251.96	229.41	22.55

续表

编号	编制依据	项目名称及规范	单位	数量	单价（元）				合价（元）			
					装置性材料	安　装　费			装置性材料	安　装　费		
						合计	其中工资	其中机械		合计	其中工资	其中机械
24	YX2-104	排水沟开挖　松砂石	m³	186.00		8.63	8.04	0.59		1605.74	1496.00	109.74
25	YX2-105	排水沟开挖　泥水沟	m³	14.00		11.19	9.77	1.42		156.59	136.71	19.88
26	YX2-106	排水沟开挖　岩石（爆破）	m³	68.00		40.81	28.80	1.20		2774.88	1958.20	81.60
27	YX2-107	排水沟开挖　岩石（人凿）	m³	17.00		63.78	58.82	3.62		1084.24	999.92	61.54
28	YX2-108	尖峰及施工基面挖方普通土	m³	196.00		5.00	4.77	0.23		979.22	934.14	45.08
29	YX2-110	尖峰及施工基面挖方松砂石	m³	537.00		11.42	10.92	0.50		6134.15	5865.65	268.50
30	YX2-111	尖峰及施工基面挖方岩石（爆破）　尖峰	m³	147.00		38.14	29.69	2.49		5606.73	4364.58	366.03
31	YX2-112	尖峰及施工基面挖方岩石（人凿）　尖峰	m³	49.00		39.92	31.25	2.71		1955.88	1531.05	132.79
		定额直接费小计								1617289.87	1382608.30	152911.34
		综合地形增加系数–土石方工程（不含机械费）	%	6.69								
		地形调增								97966.92	92496.50	0.00
		合　　计								1715256.79	1475104.80	152911.34

2. 基础工程单位工程概算表

（1）定额使用说明。

1）预制基础。底盘安装定额中，如遇有胶结连接的底盘，每基应增加工日：单杆为 0.37 工日，双杆为 0.74 工日。底盘安装、拉线盘安装中每块重量取每组各块重量加权平均的原则计算。三联杆的预制基础安装定额，套相应的单杆定额乘以 2.5 的系数。底盘安装、卡盘安装、拉线盘安装定额中，如组合块（每基或每组）超过子目的规定时，可按单块重量和相应组合块的倍数乘以 2.0 的系数。套筒安装定额中，已包括二次灌浆工作，但未包括基础的底盘安装。如发生时应另外套相应的底盘安装定额。

2）现浇基础。现浇基础定额中的基础垫层（如铺石、铺石并灌浆、铺石并加浇混凝土、灰土垫层定额）是以垫层的实际量为计算单位。混凝土搅拌及浇制（包括商品混凝土浇制）定额是按照有筋基础计算的，若为无筋基础时定额乘以 0.95 的系数。混凝土现场浇制中，洗石、养护、浇模用水的平均运距按 100m 计算，运距超过部分可按每立方混凝土 500kg 的用水量另套工地运输定额。混凝土搅拌及浇制（包括商品混凝土浇制）系数调整见表 2-39。

表 2-39　　　　　　　混凝土搅拌及浇制（包括商品混凝土浇制）系数调整

编号	名　称	调整系数			说　明
		人工	材料	机械	
1	高低腿基础	1.15	1	1.15	
2	基础立柱为斜、锥形	1.25	1	1.25	
3	基础是插入式角钢、斜式地脚螺栓	1.05	1	1.05	
4	基础立柱、承台、联梁高出地面 1.0m 以上，需要搭设平台施工	1.2	1.2	1.2	计算立柱、承台、联梁部分工程量

3）灌注桩基础。灌注桩基础定额中，不包括基础防沉台、承台和框梁的浇制工作，若有则另套现浇基础定额；未包括余土的清理，需要时另套施工基面挖方和工地运输定额。挖孔桩基础、坑深 5m 以上岩石嵌固基础套用桩基础混凝土浇灌定额；坑深 5m 以内岩石嵌固基础套用现浇基础混凝土搅拌及浇制定额。灌注桩基础钻孔定额不足 1m 按 1m 计取，孔径超过 1m 按实际尺寸根据相邻定额步距按插值法进行调整。

4）护坡、挡土墙及排洪沟砌筑。护坡、挡土墙及排洪沟砌筑定额内未包括挖土工作，需要时另套用土、石方工程中排水沟挖方定额。锥形护坡和挡土墙内侧如需要填土时，可套用土、石方工程中 2.0m 以内普通土定额和相应的运输定额。浆砌护坡和挡土墙砌筑中的砂浆用量，应按设计规定计算，如设计未做规定时，其砂浆用量为护坡和挡土墙体积的 20%计列。

在施工中，存在预制基础和现浇基础时，造成跳跃施工，定额中的人工和机械可按基础总量（含高塔基础、护坡、挡土墙及排洪沟砌筑、基础防腐）乘以跳跃施工 1.02 的系数。

（2）基础工程单位工程概算表见表 2-40。

取费计算说明如下。

1）根据表 2-20、表 2-22，查阅 2006 年版《电力建设工程预算定额（第四册　送电线路工程）》"基础工程"一章，选择合适的定额子目，填入表 2-40 中对应栏中。与表 2-38 同理，计算出表 2-40 各栏数据。

2）根据表 2-39，［案例工程二］中广泛使用高低腿基础和斜柱式基础，混凝土搅拌及浇制安装基价中人工费调整增加系数为 0.4（0.15+0.25），同理机械费调整增加系数为 0.4。

3）表 2-40 计算地形调增时不扣减机械费。

4）表 2-40 中装置性材料费源于表 2-20 中拉盘和 C10、C20 混凝土对应的"总价"栏合计数据。

表 2-40　　　　　　　表三丙　基础工程单位工程概算表

编号	编制依据	项目名称及规范	单位	数量	单价（元）				合价（元）			
					装置性材料	安　装　费			装置性材料	安　装　费		
						合计	其中工资	其中机械		合计	其中工资	其中机械
1	YX3-29	拉线盘安装　每组一块　每块重量 500kg 以内	组	1.00		18.64	15.72	2.92	160.00	18.64	15.72	2.92

续表

编号	编制依据	项目名称及规范	单位	数量	单价（元）			合价（元）			
					装置性材料	安装费		装置性材料	安装费		
						合计	其中工资	其中机械	合计	其中工资	其中机械
2	YX3-37	基础钢筋加工及制作 一般钢筋	t	174.88		365.85	256.16	102.36	1399199.14	63978.02	44796.15	17900.21
3	YX3-51 调人工 1.4 机械 1.4	混凝土搅拌及浇制 每基混凝土量 10m³ 以内	m³	1003.74		212.10	136.37	18.57		275103.85	191634.84	26095.23
4	YX3-52 调人工 1.4 机械 1.4	混凝土搅拌及浇制 每基混凝土量 20m³ 以内	m³	785.63		190.56	121.81	16.90		193297.35	133974.43	18588.01
5	YX3-53 调人工 1.4 机械 1.4	混凝土搅拌及浇制 每基混凝土量 40m³ 以内	m³	641.55		161.75	95.33	16.52		132471.86	85620.75	14837.77
6	YX3-63	保护帽 每基方量 0.5m³ 以内	基	137.00		114.86	83.41	8.14		15736.09	11427.44	1115.18
7	YX3-133	排洪沟 浆砌	m³	132.00		50.90	46.94	3.96		6718.27	6195.55	522.72
8	YX3-137	护坡、挡土墙 锥形 浆砌	m³	995.80		51.03	46.64	4.39		50813.68	46442.12	4371.56
9	YX3-140	混凝土基础防腐沥青	m²	2740.00		2.35	1.66	0.23		6425.30	4534.70	630.20
		定额直接费小计								744563.08	524641.71	84063.79
		综合地形增加系数 -基础工程	%	13.38								
		地形调增								99622.54	70197.06	11247.74
		合 计							1399359.14	844185.62	594838.78	95311.53

3. 杆塔工程单位工程概算表

（1）定额使用说明。由于杆与塔形式不同，造成跳跃施工，可将定额的人工、机械按杆、塔总量（不含高塔及接地）乘以 1.02 的系数。定额中不包括杆、塔上涂刷交通警示漆及其他航空标志安装。

1）混凝土杆组立。混凝土杆组立定额以杆型和组合重量的形式表示，已综合考虑了各种电压等级、结构型式、杆高和施工方法。使用时，不能由于施工方法的不同而调整定额。使用中如出现三联杆组立，可按每根单杆重量套用相应定额乘以 2.5 的系数。钢环连接定额只包括钢环的连接与防腐处理。定额不适用于组合杆重在 17t 或单杆高在 42m 以上的电杆组立。如需要时，应按批准的施工组织设计另计。

2）钢管杆组立。钢管杆组立定额已综合考虑了各种电压等级、结构型式、杆高和施工方法。使用时，不能由于施工方法的不同而调整定额。

3）铁塔组立。铁塔组立定额对直线塔与耐张转角塔、自立塔与拉线塔作了综合考虑，适用于全塔高在 70m 以内的各种形式的铁塔。紧凑型铁塔、钢管塔组立，按相应的铁塔组立定额的人工、机械乘以 1.1 的系数。混凝土塔的基础及筒身使用建筑工程预算定额的基础和烟囱部分。塔头部分的支架及横担（型钢）的吊、组装未专列定额，需要时可按塔头的总重量（t）与塔全高（m）的乘积计算工程量，其基价按 5.4 元/t·m 计算，其中人工费占 38%，材料费占 15%，机械费占 47%，并按塔位的所在地另计地形增加系数。

高塔组立定额适用于全塔高超过 70m 的高塔组立。对于全塔每米重量平均超过 1.2t/m 时，相应定额人工费和机械费按超重系数调整，即

$$超重系数 = \frac{(设计每米重量t/m - 1.2t/m)}{1.2t/m} \qquad (2-23)$$

对于全塔高超过 195m 时，以 195m 高塔组立定额为基数，人工费和机械费按超高系数调整，即

$$超高系数 = \frac{(设计高度m - 195m)}{195m} \qquad (2-24)$$

4）拉线制作及安装。拉线制作及安装定额对不同材质和规格已作了综合考虑，它适用于单根拉线的制作与安装，若安装 V 形、Y 形或双拼拉线时，应按 2 根计算。定额内拉线上把高度按 40m 以内考虑，如超过 40m 时，按每增高 10m 乘以 1.10 的系数，杆塔高不足 10m 按 10m 考虑。

5）接地安装。接地安装定额中不包括接地槽的挖方和填方。接地极长度按 2.5m 考虑，如长度超过 2.5m 时，定额乘以 1.25 的系数。接地极之间的连接套用相应接地体敷设定额。

（2）杆塔工程单位工程概算表见表 2-41。取费计算说明如下。

1）根据表 2-28，查阅 2006 年版《电力建设工程预算定额（第四册　送电线路工程）》"杆塔工程"一章，选择合适的定额子目，填入表 2-41 对应栏中。与表 2-38 同理，计算出表 2-41 各栏数据。

2）表 2-41 计算地形调增时不扣减机械费。

3）表 2-41 中装置性材料费源于表 2-25、表 2-27 中"总价"栏合计数据。

表 2-41　　　　　　　　　　　表三丙　杆塔工程单位工程概算表

编号	编制依据	项目名称及规范	单位	数量	单价（元）				合价（元）			
					装置性材料	安装费			装置性材料	安装费		
						合计	其中工资	其中机械		合计	其中工资	其中机械
1	YX4-39	铁塔组立　每基重量 5t 以内	基	19.00	1542.64	1267.73	247.12	7978593.08	29310.16	24086.87	4695.28
2	YX4-40	铁塔组立　每基重量 7t 以内	基	45.00	2139.24	1721.20	377.67		96265.80	77454.00	16995.15
3	YX4-41	铁塔组立　每基重量 9t 以内	基	28.00	2772.96	2273.97	449.00		77642.88	63671.16	12572.00
4	YX4-42	铁塔组立　每基重量 11t 以内	基	19.00	3167.49	2644.69	466.70		60182.31	50249.11	8867.30
5	YX4-43	铁塔组立　每基重量 13t 以内	基	19.00	3634.99	3038.58	535.48		69064.81	57733.02	10174.12

续表

编号	编制依据	项目名称及规范	单位	数量	单价（元）				合价（元）			
					装置性材料	安装费			装置性材料	安装费		
						合计	其中工资	其中机械		合计	其中工资	其中机械
6	YX4-50	铁塔组立　每基重量 27t 以内	基	4.00		7612.91	6332.03	1171.72		30451.64	25328.12	4686.88
7	YX4-51	铁塔组立　每基重量 30t 以内	基	3.00		8200.98	6818.60	1266.85		24602.94	20455.80	3800.55
8	YX4-75	楔形线夹式　拉线截面 100mm² 以内	根	1.00		13.08	9.93	0.90		13.08	9.93	0.90
9	YX4-79	接地体加工及制作	t	20.32	186.69	105.09	76.96		82161.52	3793.47	2135.42	1563.77
10	YX4-84	接地体敷设　每基长度 200m 以内	基	247.00		46.39	39.72	3.39		11458.33	9810.84	837.33
11	YX4-85	接地体敷设　每基长度 300m 以内	基	274.00		58.21	49.65	4.52		15949.54	13604.10	1238.48
12	YX4-86	接地体敷设　每基长度 400m 以内	基	28.00		70.63	59.58	6.33		1977.64	1668.24	177.24
13	YX4-94	电阻测量	根、基	137.00		18.92	7.61	11.31		2592.45	1042.98	1549.47
		定额直接费小计								423305.05	347249.59	67158.47
		综合地形增加系数 –杆塔工程	%	39.12								
		地形调增								165596.94	135844.04	26272.39
		合计							8060754.60	588901.99	483093.63	93430.87

4. 架线工程单位工程概算表

（1）定额使用说明。

1）由于定额中导线是按三相的交流单回路工程考虑，如遇下列情况时，按相应定额乘以系数调整：①两相的直流线路工程可按同型号线材截面的定额乘以 0.7 的系数；②同塔架设双回、多回线路工程和邻近有带电线路架线施工，定额按表 2-42 系数调整，其中临近有带电线路架线，边线平行接近的控制距离见表 2-43。

2）避雷线及光缆架线单独施工临近有带电线路（主要针对改建线路），按表 2-42 参照单回路调整系数。

3）张力架线定额中已包括牵张设备在施工过程中的装、拆和转移。

4）导线架设定额中综合考虑了耐张杆塔的耐张终端头制作和挂线、耐张（转角）杆塔的平衡挂线、跳线及跳线串的安装等工作，若工程中耐张杆塔每千米实际数量超过基准数量在 10%以内时，定额不做调整，超过 10%以上部分，定额基价调整系数的计算公式为

$$m = 1 + n[B - C(1 + 10\%)] \qquad (2\text{-}25)$$

式中　m——耐张杆塔调整系数，保留三位小数；

　　　n——架线修正系数，一般放线 1.25，张力放线 0.52；

　　　　B——每千米实际耐张杆塔数量，等于耐张杆塔数量除以线路长度，保留三位小数，如果工程包括两个终端，则耐张杆塔数量减 1；

　　　　C——每千米耐张杆塔基准数量，电压 220kV 以下按 0.250 综合取定，电压 220kV 以上按 0.200 综合取定。

表 2-42　　　同塔架设双回、多回线路工程和临近有带电线路架线系数调整表

编号	同塔二次架设回路数	同 时 架 设			临近带电线路		
		人工	材料	机械	人工	材料	机械
1	一回路	1	1	1	1.1	1	1.1
2	二回路	1.75	2	1.75	1.92	2	1.92
3	三回路	2.8	3	2.8	3.08	3	3.08
4	四回路	3.9	4	3.9	4.29	4	4.29
5	一回路	1.1	1	1.1	1.21	1	1.21
6	二回路	1.92	2	1.92	2.11	2	2.11
7	三回路	3.08	3	3.08	3.38	3	3.38

表 2-43　　　　　　临近带电线路架线边线平行接近控制距离表

已建线路电压（kV）	220	330	500	750
接近距离≤（m）	30	40	50	70

　　5）耐张杆塔调整系数如与本任务内其他系数同时计列，与其他系数相乘。

　　6）导线、避雷线、光缆跨越架设说明。

　　a. 定额计量单位"处"是指在一个挡距内，对一种被跨越物所必须搭设的跨越架而言。如同一挡距内跨越多种（或多次）跨越物时，应根据跨越物种类分别套用定额。

　　b. 对高压电力线跨越不同电压等级的电力线路时按表 2-44 系数调整计算。

表 2-44　　　　　　　跨 越 系 数 调 整 表

新建线路电压（kV）　　被跨越电力线电压（kV）	10	35	110	220	330	500	750
35	0.67	1					
110	0.56	0.83	1				
220	0.45	0.68	0.82	1			
330	0.4	0.6	0.72	0.88	1		
500	0.36	0.54	0.64	0.79	0.89	1	
750	0.32	0.48	0.58	0.71	0.81	0.91	1

　　c. 单根线（避雷线、光缆）跨越架设只适用于单独架设或更换避雷线、光缆时使用，其中：跨越 35kV 以下电力线按跨越相应电压等级的定额乘以 0.25 的系数；跨越 35kV 以上电力线按跨越相应电压等级的定额乘以 0.15 的系数。当带电跨越时，带电跨越措施费用按表 2-45 相应电压等级措施费的 10% 计列。

d. 本任务定额子目中所列电压等级均指待建线路。

e. 本任务定额仅考虑因跨越而多耗的人工、材料和机械台班。在计算总体架线工程量时，其跨越长度不应扣除。

跨越架设定额不包括被跨越物产权部门提出的咨询、监护、路基占用等，如需要时可按政府或有关部门的规定另计。

f. 跨越铁路定额如遇电气化铁路时，跨越铁路定额乘以 1.2 的系数。

g. 跨越电力线定额是按停电跨越考虑的。如需带电跨越，另列带电跨越措施费，按表 2-45 规定计列。如被跨越电力线为双回路、多回路时，措施费均乘以 1.5 的系数。

表 2-45　　　　　　　　　　　带 电 跨 越 措 施 费 用

被跨越电压（kV）	10	35	110	220	330	500	750
措施费（元/处）	3500	12000	20000	32000	45000	65000	100000

h. 跨越河流架线定额仅适用于有水的河流、湖泊（水库）的一般跨越。在架线期间，凡属能涉水而过的河道，或正值干涸时的河流、湖泊（水库）均不作为跨越河流计。对于水面宽度虽然不大，但属通航河道，必须采取封航手段或水流湍急以及施工难度较大的峡谷，其跨越架线可按审定的施工组织设计，由工程主审部门另行核定。

i. 定额中未列跨越房屋、果园、经济作物的项目。施工中遇到不拆迁的房屋及不砍伐的果园、经济作物等，架线时需采取防护措施，可按下面方法计算：果园、经济作物按 60m 为一处，套用跨越低压弱电线路定额乘以 0.8 的系数；跨越房屋，以独立房屋为一处，套用跨越低压弱电线路定额，房屋高度 10m 以下乘以 0.8 的系数，房屋高度 10m 以上乘以 1.5 的系数。

j. 跨越架设定额按单回路线路建设考虑，若为同塔同时架设双回路、多回路时，人工、机械均乘以 1.5 的系数。

7）耦合屏蔽线安装。屏蔽线按良导体考虑。如采用钢绞线作屏蔽线时，消耗材料定额乘以 0.2 的系数。

8）拦河线安装。定额中不包括拦河线所用器材的运输和混凝土杆的焊接。需要时可套定额中工地运输和杆塔工程钢环焊接的相应定额。

9）光缆测量与接续说明。

a. 单盘测量在编制初步设计概算时，如果尚未进行光缆招标的工程，可按每轴（盘）4km 计算。

b. 光缆定额是按双窗口测试条件下考虑的，设计要求单窗口时，接续有关子目乘以 0.85 的系数。

c. 接续工程量按接头的个数计算，只计算架空部分的连接头，前后两段的光纤进线或出线的架构接线盒至通信机房部分按《电力建设工程预算定额（第三册　电气设备安装工程）》执行。

d. 全程测试定额是按 100km 为一基本段考虑的，超过 100km，每增加 50km，其人工、机械增加 40%，不足 50km 按 50km 计。

（2）架线工程单位工程概算表见表 2-46。取费计算说明如下。

1）根据表 2-1、表 2-29，查阅 2006 年版《电力建设工程预算定额（第四册 送电线路工程）》"架线工程"一章，选择合适的定额子目，填入表 2-46 对应栏中。对高压电力线跨越不同电压等级的电力线路时按表 2-44 系数调整计算。与表 2-38 同理，计算出表 2-46 各栏数据。

2）表 2-46 计算地形调增时不扣减机械费。

3）表 2-46 中装置性材料费源于表 2-29 中"总价"栏数据。

表 2-46   表三丙　架线工程单位工程概算表

编号	编制依据	项目名称及规范	单位	数量	单价（元）				合价（元）			
					装置性材料	安　装　费			装置性材料	安　装　费		
						合计	其中工资	其中机械		合计	其中工资	其中机械
1	YX5-5	一般架线 单根 避雷线 100mm²以内 钢绞线	km	43.80	636.06	500.34	101.38	386244.87	27859.43	21914.89	4440.44
2	YX5-7	一般架线 单根 避雷线 100mm²以内 良导体	km	8.00	723.88	528.34	117.17	64590.25	5791.06	4226.74	937.36
3	YX5-18	一般架线 导线 2×400mm²以内	km/三相	51.80	6277.64	4162.59	1232.81	7077701.48	325181.75	215622.16	63859.56
4	YX5-65	导线/避雷线 跨越一般公路 220kV	处	44.00	2781.01	1645.07	354.77		122364.44	72383.08	15609.88
5	YX5-78 调 10kV*0.45	导线/避雷线 跨越高压电力线 220kV	处	32.00	3427.22	2591.73	442.62		49351.97	37320.91	6373.73
6	YX5-78 调 35kV*0.68	导线/避雷线 跨越高压电力线 220kV	处	5.00	3427.22	2591.73	442.62		11652.55	8811.88	1504.91
7	YX5-78 调 110kV*0.82	导线/避雷线 跨越高压电力线 220kV	处	3.00	3427.22	2591.73	442.62		8430.96	6375.66	1088.85
8	YX5-85	导线/避雷线 跨越低压、弱电线 220kV	处	232.00	1264.66	771.23	194.98		293401.12	178925.36	45235.36
9	YX5-98	导线/避雷线 跨越河流 导线截面 500mm²以内 河宽 50m以内	处	11.00	544.82	393.89	150.93		5993.02	4332.79	1660.23
10	YX5-100	导线/避雷线 跨越河流 导线截面 500mm²以内 河宽 300m以内	处	1.00	1380.58	999.62	380.96		1380.58	999.62	380.96

续表

编号	编制依据	项目名称及规范	单位	数量	装置性材料	安装费 合计	安装费 其中工资	安装费 其中机械	装置性材料	安装费 合计	安装费 其中工资	安装费 其中机械
					单价（元）				合价（元）			
		定额直接费小计								851406.87	550913.09	141091.27
		综合地形增加系数–架线工程（一般放紧线）	%	48.91								
		地形调增								416423.10	269451.59	69007.74
		合　计							7528536.60	1267829.97	820364.68	210099.01

5. 附件工程单位工程概算表

（1）定额使用说明。

1）本部分定额中不包括耐张金具及耐张绝缘子串安装，耐张导、地线端头制作，跳线串安装，跨接跳线端头制作及安装，直线转角及换位杆塔地线的绝缘子串安装，以上工作内容均包括在架线工程相关定额子目中。

2）同塔非同时架设多回路或临近有带电线路时，在架设下一回时相应定额人工、机械乘以 1.1 的系数。

3）阻尼线安装是按一般情况考虑，遇到大跨越、大挡距杆塔，需采用超长阻尼线（每相扎花边 13 个以上）时，其人工、机械按相应定额乘以 3.0 的系数。

（2）附件工程单位工程概算表见表 2-47。

取费计算说明如下。

1）根据表 2-30，查阅 2006 年版《电力建设工程预算定额（第四册　送电线路工程）》"附件工程"一章，选择合适的定额子目，填入表 2-47 对应栏中。值得注意的是，附件工程对应的定额子目大多是以"单相"为单位，[案例工程二] 共 137 基铁塔，共计 411 个"单相"。与表 2-38 同理，计算出表 2-47 各栏数据。

2）表 2-47 计算地形调增时不扣减机械费。

3）表 2-47 中装置性材料费源于表 2-30 中"总价"栏合计数据。

表 2-47　　　　　　　　　表三丙　附件安装单位工程概算表

编号	编制依据	项目名称及规范	单位	数量	装置性材料	安装费 合计	安装费 其中工资	安装费 其中机械	装置性材料	安装费 合计	安装费 其中工资	安装费 其中机械
					单价（元）				合价（元）			
1	YX6-6	绝缘子串悬挂　直线（直线换位、直线转角）杆塔　220kV　双串	单相	411.00		41.17	27.80	11.78	2413711.00	16922.51	11427.44	4841.58

编号	编制依据	项目名称及规范	单位	数量	单价（元）				合价（元）			
					装置性材料	安　装　费			装置性材料	安　装　费		
						合计	其中工资	其中机械		合计	其中工资	其中机械
2	YX6-28	悬垂线夹安装　直线（直线换位、直线转角）杆塔 220kV　双分裂	单相	411.00		30.97	18.21	6.81		12726.62	7482.26	2798.91
3	YX6-38	预绞丝（或护线条）安装　直线（直线换位、直线转角）杆塔　220kV 双分裂导线	单相	411.00		30.27	28.47	1.80		12439.33	11699.53	739.80
4	YX6-53	防震锤、间隔棒安装 防震锤、双分裂导线	个	2369.00		3.91	2.65	0.23		9258.05	6273.11	544.87
5	YX6-72	阻尼线安装　导线截面 2×500mm² 以内	单相	411.00		245.32	146.96	55.41		100828.16	60402.20	22773.51
		定额直接费小计								152174.67	97284.54	31698.67
		综合地形增加系数–附件工程	%	10.81								
		地形调增								16450.08	10516.46	3426.63
		合　　计							2413711.00	168624.75	107801.00	35125.30

6. 工地运输单位工程概算表

（1）定额使用说明。

1）船舶、拖拉机、汽车运输中均已综合考虑了车、船型式、路面、河流级别和一次装、分次卸等因素，使用定额时不得另行换算。

2）钢管塔按塔材机械运输及装卸相应定额乘以 1.3 的系数。

3）采用张力架线，线材不计人力运输。

4）计算塔材装卸、运输重量时，铁塔用螺栓、脚钉、垫圈等计入塔材重量。

（2）工地运输单位工程概算表见表 2-48。

取费计算说明如下。

1）根据表 2-34，查阅 2006 年版《电力建设工程预算定额（第四册　送电线路工程）》"工地运输"一章，选择合适的定额子目，填入表 2-48 中对应栏中。与表 2-38 同理，计算出表 2-48 各栏数据。

2）表 2-48 计算地形调增时，人力运输线材及混凝土制品和其他的综合地形增加系数是不同的，都需要扣减机械费；汽车运输不调增装卸部分费用，只调增运输部分费用，不扣减机械费。

3）本单位工程无装置性材料。

表 2-48　　　　　　　　　**表三丙　工地运输单位工程概算表**

编号	编制依据	项目名称及规范	单位	数量	装置性材料	安装费 合计	其中工资	其中机械	装置性材料	安装费 合计	其中工资	其中机械
					单价（元）				合价（元）			
1	YX1-19	人力运输　平均运距 500m 以内　余土外运	t·km	168.75		81.47	75.50	5.97		13748.23	12740.79	1007.44
2	YX1-27	人力运输　平均运距 1000m 以内　混凝土预制品　每件重 500kg 以内	t·km	0.36		139.47	129.09	10.38		50.21	46.47	3.74
3	YX1-33	人力运输　平均运距 1000m 以内　线材每件重 1000kg 以内	t·km	415.61		162.62	148.19	14.43		67585.76	61588.53	5997.22
4	YX1-36	人力运输　平均运距 1000m 以内　金具、绝缘子、零星钢材	t·km	345.32		89.84	83.31	6.53		31024.58	28769.65	2254.94
5	YX1-37	人力运输　平均运距 1000m 以内　塔材	t·km	939.27		107.87	99.23	8.64		101322.81	93207.52	8115.29
6	YX1-38	人力运输　平均运距 1000m 以内　砂、石、石灰、水泥、砖、土、水	t·km	5801.15		77.93	72.16	5.77		452072.02	418599.38	33472.64
7	YX1-106	汽车运输　混凝土预制品　每件重 500kg 以内　装卸	t	0.45		42.02	9.93	31.63		18.91	4.47	14.23
8	YX1-107	汽车运输　混凝土预制品　每件重 500kg 以内　运输	t·km	12.60		1.01	0.23	0.78		12.75	2.92	9.83
9	YX1-118	汽车运输　线材每件重 1000kg 以内装卸	t	519.51		52.62	8.18	43.33		27334.54	4247.51	22510.37
10	YX1-119	汽车运输　线材每件重 1000kg 以内运输	t·km	14546.28		1.22	0.33	0.89		17761.01	4814.82	12946.19
11	YX1-130	汽车运输　金具、绝缘子、零星钢材　装卸	t	431.66		30.97	8.81	22.16		13366.35	3800.77	9565.59
12	YX1-131	汽车运输　金具、绝缘子、零星钢材　运输	t·km	12086.34		1.19	0.33	0.86		14394.83	4000.58	10394.25
13	YX1-132	汽车运输　塔材装卸	t	1174.09		42.16	8.90	31.51		49504.33	10454.10	36995.58
14	YX1-133	汽车运输　塔材运输	t·km	32874.50		1.22	0.36	0.86		40238.39	11966.32	28272.07
15	YX1-134	汽车运输　砂、石、石灰、水泥、砖、土、水　装卸	t	7251.44		21.81	6.69	15.12		158124.90	48483.13	109641.77

续表

编号	编制依据	项目名称及规范	单位	数量	单价（元）				合价（元）			
					装置性材料	安　装　费			装置性材料	安　装　费		
						合计	其中工资	其中机械		合计	其中工资	其中机械
16	YX1-135	汽车运输　砂、石、石灰、水泥、砖、土、水　运输	t・km	203040.39		0.92	0.27	0.65		185781.96	53805.70	131976.25
		定额直接费小计								1172341.58	756532.66	413177.39
		综合地形增加系数−工地运输　人力运输线材及混凝土预制品（不含机械费）	%	82.36								
		综合地形增加系数−工地运输　人力运输其他（不含机械费）	%	51.48								
		综合地形增加系数−工地运输　汽车、拖拉机运输（不含装卸）	%	43.24								
		地形调增								447251.25	367863.22	79388.03
		合　　计								1619592.83	1124395.88	492565.43

三、编制安装工程费用汇总概算表

（一）安装工程费的组成

安装工程费由直接费、间接费、利润和税金组成。其计算公式为

$$安装工程费＝直接费＋间接费＋利润＋税金 \qquad (2\text{-}26)$$

（二）直接费

1. 直接费

直接费由直接工程费和措施费组成。其计算公式为

$$直接费＝直接工程费＋措施费 \qquad (2\text{-}27)$$

2. 直接工程费

直接工程费由人工费、材料费、施工机械使用费组成。其计算公式为

$$直接工程费＝人工费＋材料费＋施工机械使用费 \qquad (2\text{-}28)$$

由于材料费包括装置性材料费和消耗性材料费，所以直接工程费的计算公式也可表示为

$$直接工程费＝装置性材料费＋安装费 \qquad (2\text{-}29)$$

计算公式中装置性材料费、安装费均来自于各单位工程概算表中装置性材料费、安装费小计数值的汇总。值得注意的是，在实际工作中，为方便查看，常常在装置性材料统计表中直接计算出装置性材料费，单位工程概算表中就不会出现装置性材料费数值。

3. 措施费

措施费由冬雨季施工增加费、夜间施工增加费、施工工具用具使用费、特殊地区施工增加费、临时设施费、施工机构转移费、安全文明措施补助费组成。其计算公式为

$$措施费＝冬雨季施工增加费＋夜间施工增加费＋施工工具用具使用费$$
$$＋特殊地区施工增加费＋临时设施费＋施工机构转移费＋安全文明措施补助费 \qquad (2\text{-}30)$$

（1）冬雨季施工增加费。冬雨季施工增加费，是指按照合理工期要求，建筑安装工程必须在冬季及雨季期间连续施工，而需要增加的费用，包括在冬季施工期间为确保工程质量而采取的养护措施所发生的费用（如混凝土现浇基础的蒸汽养护），以及因冬雨季施工时增加施工工序、增加机械及材料消耗、降低工效而发生的补偿费用。其计算公式为

$$冬雨季施工增加费 = 人工费 \times 费率 \qquad (2\text{-}31)$$

冬雨季增加费费率见表 2-49。

表 2-49   冬雨季施工增加费费率表（%）

地区分类	I	II	III	IV	V
费率（%）	4.91	6.95	10.63	13.90	17.14

注　随架空送电线路同时架设的光缆工程取费执行架空线路工程费率。

冬雨季增加费率的地区分类见表 2-50。

表 2-50   地 区 分 类 表

地区分类	省、自治区、直辖市名称
I	上海、江苏、安徽、浙江、福建、江西、湖北、湖南、广西、广东、海南
II	北京、天津、河北（张家口、承德以南地区）、山东、河南、重庆、四川（甘孜、阿坝州除外）、云南（迪庆州除外）、贵州
III	辽宁（盖县及以南地区）、陕西（俞林以南地区）、山西、河北（张家口、承德以北地区）
IV	辽宁（盖县以北）、陕西（俞林及以北地区）、内蒙古（锡林郭勒盟锡林浩特市以南各盟、市、旗，不含阿拉善盟）、乌兰察布盟、哲里木盟、新疆（伊犁、哈密地区以南）、吉林、甘肃、宁夏、四川（甘孜、阿坝州）、云南（迪庆州）
V	黑龙江、青海、新疆（伊犁、哈密地区及以北地区）、西藏、内蒙（除四类地区以外的其他地区）

冬雨季施工增加费中不包括为确保工程质量而需要添加在冬季施工所采取的混凝土中的防冻剂费用，防雨遮盖措施费用已综合考虑；不考虑台风、暴雨、暴风雪等恶劣天气影响，前述不可抗力因素所导致的损失费用需在基本预备费中考虑。

（2）夜间施工增加费。夜间施工增加费，是指按照规程要求，工程必须在夜间连续施工的单项工程所发生的夜班补助、夜间施工降效、夜间施工照明设备摊销及照明用电等费用。

送电线路工程一般不进行夜间施工，原则上不计列。大跨越工程和电缆线路工程除外。

夜间施工增加费的计算公式为

$$夜间施工增加费 = 人工费 \times 1.05\% \qquad (2\text{-}32)$$

（3）施工工具用具使用费。施工工具用具使用费，是指施工企业生产、检验、试验部门使用的不属于固定资产的工具、用具的购置、摊销和维修费。其计算公式为

$$施工工具用具使用费 = 人工费 \times 费率 \qquad (2\text{-}33)$$

费率标准：架空送电线路工程取 5.38%。

（4）特殊地区施工增加费。特殊地区施工增加费，是指在高海拔、酷热、严寒等地区施工，因特殊自然条件的影响，而需要额外增加的施工费用。其计算公式为

$$特殊地区施工增加费 = 人工费 \times 费率 \qquad (2\text{-}34)$$

特殊地区施工增加费费率见表 2-51。

表 2-51　　　　　　　　　　　　　特殊地区施工增加费费率

工程类别	高海拔地区	高纬度寒冷地区	酷热地区
费率（%）	6.5	5.5	4.75

注　（1）高海拔地区指平均海拔高度在 3000m 以上的地区。
　　（2）高纬度寒冷地区指北纬 45°以北地区。
　　（3）酷热地区指面积在 $1×10^4km^2$ 以上的沙漠地区（塔克拉玛干沙漠、古尔班通古特沙漠、巴丹吉林沙漠、腾格里沙漠、柴达木沙漠、库姆达格沙漠、库布齐沙漠、乌兰布和沙漠），以及新疆吐鲁番地区。

（5）临时设施费。临时设施费，是指施工企业为满足现场正常生产、生活需要，在现场必须搭设的生活、生产用临时建筑物、构筑物和其他临时设施所发生的费用，其内容包括临时设施的搭设、维修、拆除、折旧及摊销费，或临时设施的租赁费等。

临时设施包括职工宿舍，办公、生活、文化、福利等公用房屋，仓库、加工场、工棚、围墙等建、构筑物，站区围墙范围内的临时施工道路、水、电（含 380V 降压变压器）分支管线，以及建设期间的临时隔墙等。但其中不包括下列内容。

1）施工电源：施工、生活用 380V 变压器高压侧以外的装置及线路。

2）水源：场外供水管道及装置，水源泵房，施工、生活区供水母管。

3）施工道路：场外道路，施工、生活区的建筑安装共用主干道路。

临时设施费计算公式为

$$临时设施费=直接工程费×费率 \qquad （2-35）$$

临时设施费费率见表 2-52。

表 2-52　　　　　　　　　　　　临 时 设 施 费 费 率

地区分类	I	II	III	IV	V
费率（%）	1.87	1.95	2.04	2.18	2.55

注　扩建工程乘以 0.9 系数。

临时设施费中不包括现场工人生活所用的水电费及物业管理、卫生清理等费用，该费用在企业管理费统筹考虑，包括了 380V 施工、生活变压器费用和工程完工后施工临时设施的拆除、清理费用，综合考虑了现场临时建筑及构筑物建设标准化并可多次使用、施工企业机械化水平和管理水平提高使现场人员大幅减少以及工期缩短等因素。

（6）施工机构转移费。施工机构转移费，是指施工企业派遣施工队伍，到所承建工程现场所发生的搬迁费用，包括职工调遣差旅费和调遣期间的工资，以及施工机械、办公设备、工具、用具、材料用品的搬运费用。

其计算公式为

$$施工机构转移费=人工费×费率 \qquad （2-36）$$

施工机构转移费费率见表 2-53。

表 2-53　　　　　　　　　　　　施工机构转移费费率

电压等级（kV）	110 及以下	220	330	500	750
费率（%）	3.59	3.37	2.84	2.71	2.44

施工机构转移费费率中已经包括施工机构在进场过程中发生的过路过桥费。

（7）安全文明施工措施补助费。安全文明施工措施补助费，是指根据电力行业安全文明施工与健康环境保护规范，在施工现场所采取的安全文明保障措施所支出的补助费用。其计算公式为

$$安全文明施工措施补助费=人工费×费率 \tag{2-37}$$

费率标准：架空送电线路工程取 2.52%。

由于近年来文明施工程度提高和安全措施的加强，导致定额中按照一般施工规范要求所考虑的费用不够，此项费用是对预算定额中安全文明施工措施费的补差。

安全文明施工措施与健康环境保护措施，主要是指现场安全文明设施（安全围栏、临边防护栏杆、孔洞盖板、安全网、安全操作规程牌、安全标志牌、安全文明施工责任牌、脚手架工程牌等）、现场健康环境保护措施（施工现场的淋水降尘、区域清理、垃圾清运，材料的遮盖，安全帽、防尘面罩、毛巾、工作服等），以及安全文明施工管理、监督制度、体系及机构建设等。

扩建工程应考虑停电措施费及施工安全特殊措施费用，应按照实际采取防护措施，作为工程项目可在"临时工程"项目下计列。

（三）间接费

间接费由规费和企业管理费组成。其计算公式为

$$间接费=规费+企业管理费 \tag{2-38}$$

1. 规费

规费主要包括社会保障费、住房公积金和危险作业意外伤害保险费。其计算公式为

$$规费=社会保障费+住房公积金+危险作业意外伤害保险费 \tag{2-39}$$

（1）社会保障费。

社会保障费，是指按照国家建立社会保障体系的有关要求，施工企业必须为职工缴纳的保险、保障费用，由养老保险费、失业保险费和医疗保险费组成，缴费费率按照工程所在地当地政府部门规定标准执行，跨省（自治区、直辖市）送电线路应分段计算或按照线路长度计算加权平均费率。其计算公式为

$$架空送电线路工程社会保障费=人工费×1.12×缴费费率 \tag{2-40}$$
$$电缆线路及光缆线路工程社会保障费=人工费×1.2×缴费费率 \tag{2-41}$$

（2）住房公积金。

住房公积金，是指企业按照当地政府部门规定为职工缴纳的住房公积金。缴费费率按照工程所在地当地政府部门公布的费率执行。其计算公式为

$$架空送电线路工程住房公积金=人工费×1.12×缴费费率 \tag{2-42}$$
$$电缆线路及光缆线路工程住房公积金=人工费×1.2×缴费费率 \tag{2-43}$$

（3）危险作业意外伤害保险费。

危险作业意外伤害保险费，是指按照建筑法规定，企业为从事危险作业的建筑安装施工人员支付的意外伤害保险费。其计算公式为

$$危险作业意外伤害保险费=人工费×费率 \tag{2-44}$$

费率标准：架空送电线路工程取 2.53%，电缆线路工程取 2.31%，光缆线路工程取 2.53%。

2. 企业管理费

企业管理费，是指建筑安装施工企业组织施工生产和经营管理所发生的费用，内容包括

管理人员工资、办公费、差旅交通费、固定资产使用费、工具用具使用费、劳动补贴费、工会经费、职工教育经费、财产保险费、劳动安全卫生检测费、财务费、税金，其他还包括工程排污费、建筑工程定点复测、工程点交、场地清理费、检验试验费、技术转让费、技术开发费、业务招待费、绿化费、广告费、公证费、法律顾问费、咨询费等。

其中工程排污费是指施工现场按规定交纳的排污处理费用；建筑工程检验试验费，是指对建筑材料、构件和建筑安装物进行一般鉴定、检查所发生的费用，包括自设试验室进行试验所耗用的材料和化学药品等费用，以及技术革新和研究试制试验费。

企业管理费计算公式为

$$企业管理费 = 人工费 \times 费率 \tag{2-45}$$

费率标准：架空送电线路工程取 46.52%，电缆线路工程取 47.91%，光缆线路工程取 23.70%，通信站工程建筑取 8.14%、安装取 67.63%。

（四）利润

利润，是指施工企业完成所承包工程获得的盈利。其计算公式为

$$利润 = （直接费 + 间接费） \times 5\% \tag{2-46}$$

（五）税金

税金包括营业税、教育费附加和城市维护建设税。其计算公式为

$$税金 = （直接工程费 + 间接费 + 计划利润） \times 税率 \tag{2-47}$$

税率按工程所在地税务部门的规定计算。

（1）营业税应纳税额计算公式为

$$应纳税额 = 营业额 \times 税率 \tag{2-48}$$

送电线路工程属于建筑业中安装工程作业，营业税率取 3%，营业额即工程承包额（工程总包的需扣除工程分包或转包的部分承包额）。

（2）教育附加计算公式为

$$应纳税额 = 实际缴纳的营业税税额 \times 税率 \tag{2-49}$$

国家规定税率取 3%，地方教育附加另计。

（3）城市维护建设税计算公式为

$$应纳税额 = 实际缴纳的营业税税额 \times 税率 \tag{2-50}$$

城市维护建设税的税率，市区取 7%，县城、镇取 5%，其他取 1%。

（六）［案例工程二］的安装工程费用汇总概算表

安装工程费用汇总概算表见表 2-54。

取费计算说明如下。

1. 转移数据

将表 2-38、表 2-40、表 2-41、表 2-27～表 2-29 六个单位工程概算表"合计"栏数据填入表 2-54"直接工程费"的对应栏中，包括定额直接费（其中人工费和机械费）、装置性材料费。

2. 确定费率

（1）人工费调整。根据"关于公布各地区工资性补贴的通知　电定总造［2007］12 号"文件，四川地区工资性补贴为 3.12 元/工日，定额中送电线路工程基准工日单价为 33.10 元/工日，其中工资性补贴 2.40 元/工日，由式（2-20），人工费调整系数为 2.18%，填入表 2-54

中，计算人工费调整金额，并将其计入直接工程费人工费，作为各项取费的取费基数。

（2）查表 2-30、表 2-31，[案例工程二] 位于四川境内，属于 II 级地区，冬雨季施工增加费费率取 6.95%。

（3）[案例工程二] 为架空送电线路工程，施工工具使用费费率取 5.38%。

（4）[案例工程二] 不属于特殊地区，特殊地区施工增加费费率为 0。

（5）查表 2-52，[案例工程二] 位于四川境内，属于 II 级地区，临时设施费费率取 1.95%。

（6）查表 2-53，[案例工程二] 为 220kV 送电线路工程，施工机构转移费费率取 3.37%。

（7）[案例工程二] 为架空送电线路工程，安全文明施工措施费费率取 2.52%。

（8）经向 [案例工程] 施工单位人力资源部查询，社会保障费费率为 28%，乘以 1.12 后为 31.36%；住房公积金费率为 15%，乘以 1.12 后为 16.8%。

（9）[案例工程二] 为架空送电线路工程，危险作业意外伤害保险费费率取 2.53%。

（10）[案例工程二] 为架空送电线路工程，企业管理费费率取 46.52%。

（11）根据预规，利润率取值为 5%。

（12）根据预规和地方政府规定的地方教育附加税率，税金取值为 3.37%。

根据转移数据和费率，计算并填表 2-54。

四、编制辅助设施工程概算表

（一）辅助设施工程

辅助设施工程，是指为提高线路安全运行水平，便于维护和检修而设置的工程项目，包括拦河（江）线标志，维护用通信工程，巡线检修站工程，巡线检修道路维护用设备、工器具购置等。

（1）拦江（河）线标志，指送电线路跨越通航的河流或江面而设立的防护安全的明显标志。其材料据设计提供；安装定额参照 2006 年版《电力建设工程预算定额（第四册 送电线路工程）》关于拦河线定额计算或参照以往工程。拦江（河）项目应区分带人行索道、不带人行索道，还应区分河流宽度，拦江（河）线数量单位为"道"。

（2）维护用通信工程，指线路工区与线路工段，巡线站检修站间安全可靠的通信联络用设备工程，其包括专用通信线、载波、便携式电话、电台、对讲机，其费用按有关价格执行。地线载波通信和架空明线通信，只有在大山区交通不便并缺乏通信手段的地区采用，其他通信设备则按沿线附近的通信条件考虑配备。

（3）巡线检修站工程，指为线路运行维护及检修所需设立的巡线站、检修站及相应的工器具设备。

为了保证电力系统具备较高的供电可靠性，需要对建成的各电力线路进行定期巡视，检查线路各组成设备的完好状态，由线路运行检修单位根据线路运行状态制定运行检修计划，适时进行运行检修工作，确保建成投运的各条电力线路具有良好的机械和电气性能。为了便于对运行线路的管理，常常将长距离电力线路分为几个部分，每一部分均设立相应的巡线站和检修站。巡线站和检修站作为线路运行的基层组织，设置于线路附近，负责维护一定的线路。通常，每一巡线站或检修站负责的线路长度一般在 40～60km，它的配置取决于线路所处自然条件、电压等级、杆塔位的重要性及交通运输条件。

巡线检修站工程包括宿舍、办公室及仓库、汽车库、室外工程等。

1）宿舍面积。职工宿舍包括带家属和单身职工宿舍，其面积按因新建线路新增的线路运

表2-54

表二乙　架空送电线路安装工程费用汇总概算表

单位: 元

编号	工程或费用名称	取费基数	费率(%)	土石方工程	基础工程	杆塔工程	架线工程	附件工程	工地运输	合计	各项占总计(%)	单位投资(元/km)
一	直接费			2056027.18	2411222.41	8918972.47	9138810.25	2655150.53	1885431.19	27065614.04	78.81	522502.20
1	直接工程费(B)	(1)+(2)		1747343.66	2256483.85	8660164.97	8814211.37	2584680.67	1644050.99	25706935.50		
(1)	定额直接费			1747343.66	857124.71	599410.37	1285674.77	170969.67	1644050.99	6304574.16		
	其中人工费(A)			1507191.67	607777.87	493602.01	838209.47	110145.92	1148854.04	4705780.97		
	人工费调整		2.18	32086.87	12939.09	10508.38	17844.79	2344.92	24458.16	100182.21		
	机械费			152911.34	95311.53	93430.87	210099.01	35125.30	492565.43	1079443.47		
(2)	装置性材料费			0.00	1399359.14	8060754.60	7528536.60	2413711.00	0.00	19402361.34		
2	措施费			308683.52	154738.56	258807.50	324598.89	70469.86	241380.20	1358678.54		
(1)	冬雨季施工增加费	A	6.95	104749.82	42240.56	34305.34	58255.56	7655.14	79845.36	327051.78		
(2)	施工工具使用费	A	5.38	81086.91	32698.45	26555.79	45095.67	5925.85	61808.35	253171.02		
(3)	特殊地区施工增加费	A	0	0.00	0.00	0.00	0.00	0.00	0.00	0.00		
(4)	临时设施费	B	1.95	34073.20	44001.44	168873.22	171877.12	50401.27	32058.99	501285.24		
(5)	施工机构转移费	A	3.37	50792.36	20482.11	16634.39	28247.66	3711.92	38716.38	158584.82		
(6)	安全文明施工措施补助费	A	2.52	37981.23	15316.00	12438.77	21122.88	2775.68	28951.12	118585.68		
二	间接费			1465141.02	590820.86	479830.51	814823.43	107072.84	1116801.01	4574489.68	13.32	88310.61
1	规费			763995.46	308082.60	250206.86	424888.38	55832.96	582354.11	2385360.38		
(1)	社会保障费	A	31.36	472655.31	190599.14	154793.59	262862.49	34541.76	360280.63	1475732.91		
(2)	住房公积金	A	16.8	253208.20	102106.68	82925.14	140819.19	18504.51	193007.48	790571.20		
(3)	危险作业意外伤害保险费	A	2.53	38131.95	15376.78	12488.13	21206.70	2786.69	29066.01	119056.26		
2	企业管理费	A	46.52	701145.56	282738.26	229623.65	389935.05	51239.88	534446.90	2189129.31		
三	利润	一二三	5	176058.41	150102.16	469940.15	497681.68	138111.17	150111.61	1582005.19	4.61	30540.64
四	税金	一二三三	3.37	124596.54	106227.30	332576.64	352209.33	97741.27	106233.99	1119585.07	3.26	21613.61
	安装工程费合计	一二三四		3821823.15	3258372.74	10201319.78	10803524.69	2998075.82	3258577.80	34341693.98	100.00	
	各项占总计(%)			11.13	9.49	29.71	31.46	8.73	9.49			
	单位投资(元/km)			73780.37	62902.95	196936.68	208562.25	57877.91	62906.91	662967.07		

行维护和检修人员数乘以面积指标计算。

a. 新增人员数的确定。新增人员数按《国家电网公司供电企业劳动定员标准（第 1 部分：输电）》（Q/GWD 247.1—2008）执行，见表 2-55、表 2-56。

表 2-55　　　　　　　　　　　　　　　　送电线路运行维护定员标准

自然条件	计算单位回长	定员（人）							
		1000kV	±800kV	750/±660kV	500kV	330kV	220kV	110/66kV	35kV
平原区	百 km	5.8	5.6	4.0	3.2	2.4	1.9	1.4	1.3
丘陵区		6.4	6.2	4.2	3.5	2.9	2.3	1.7	1.5
山区		10.0	10.0	8.0	6.2	4.3	3.8	2.7	2.2
原始森林区		14.0	14.0	10.5	7.9	5.4	4.9	4.1	3.1

注　（1）500kV 直流送电线路按 500kV 交流线路的定员标准乘以 0.9 的系数计算定员；多雷区、严寒地区与污秽、河网地段按对应的定员标准乘以 1.1 的系数计算定员；强雷区、覆冰区、沙漠区按对应的定员标准乘以 1.2 的系数计算定员；同杆架设双回及以上的送电线路，以该线路总长度为基数按对应的定员标准乘以 0.7 的系数计算定员；需专人值班的大跨越过江塔按每塔 1 人计算定员。

（2）丘陵区，指电力线路经过的峰谷水平高差在 0.2～0.3km 之间的地段；山区，指电力线路经过的峰谷水平高差在 0.3km 及以上的地段；原始森林区，指由国家划定或确认的原始森林区；严寒地区，指最冷月份的月平均温度低于−15℃的地区；污秽地段，指电力线路所处环境达到国家规定的 B 级污秽环境标准及以上的地段；河网地段，指每 km 电力线路跨越的河道平均在 1.5 条以上的地段；覆冰区，指电力线路经过的每年平均有三个月覆冰期的地段；多雷区和强雷区，年雷暴日在 40～90 天的地区属多雷区，年雷暴日在 90 天以上的地区属强雷区；送电线路，指电压为 35kV 及以上的电力线路；线路回长，指具备传输电力条件的一回电力线路的长度。

表 2-56　　　　　　　　　　　　　　　　送电线路检修定员标准

自然条件	计算单位回长	定员（人）							
		1000kV	±800kV	750/±660kV	500kV	330kV	220kV	110/66kV	35kV
平原区	百 km	4.0	3.8	2.8	2.4	2.1	1.6	1.3	1.2
丘陵区		4.8	4.6	3.2	2.6	2.5	1.9	1.6	1.4
山区		8.0	8.0	5.5	4.1	3.0	2.5	2.5	1.8
原始森林区		9.0	9.0	7.0	5.2	3.5	3.0	2.7	2.6

注　500kV 直流送电线路按 500kV 交流线路的定员标准乘以 0.9 的系数计算定员；多雷区、严寒地区与污秽、河网地段按对应的定员标准乘以 1.1 的系数计算定员；强雷区、覆冰区、沙漠区按对应的定员标准乘以 1.2 的系数计算定员。

【例 2-1】　某供电机构管辖的某 220kV 线路 284km，按地理条件划分为平原 120km，丘陵 84 公 km，山区 80km。在平原的 120km 中有 50km 处于 B 级以上污秽地段，有 25km 为同杆架设双回线路；山区 80km 中有 20km 处于强雷区。试计算该线路需要的运行维护和检修人员。

解：平原地区的运行维护和检修人员有

$$[(120-50-25)+50\times1.1+25\times2\times0.7]\div100\times1.9=2.565（人）$$

$$[(120-50-25)+50\times1.1+25\times2]\div100\times1.6=2.4（人）$$

丘陵地区的运行维护和检修人员有

$$84\div100\times(2.9+1.9)=4.032（人）$$

山区的运行维护和检修人员有

$$[(80-20)+20\times1.2]\div100\times(3.8+2.5)=5.292（人）$$

该线路需要的运行维护和检修人员有

$$2.565+2.4+4.032+5.292=14.289（人）$$

将计算出的人数进整后，该 220kV 线路需要的运行维护和检修人员为 15 人。

b. 人均宿舍面积指标。确定人均宿舍面积的办法，一种是按关内 28m²/人，关外 30m²/人；另一种是按站上职工单身及带家属区分，单身 7m²/人，带家属 50m²/人；或者按照工程所在地人民政府或行业主管部门相关规定执行。

2）辅助建筑面积。辅助建筑包括办公室、仓库、汽车房等，其面积以新增人员数乘以表 2-57 所给出的指标。

表 2-57 辅助建筑面积指标表

编号	电压（kV）	面积定额（m²/人）	编号	电压（kV）	面积定额（m²/人）
1	500	14	3	220	10
2	330	12	4	110	8

宿舍面积加上辅助建筑面积即为巡线检修站建筑面积。征用土地时，征地面积取建筑面积的 2.5 倍。

3）室外工程。室外工程是指室外的围墙和围墙内道路，给排水、化粪池、电源等建筑和安装工程。

4）巡线检修站工程费用计算。巡线检修站工程费用包括土地征用费，宿舍、辅助建筑及室外工程建筑和安装费用。宿舍及辅助建筑工程费，为宿舍及辅助建筑面积乘以建筑造价。室外工程已设计的按设计预算计列，未设计的按宿舍及辅助建筑工程费之和乘上室外工程费率计算，如无规定一般取 15%。

土地征用费标准应执行工程所在地地方人民政府的规定标准，根据现场搜资结果确定。

（4）巡线检修道路工程。巡线检修道路一般与施工用道路和桥梁的修筑一并考虑，初期为施工服务，工程竣工试运转后为运行服务。一般平丘地段不发生，只在山地和高山大岭地段考虑修筑。

巡线检修道路工程费用计算：按修筑道路的长度乘临时道路修筑拓宽定额中的一般山地定额计费。

（5）维护用设备、工器具购置，执行相应的规定。在总投资中列出一定比例的费用作为备品备件购置。

（二）辅助设施工程概算表

（1）案例工程二的辅助设施工程概算表见表 2-58。

表 2-58　　　　　　　　　　表三戊　送电线路辅助设施工程概算表

编号	工程或费用名称	编制依据及计算说明	总价（元）
1	巡线检修站工程费用		
1.1	建筑工程直接费	3 人×（28+10）m²/人×1000 元/m²	114000.00
1.2	土地征用费	3 人×（28+10）m²/人×2.5÷667×180000	76911.54
1.3	室外工程费	114000×15%	17100.00
	小计		208011.54
2	运行维护用通信设备费	4 只×6000 元/只	24000.00
	合计		232011.54

注　各项费用必须写明编制和计算依据，以及必要的计算方法说明。

（2）取费计算说明。近年来，随着国家加大了在公路、通信方面的基建投资力度，全国各地交通运输和通信条件大为改善，再加之电网企业生产技术和管理水平稳步提高，除个别重点杆塔位和少部分交通运输和通信条件较差的电力线路外，大部分线路工程不再实际修建巡线检修站，但仍计列相关费用，由线路运行维护单位统筹使用。

［案例工程二］的辅助设施工程费用中，包括巡线检修站工程费用和通信设备费用，无其他辅助设施。经搜索资料，［案例工程二］所在地土地征用费标准为 18 万元/亩，建筑造价为 1000 元/m²。拟购买 4 只对讲机作为线路运行维护用通信设备。

1）巡线检修站工程费用计算。

从工程概况可知，［案例工程二］为 220kV 单回送电线路，线路全长约 51.8km，地形划分为平地 7.4%，丘陵 51.4%，山地 41.2%。

［案例工程二］的运行维护和检修人员为

$$51.8 \div 100 \times [（1.9+1.6）7.4\% +（2.9+1.9）\times 51.4\% +（3.8+2.5）\times 41.2\%]=2.7567（人）$$

将计算出的人数进整后，该 220kV 线路需要的运行维护和检修人员为 3 人，按照关内 28m²/人的面积指标计算职工宿舍面积为

$$3 人 \times 28m²/人 = 84（m²）$$

查表 2-57，220kV 线路辅助建筑面积指标为 10m²/人，辅助建筑面积为

$$3 人 \times 10m²/人 = 30（m²）$$

征地面积为

$$（84+30）\times 2.5 = 285（m²）$$

土地征用费为

$$（285m² \div 667m²/亩）\times 180000 元/亩 = 76911.54（元）$$

建筑工程直接费为

$$（84+30）m² \times 1000 元/m² = 114000.00（元）$$

室外工程费为

$$114000 \times 15\% = 17100.00（元）$$

巡线检修站工程费用为

$$76911.54+114000+17100 = 232011.54（元）$$

2）通信设备费计算。

选用 30MHz 频段短波调频对讲机，对讲机本体加附件预算价为 6000 元/只。

$$4×6000=24000（元）$$

3）［案例工程二］无巡线检修道路，不计列费用。

4）［案例工程二］不计列其他维护用设备及工器具相关费用。

将上述费用填入表 2-58 中。

五、编制其他费用概算表

其他费用包括建筑场地征用及清理费、项目建设管理费、项目建设技术服务费、分系统调试及整套启动试运费、生产准备费、大件运输措施费、基本预备费。其计算公式为

其他费用=建筑场地征用及清理费+项目建设管理费+项目建设技术服务费

　　　　+分系统调试及整套启动试运费+生产准备费+大件运输措施费+基本预备费（2-51）

（一）建设场地征用及清理费

建设场地征用及清理费由土地征用费、施工场地租用费、迁移补偿费、余物清理费、送电线路走廊赔偿费、通信设施防送电线路干扰措施费等组成。其计算公式为

建设场地划拨及清理费=土地征用费+施工场地租用费+迁移补偿费+余物清理费

　　　　　　　　+送电线路走廊赔偿费+通信设施防送电线路干扰措施费　　（2-52）

1. 土地征用费

土地征用费包括土地补偿费、安置补助费、耕地开垦费、勘测定界费、征地管理费、证书费、手续费以及各种基金和税金等。

计算标准：按批准的征用数量，根据有关法律、法规、国家行政主管部门以及省（自治区、直辖市）人民政府规定标准计算。

2. 施工场地租用费

施工场地租用费包括场地租金、清理和复垦费等。

计算标准：根据有关法律、法规、国家行政主管部门以及工程所在地人民政府规定，按照项目法人与土地所有者签订的租用合同计算。

3. 迁移补偿费

迁移补偿费是指为满足工程建设需要，对所征用土地范围内的机关、企业、住宅及有关建筑物、构筑物、电力线路、通信线路、铁路、公路、沟渠、管道、坟墓、林木等进行迁移所发生的补偿费用。

计算标准：按照工程所在地人民政府规定计算。

4. 余物清理费

余物清理费是指为满足工程建设需要，对所征用土地范围内原有的建筑物、构筑物等有碍工程建设的设施进行拆除、清理所发生的各种费用。

计算标准：按表 2-59 中的费率计算，并应扣除残余物回收金额。

表 2-59　　　　　　　　　　　　　　余 物 清 理 费 费 率

项 目 名 称		计 算 公 式	费率（%）
建筑工程	一般砖木结构	建筑工程新建直接费×费率	10
	混合结构	建筑工程新建直接费×费率	20

续表

项　目　名　称			计　算　公　式	费率（%）
建筑工程	混凝土及钢筋混凝土结构	有条件爆破的	建筑工程新建直接费×费率	20
		无条件爆破的	建筑工程新建直接费×费率	30～50
	临时简易建筑		建筑工程新建直接费×费率	8
	金属结构	拆除后金属结构能利用的	安装工程新建直接费×费率	55
		拆除后金属结构不能利用的	安装工程新建直接费×费率	38
安装工程	金属结构及工业管道		安装工程新建直接费×费率	45
	机电设备		安装工程新建直接费×费率	32
	送电线路及通信线路	拆除后能利用	安装工程新建直接费×费率	62
		拆除后不能利用	安装工程新建直接费×费率	35
铁路工程	铁路站		工程新建直接费×费率	18
	铁道线		工程新建直接费×费率	10

注　（1）费率中不包括运距超过 5km 部分的渣土运杂费。

　　　（2）安装工程新建直接费中不包括未计价材料费。

表 2-59 中，工程新建直接费是指概算编制年的新建直接费，其中措施费项目中只计安全文明施工措施补助费。残余物是指拆除工程中包含在建筑安装定额中材料的回收价值。旧设备以及线路工程中的铁塔、导线等由于已经形成固定资产，应按照固定资产处理的相关规定执行。

5．送电线路走廊赔偿费

送电线路走廊赔偿费是指按照送电线路有关规范要求，对线路走廊内非征用土地上需清理的建筑物、构筑物、林木、经济作物等进行赔偿所发生的费用。城市电缆工程施工中的城市道路挖掘和破路费、绿化赔偿费列入本项费用。

计算标准：按照工程所在地人民政府规定计算。

6．通信设施防送电线路干扰措施费

通信设施防送电线路干扰措施费是指拟建送电线路与现有通信线路交叉或平行时，为消除干扰影响，对通信线迁移或加装保护设施所发生的费用。本费用中不包括线路交叉跨越所发生的费用。

计算标准：依据设计方案以及项目法人与通信部门签订的合同或达成的补充协议计算。

（二）项目建设管理费

项目建设管理费是指建设项目经国家行政主管部门核准后，自项目法人筹建至竣工验收合格移交生产的合理建设期内对工程进行组织、管理、协调、监督等工作所发生的费用，包括建设项目法人管理费、招标费、工程监理费、设备监造费、工程保险费。

项目建设管理费的计算公式为

项目建设管理费=项目法人管理费+招标费+工程监理费+设备监造费+工程保险费　　（2-53）

1．建设项目法人管理费

建设项目法人管理费，是指项目法人在项目管理工作中发生的机构开办费及经常性费用。

（1）项目机构开办费，包括相关执照及相关手续的申办费，必要办公家具、生活家具、用具及交通工具购置费用。

（2）项目法人工作经费，是指建设项目法人机构在工程建设期间发生的工作人员基本工资、工资性补贴、辅助工资、职工福利费、劳动保护费、养老保险费、失业保险费、医疗保险费、住房公积金、办公费用、差旅交通费、固定资产使用费、工具用具使用费、技术图书资料费、工程档案管理费、水电费、教育及工会经费、施工图文件审查费、工程审价（结算）费、合同订立与公证费、法律顾问费、咨询费、会议费、董事会经费、业务接待费、消防治安费、采暖及防暑降温费、印花税、房产税、车船税、车船保险费、养路费、设备材料的催交验货、工程主要材料的监造、建设项目劳动安全验收评价费、工程竣工交付使用及清理及验收费等日常经费。

项目法人工作经费计算公式为

$$建设项目法人管理费=安装工程费×费率 \qquad (2\text{-}54)$$

费率见表 2-60。

表 2-60　　　　　　　　　　　　　　建设项目法人管理费率表

电压等级（kV）	220 及以下	330	500	750
架空线路工程	1.35		1.22	
电缆线路工程	1.64			

2. 招标费

招标费，是指项目法人按照国家有关规定，组织或委托具有资质的机构编制、审查标书、标底，组织编制设备技术规范书，以及委托具有招标代理资质的机构对设计、施工、设备材料采购、工程监理、调试等承包项目进行招标所发生的费用。其计算公式为

$$招标费=安装工程费×费率 \qquad (2\text{-}55)$$

招标费费率见表 2-61。

表 2-61　　　　　　　　　　　　　　招 标 费 费 率 表

电压等级（kV）	110 及以下	330 及以下	500 及以上
架空线路工程	0.53	0.45	0.35
电缆线路工程	1.65		

3. 工程监理费

工程监理费，是指依据国家有关规定和规程规范要求，项目法人委托工程监理机构对建设项目全过程实施监理所支付的费用。其计算公式为

$$电缆线路工程监理费=安装工程费×2.15\% \qquad (2\text{-}56)$$

架空送电线路工程监理费根据线路长度，按照表 2-62 所列标准计算。

表 2-62　　　　　　　　　　　　工 程 监 理 费 费 率 表　　　　　　　　　　　万元/km

电压等级（kV）	单回路	同杆（塔）双回	电压等级（kV）	单回路	同杆（塔）双回
750	2.00	—	220	1.00	1.25
500	1.55	2.05	110	0.60	0.75
330	1.25	1.60	35	0.50	0.60

注　（1）线路长度不足 5km 的按 5km 计算。

（2）架空线路的费率以平地、丘陵为标准地形考虑，其他地形按本标准乘相应系数，河网泥沼、一般山地为 1.1，高山为 1.2，峻岭为 1.3。

（3）大跨越工程，按安装工程费的 1.5%计算。

（4）穿越城区的电网工程，可根据其施工难度，按本标准乘 1.1～1.2 系数。

（5）高海拔地区、酷热地区架空线路工程按本标准乘 1.1 系数。

对双回以上的多回路线路，以同杆塔双回为基础，每增加一回，按照同电压等级费用标准的 20%增加。例如，220kV 同塔四回线路监理费标准计算，即为

$$1.25+1.00×20\%×2=1.25+0.4=1.65（万元/km）$$

4. 设备监造费

设备监造费是指为保证设备质量，按照国家行政主管部门公布的设备建造管理办法的要求，项目法人在主要设备的制造、生产期间对原材料质量以及生产、检验环节进行必要的见证、监督所发生的费用。

送电线路工程铁塔、导线等材料的建造费用在项目法人管理法中已经考虑。

5. 工程保险费

工程保险费是指项目法人对项目建设过程中可能造成工程财产、安全等直接或间接损失的要素进行保险所支付的费用。

计算标准：根据项目法人要求及工程实际情况，按照实际保险范围和费率计算，从基本预备费中支付。

工程保险的内容和品种由项目主管单位审核确定。在可行性研究阶段和初步设计阶段，工程保险费可以参照同类工程计列，从基本预备费中支付。

（三）项目建设技术服务费

项目建设技术服务费，是指为工程建设提供技术服务和技术支持所发生的费用，包括项目前期工作费、知识产权转让及研究试验费、勘察设计费、设计文件评审费、项目后评价费、工程建设监督检测费、电力建设标准编制管理费、电力工程定额编制管理费。其计算公式为

项目建设技术服务费=项目前期工作费+知识产权转让及研究试验费
　　　　　　　　　　+勘察设计费、设计文件评审费+项目后评价费
　　　　　　　　　　+工程建设监督检测费+电力建设标准编制管理费
　　　　　　　　　　+电力工程定额编制管理费　　　　　　　　　　　（2-57）

1. 项目前期工作费

项目前期工作费是指项目法人在项目前期阶段（包括可行性研究阶段）所发生的费用，包括进行项目可行性研究设计、土地预审、环境影响评价、劳动安全卫生预评价、地质灾害评价、地震灾害评价、编制水土保持大纲、矿产压覆评估、林业规划勘测、文物普探等工作所发生的费用，以及分摊在本工程中的电力系统规划设计的咨询费与设计文件评审费等。

可行性研究阶段的项目前期工作费计算公式为

项目前期工作费=（勘察费+基本设计费）×费率　　　　　　（2-58）

项目前期工作费费率见表 2-63。初步设计阶段根据项目法人与有关单位签订的各项协议费用计列。

表 2-63　　　　　　　　　　　　　　项目前期工作费费率表

工程类别	架空线路长度（km）		电缆线路工程
	100 及以下	100 以上	
费率（%）	11.2	9.3	5.6

架空送电线路工程项目前期工作费的计算采用累进制，当线路长度超过 100km 时，超过部分费率按照 9.3%计算。例如，当线路长度为 150km，其项目前期工作费费率计算为

11.2%×（100/150）+9.3%×［（150−100）/150］=7.47%+3.1%=10.57%

2. 知识产权转让与研究试验费

知识产权转让费是指项目法人在本工程中使用专项研究成果、先进技术所支付的一次性转让费用；研究试验费是指为本建设项目提供或验证设计数据进行必要的研究试验所发生的费用，以及按照设计规定在施工过程中必须进行的研究试验费用。这其中不包括应由科技三项费用（即新产品试制费、中间试验费和重要科学研究补助费）开支的项目，应由管理费开支的鉴定、检查和试验费，以及应由勘察设计费中开支的项目。

计算标准：根据项目法人提出的项目和费用计列（一般送电线路工程中没有此项费用）。

3. 勘察设计费

勘察设计费，是指对工程建设项目进行勘察设计所发生的费用，包括项目的各项勘探、勘察费用，初步设计、施工图设计费、竣工图文件编制费，施工图预算编制费，以及设计代表的现场技术服务费。勘察设计费又分为勘察费和设计费。

计算公式为

$$勘察设计费=勘察费+设计费 \qquad (2-59)$$

（1）勘察费是指项目法人委托有资质的勘察机构按照勘察设计规范要求，对项目进行工程勘察作业以及编制勘察文件和岩土工程设计文件等所支付的费用。

计算标准：依据国家行政主管部门颁发的工程勘察收费标准计算。

根据《工程勘察设计收费管理规定》（计价格［2002］10 号），电力工程勘察费包括初步设计和施工图设计阶段的工程勘察费用支出。工程勘察工作范围包括工程测量、岩土工程勘察、工程水文气象，以及相应的测试、试验工作。架空送电线路工程勘察工作内容包括以下几方面。

1）初步设计阶段：搜集可供利用的各种资料，编写勘察大纲；参加选线、水文调查、工程地质调查、拥挤地段和重要交叉跨越测量、影响范围内必要的通信线相对位置测量；资料整理、编写报告，提交勘察成果。

2）施工图设计阶段：研究任务、编写勘察大纲；进行定线、纵横断面、平面、交叉跨越、边线及风偏测量、塔位定测、塔位断面和弧垂危险点监测、配合岩石勘察、水文专业的测量，工程地质调查、勘探、试验，塔位水文鉴定；资料整理、编写报告，提交勘察成果。

则电力工程勘察费计算公式为

$$电力工程勘察费=工程勘察设计费基准价+工程勘察作业准备费 \qquad (2-60)$$

（2）设计费，是指项目法人委托有资质的设计机构按照工程设计规范要求，编制建设项目初步设计文件、施工图设计文件、施工图预算、非标准设备设计文件、竣工图文件等，以及设计代表进行现场技术服务等所支付的费用。

计算标准：依据国家行政主管部门颁发的工程勘察设计收费标准计算。

根据《工程勘察设计收费管理规定》（计价格［2002］10 号），电力工程设计的工作范围包括编制和提供初步设计文件、施工图设计文件、非标准设备设计文件、施工图预算文件、竣工图文件等。

则电力工程计算公式为

$$电力工程设计费=基本设计费+其他设计费 \qquad (2-61)$$

其他设计费是指除基本设计费包括的费用外，根据工程设计实际需要或者项目法人要求，设计单位提供相关服务收取的费用，包括总体设计费、主体设计协调费、采用标准设计和复用设计费、非标准设备设计文件编制费、施工图预算编制费、竣工图文件编制费。其中有

$$施工图预算编制费=基本设计费×10\% \tag{2-62}$$

$$竣工图文件编制费=基本设计费×8\% \tag{2-63}$$

4. 设计文件评审费

设计文件评审费是指项目法人根据国家有关规定，对工程项目的设计文件进行评审所发生的费用。按其内容分为可行性研究设计文件评审费和初步设计文件评审费。

设计文件评审费计算公式为

$$设计文件评审费=可行性研究设计文件评审费+初步设计文件评审费 \tag{2-64}$$

可行性研究设计文件评审费，是指项目法人委托有资质的评审机构，依据法律、法规和行业标准，从政策、规划、技术和经济等方面对工程项目的必要性和可行性进行全面评审并提出可行性评审报告所发生的费用。

初步设计文件评审费，是指项目法人委托有资质的咨询机构依据法律、法规和行业标准，对初步设计方案的安全性、可靠性、先进性和经济性进行全面评审并提出评审报告所发生的费用。送电线路工程设计文件评审费费用计算标准见表 2-64。

表 2-64　　　　　　　　　　送电线路工程设计文件评审费费用标准

电压等级（kV）	规模范围（km）	费用标准（万元/km）	
		可行性研究	初步设计
35	100 以内	0.11	0.15
110	100 以内	0.17	0.24
220	100 以内	0.22	0.31
330	100 以内	0.24	0.34
	100～300	0.13	0.19
	300 以上	0.10	0.13
500	100 以内	0.34	0.49
	100～300	0.18	0.26
	300 以上	0.12	0.17
750	100 以内	0.50	0.70
	100～300	0.29	0.42
	300 以上	0.19	0.27

注　（1）同塔双回线路工程（段）乘以 1.8 系数。

（2）覆冰 20mm 及以上线路工程（段）乘以 1.3 系数。

（3）设计风速超过 35m/s 时，乘以 1.1 系数。

（4）直流送电线路工程乘以 1.2 系数。

（5）500kV 采用 630mm² 及以上大截面导线时乘以 1.2 系数。

（6）送电线路长度不足 5km 的按 5km 计算；送电线路长度按本期本电压等级总长度计算，不得分段计费。

5. 项目后评价费

项目后评价费，是指根据国家行政主管部门的有关规定，项目法人为了对项目决策提供科学、可靠的依据，指导、改进项目管理，提高投资效益，同时为政府决策提供参考依据，

完善相关政策，在建设项目投产后对项目的决策、设计、建设管理、投资效益等方面进行综合分析、评价所支出的费用。其计算公式为

$$项目后评价费=安装工程费×费率 \qquad (2\text{-}65)$$

费率标准：220kV 及以下送变电工程取 0.5%，330kV 及以上送变电工程取 0.35%。在实际过程中，项目是否需要做后评价，由项目的投资决策机构决定。

6. 工程建设监督检测费

工程建设监督检测费，是指根据国家行政主管部门及电力行业的有关规定，对工程质量、环境保护、水土保持措施、特种设备（消防、电梯、压力容器等）安装进行监督、检验、检测所发生的费用。其主要费用项目包括工程质量监督检测费、特种设备安全监测费、环境监测验收费、水土保持项目验收及补偿费、桩基检测费。

工程建设监督检测费计算公式为

$$工程建设监督检测费=工程质量监督检测费+特种设备安全监测费$$
$$+环境监测验收费+水土保持项目验收及补偿费+桩基检测费 \qquad (2\text{-}66)$$

（1）工程质量监督检测费。工程质量监督检测费是指根据电力行业有关规定，由国家行政主管部门授权的电力工程质量监督机构对工程质量进行监督、检查、检测所发生的费用。其计算公式为

$$工程质量监督检测费=安装工程费×费率 \qquad (2\text{-}67)$$

费率标准：架空送电线路工程取 0.23%，电缆线路工程取 0.35%，系统通信工程取 0.18%。

（2）特种设备安全检测费。特种设备安全检测费，是指根据国务院《特种设备安全监察条例》规定，委托特种设备检验检测机构对工程所安装的特种设备进行检验、检测所发生的费用。

计算标准：500kV 直流换流站按 3 万元/站计列。

（3）环境监测验收费。环境监测验收费是指根据国家环境保护法律、法规，环境检测机构对工程建设阶段进行监督检测以及对工程环保设施进行验收所发生的费用。

计算标准：根据工程所在省、自治区、直辖市行政主管部门规定的标准计算。

（4）水土保持项目验收及补偿费。水土保持项目验收费，是指根据《水土保持法》及其《实施条例》对电力工程水土保持设施项目进行检测、验收所发生的费用。水土保持补偿费，是指根据《水土保持法》及其《实施条例》对电力工程占用或损坏水土保持设施、破坏地貌植被、降低水土保持功能以及水土流失防治等给予补偿所发生的费用。

计算标准：根据工程所在省、自治区、直辖市行政主管部门规定的标准计算。

（5）桩基检测费。桩基检测费，是指项目法人根据工程需要，组织对特殊地质条件下使用的特殊桩基进行检测所发生的费用。

计算标准：根据工程实际情况确定。

7. 电力建设标准编制管理费

电力建设标准编制管理费，是指根据国家有关规定，为保证电力工程各项标准、规范的测定、编制和管理工作正常进行，需向电力行业标准化管理部门缴纳的费用。其计算公式为

$$电力建设标准编制管理费=（勘察费+基本设计费）×1.5\% \qquad (2\text{-}68)$$

8. 电力工程定额编制管理费

电力工程定额编制管理费，是指根据国家行政主管部门规定，为保证电力工程建设预算定额、劳动定额的测算、编制和管理工作正常进行，需向电力行业工程定额（造价）管理部门缴纳的费用。其计算公式为

$$电力工程定额编制管理费 = 安装工程费 \times 0.12\% \tag{2-69}$$

（四）分系统调试及整套启动试运费

分系统调试及整套启动试运费包括分系统调试、整套启动试运费和施工企业配合调试费。其计算公式为

$$分系统调试及整套启动试运费 = 分系统调试 + 整套启动试运费 + 施工企业配合调试费 \tag{2-70}$$

1. 分系统调试费

分系统调试费是指工艺系统安装完毕后进行系统联动调试所发生的费用。

计算标准：按照电力行业调试定额执行。

2. 整套启动试运费

整套启动试运费是指输变电工程项目投产前进行整套启动试运所发生的费用。

计算标准：按照电力行业调试定额执行。

3. 施工企业配合调试费

施工企业配合调试费是指输变电工程整套启动试运阶段，施工企业按照专业配合调试所发生的费用。其计算公式为

$$施工企业配合调试费 = 安装工程费 \times 费率 \tag{2-71}$$

施工企业配合调试费费率见表 2-65。

表 2-65　　　　　　　　　　　　施工企业配合调试费费率

电压等级（kV）	110 及以下	220	330	500	750
费率（%）		0.17			0.13

注　（1）35kV 及以下架空线路工程不列此项费用。
　　（2）电缆线路工程、通信工程、光缆工程不列此项费用。

（五）生产准备费

生产准备费，是指为保证工程竣工验收合格后能够正常投产运行提供技术保证和资源配备所发生的费用，包括管理车辆购置费、工器具及办公家具购置费、生产职工培训及提前进场费。

1. 管理车辆购置费

管理车辆购置费，是指生产运行单位进行生产必须配备车辆的购置费用，包括车辆原价、运杂费及车辆附加费。其计算公式为

$$管理车辆购置费 = 安装工程费 \times 费率\% \tag{2-72}$$

管理车辆购置费费率见表 2-66。

表 2-66　　　　　　　　　　　　管理车辆购置费费率

电压等级（kV）		110 及以下	220	330	500	750
费率（%）	架空线路工程		0.25			0.20
	电缆线路工程			1.35		

车辆购置的具体品种及数量，由概算审批单位在上述计算标准所确定的投资范围内核定，在概算书中明确。

2. 工器具及办公家具购置费

工器具及办公家具购置费，是指为满足电力工程投产初期生产、生活和管理需要，购置必要的家具、用具、标志牌、警示牌、标示桩等发生的费用。其计算公式为

$$工器具及办公家具购置费=安装工程费×费率\%\qquad(2-73)$$

费率见表 2-67。

表 2-67　　　　　　　　　工器具及办公家具购置费费率

电压等级（kV）		110 及以下	220	330	500	750
费率（%）	架空线路工程	0.21			0.15	0.11
	电缆线路工程	1.07				

3. 生产职工培训及提前进场费

生产职工培训及提前进场费，指为保证电力工程正常投产运行，对生产和管理人员培训以及提前进场进行生产准备所发生的费用，包括培训人员和提前进场人员的培训费、基本工资、工资性补贴、辅助工资、职工福利费、劳动保护费、养老保险费、失业保险费、医疗保险费、差旅费、资料费、取暖费、教育经费和工会经费等。其计算公式为

$$生产职工培训及提前进场费=安装工程费×费率\%\qquad(2-74)$$

生产职工培训及提前进场费费率见表 2-68。

表 2-68　　　　　　　　　生产职工培训及提前进场费费率

电压等级（kV）	110 及以下	220	330	500	750
费率（%）	0.10		0.08		0.06

（六）大件运输措施费

大件运输措施费是指超限的大型电力设备在运输过程中发生的路、桥加固、改造，以及障碍物迁移等措施费用。

计算标准：按照实际运输条件及运输方案计算。

（七）基本预备费

基本预备费是指因设计变更（含施工过程中工程量增减、设备改型、材料代用等）而增加的费用，以及为预防一般自然灾害和其他不确定因素可能造成的损失而预留的工程建设资金。其计算公式为

$$基本预备费=［安装工程费+其他费用（不包括基本预备费）］×费率\qquad(2-75)$$

基本预备费费率见表 2-69。

表 2-69　　　　　　　　　基 本 预 备 费 费 率

设计阶段	费率%	
	220kV 及以下	330kV 及以上
可行性研究估算	4	3
初步设计概算	2.5	2
施工图预算	1.0	1.0

基本预备费的计算基数包括编制年价差。

（八）动态费用

动态费用是指对构成工程造价的各要素在建设预算编制年至竣工验收期间，因时间和市场价格变化所引起价格增长和资金成本增加所发生的费用，主要包括价差预备费和建设期贷款利息。其计算公式为

$$动态费用=价差预备费+建设期贷款利息 \qquad (2-76)$$

1. 价差预备费

价差预备费是指建设工程项目在建设期间内由于价格等变化引起工程造价变化的预测预留费用。其计算公式为

$$C = \sum_{i=1}^{n_2} F_i \left[(1+e)^{n_1+i-1} - 1 \right] \qquad (2-77)$$

式中　C ——价差预备费；

　　　e ——年度造价上涨指数（年度造价上涨指数依据国务院综合管理部门及电力行业主管部门颁布的有关规定执行）；

　　　n_1 ——建设预算编制水平年至工程开工年的时间间隔，年；

　　　i ——从开工年开始的第 i 年；

　　　n_2 ——工程建设周期，年；

　　　F_i ——第 i 年投入的工程建设资金。

2. 建设期贷款利息

建设期贷款利息，是指筹措债务资金时在建设期内发生并按照规定允许在投产后计入固定资产原值的利息。其计算公式为

$$建设期贷款利息=（年初贷款本息累计+本年贷款/2）×年利率 \qquad (2-78)$$

以工程年度资金使用计划为依据确定贷款额。年利率应根据实际（按年或月）结算利率折算的年利率计算，动态费用计算示例见表 2-70、表 2-71。

表 2-70　　　　　　　　　　　　价差预备费计算表示例

编号	项　目	编制水平年	开工年度	建　设　期				备注
		2006 年	2009 年	第 1 年（2009 年）	第 2 年（2010 年）	第 3 年（2011 年）	价差合计	
1	编制年静态投资额（万元）	A						年度造价上涨指数为 e
2	建设资金投入比例（%）			B_1	B_2	B_3		
3	建设资金投入金额（万元）			$F_1=A \times B_1/100$	$F_2=A \times B_2/100$	$F_3=A \times B_3/100$		
4	年度造价上涨指数（%）			e	e	e		
5	年度价差额（万元）			$E_1=F_1 \times [(1+e)^{2+1-1}-1]$	$E_2=F_2 \times [(1+e)^{2+2-1}-1]$	$E_3=F_3 \times [(1+e)^{2+3-1}-1]$	$E_1+E_2+E_3$	
6	价差预备费（万元）						$E_1+E_2+E_3$	

注　（1）计划 2009 年开工，间隔年为 2007/2008 两年，因此，$n_1=2$。
　　（2）以上年度指日历年。

表 2-71　　　　　　　　　　　　　建设期贷款利息计算表示例

编号	项目	开工年度 2007 年	建 设 期			利息合计	备 注
			第 1 年	第 2 年	第 3 年		
1	编制年静态投资额+价差预备费（万元）	A					
2	注册资本金（万元）	B					资本金比例 20%
3	贷款金额（万元）	$A-B$					
4	年度贷款比例（%）		E_1	E_2	E_3		
5	年度贷款金额（万元）		$F_1=(A-B)\times E_1/100$	$F_1=(A-B)\times E_2/100$	$F_1=(A-B)\times E_3/100$		应视资本金的投入方式调整
6	实际贷款利率（%）	R					年名义利率 $r=7\%$ 按季度结算实际利率 $r=$ 7.186%
7	年贷款利息（万元）		$L_1=(F_1/2)\times R/100$	$L_2=(D_1+F_2/2)\times R/100$	$L_3=(D_2+F_3/2)\times R/100$	$L_1+L_2+L_3$	
8	贷款本息累计（万元）		$D_1=F_1+L_1$	$D_2=D_1+F_2+L_2$			

注　（1）表中把开工年度视为概算编制年，由于概算水平年实际为概算编制日历年的前一年，所以可作为利息计算起始年。

（2）以上年度指周期年，即工程开工满 12 个月即为一年。

（3）实际利率计算为

$$(1+r/4)^4-1=(1+7\%/4)^4-1=7.186\%$$

（九）［案例工程二］的其他费用概算表

1. 其他费用概算表

［案例工程二］的其他费用概算表见表 2-72。

2. 取费计算说明

其他费用中，预规中有明确规定的费用按照规定的取费基础和费率进行取费计算；建筑场地征用及清理费、项目建设管理费中的工程保险费、项目建设技术服务费中的勘察设计费，以及预规中其他费用名录中未包括的其他项目费用（如［案例工程二］的跨越措施费）等，必须根据工程实际情况，按照有关法律、法规、国家行政主管部门以及省（自治区、直辖市）人民政府规定标准进行计算，或依据业主与相关单位签订的协议（合同）价格确定，或参考同类型工程确定。下面将重点介绍建筑场地征用及清理费的计算。

（1）建筑场地征用及清理费。

1）土地征用费。送电线路工程土地征用费，是指杆塔占用土地面积的征用相关费用，辅助设施工程中土地征用费计入辅助设施工程费。［案例工程二］只使用了铁塔，铁塔占地面积计算原则为：通常情况下，按基础立柱外边缘每边向外增加 1m 计，遇有挡土墙、土石方开挖、护坡、排水沟等附属设施处，按实际占地面积征地。

铁塔按截面形状分为正方形和矩形两种，分别简称为方塔和扁塔。铁塔占地面积计算公式如下。

a. 方塔，其计算公式为

$$方塔占地面积 = (A+2B)^2 \tag{2-79}$$

式中　　A——铁塔根开；

B——$B = \dfrac{b}{2} + 1$，b 为混凝土基础柱宽。

b. 扁塔，其计算公式为

$$扁塔占地面积 = (A + 2B)(C + 2B) \qquad (2\text{-}80)$$

式中　　A、C——铁塔正侧面根开，B 同上。

c. 举例说明。

某铁塔 A、B、C、D 腿均使用 LZG2026 基础，正方形布局，铁塔根开为 4.372m，基础立柱为 600mm×600mm 正方形截面，计算其占地面积为

$$[4.372 + 2 \times (0.6 \div 2 + 1)]^2 = 48.61（\text{m}^2）$$

某铁塔 A、B、C、D 腿均使用 LZG2333 基础，矩形布局，铁塔正侧面根开为 6.166×5.036m，基础立柱为 600mm×600mm 正方形截面，计算其占地面积为

$$[6.166 + 2 \times (0.6 \div 2 + 1)] \times [5.036 + 2 \times (0.6 \div 2 + 1)] = 66.94（\text{m}^2）$$

d. 关于混凝土杆占地面积问题。混凝土杆占地面积计算原则：不打拉线单杆，杆根外缘向四周延伸 2m；打拉线单杆，杆根外缘向四周延伸 2m，拉线以拉线入地点为中心向四周延伸 1m；不打拉线双杆，横线路方向各向外延伸 2m，打拉线双杆再加拉线占地面积（以拉线入地点为中心向四周延伸 1m）。

按照上述原则计算砼杆占地面积数值较小，在工程实际中不考虑因砼杆占地而征用土地。按照电力行业主管部门规定，仅计列适当的赔偿费（800～1000 元/基，含拉线）。

2）施工场地租用费。

[案例工程二] 无牵张场，组塔场地相关赔偿费用计入青苗赔偿中，此处仅计购买恢复植被用草籽，当时当地市场价为 200 元/kg。

3）迁移补偿费。

[案例工程二] 迁改 10kV 电力线路 1km，按照电力行业主管部门规定补偿标准为 10 万元/km；迁改 220/380V 低压线 2km，补偿标准为 3 万元/km。

4）余物清理费。按照工程所在地地方政府建委（拆迁办）规定标准执行，[案例工程二] 计入房屋拆迁费中，不单独计列。

5）送电线路走廊赔偿费。

a. 青苗赔偿。青苗赔偿是送电线路走廊赔偿费的重要组成部分，关系着线路工程沿线居民的切身利益。青苗赔偿包括因主材运输及砂石堆放，杆塔组立，导线、避雷线放紧线施工过程等因素导致青苗损毁的赔偿。参见式（2-1），青苗赔偿面积计算公式为

$$S = \frac{LA(1 - B)}{667} \qquad (2\text{-}81)$$

式中　　S——青苗赔偿面积，亩；

　　　　L——线路亘长，m；

　　　　A——计入青苗赔偿的线路走廊宽度，通常有 35kV、3m，110kV、4.5m，220kV、6m，330kV、7m，500kV、8m；

　　　　B——沿线无青苗地段（如铁路、公路、河流、成片林木区、果园、茶地等）占全线长度比例。

［案例工程二］中无青苗地段占全线长度比例为 40%，参照同类型工程赔偿单价为 2.5 元/m²。

b. 林木砍伐赔偿。统计需砍伐的种类及数量，分成片林木区及零星林木，又分为国家森林公园、防护林带、用材林、原始森林。［案例工程二］分为果树（主要是柑橘树）、松柏树及杂树两类，工程所在地地方政府林业局规定标准一般较低，且不能及时根据市场价格调整，实际执行的是与林木所有权人的协议价。参照近期同类型工程赔偿标准为果树 120 元/棵·年，赔偿年限为 3 年；松柏树及杂树 50 元/棵。

c. 房屋拆迁费。按照地方行业主管部门规定，220kV 架空线路工程边线垂直投影 2.5m 内建筑物均需拆迁。由设计人员量测并编制房屋拆迁卡，统计房屋拆迁量。工程所在地地方政府建委（拆迁办）规定标准为 420 元/m²。

6）通信设施防送电线路干扰措施费。［案例工程二］迁改通信线 1.5km，与产权单位协议价格为 1.5 万元/km。

（2）项目建设管理费。

1）查表 2-60，220kV 及以下架空线路工程的建设项目法人管理费费率为 1.35%；

2）查表 2-61，330kV 及以下架空线路工程的招标费费率为 0.45%；

3）查表 2-62，220kV 架空线路工程以平地、丘陵为标准地形，工程监理费为 1 万元/km，山地乘以 1.1 的系数。［案例工程二］地形比例为平地 7.4%，丘陵 51.4%，山地 41.2%，因此工程监理费标准为

$$1×（7.4\%+51.4\%）+1.1×1×41.2\%=1.0412（元/km）$$

4）工程保险费。工程保险费应根据项目法人要求及工程实际情况，按照与保险公司协议价格确定。［案例工程二］参照同类型工程计列，从基本预备费中支付。

（3）项目建设技术服务费。

1）项目前期工作费。项目前期工作费，包括可行性研究阶段的项目前期工作费和设计阶段的项目前期工程报告费。初步设计阶段的项目前期工作费根据项目法人与有关单位签订的各项协议费用计列，书中所列费用可作为计算基数。

a. 查表 2-63，可行性研究阶段的项目前期工作费费率为 11.2%。

b. 项目前期工程报告费。按照电力行业主管部门规定"输变电项目前期工作费用暂行标准（川电建［2007］436 号文）"，项目前期工程报告费包括核准专题报告编制和评审费及其他专题报告编制和评审费。核准专题报告编制和评审费包括环境影响报告及评估费、水土保持专题报告编制和评审费、用地预审；其他专题报告编制和评审费包括其他专题报告编制和评审费、压履矿评估费、地质灾害评估费、文物评估费、拟使用林地可行性报告费（林堪费）等，详见表 2-72，此处限于篇幅，不再赘述。

2）知识产权转让与研究实验费，［案例工程二］不计列。

3）勘察设计费。按照国家行政部门颁布的工程勘察设计收费标准计算勘察设计费，当前执行"工程勘察设计收费管理规定（计价格［2002］10 号）"。根据该规定计算出来的勘察设计费可作为基数，实际按照工程勘察设计招标价计列。书中列出根据［案例工程二］实际情况计算得出的勘察设计费基数，详见表 2-72，此处限于篇幅，不再赘述。

4）设计文件评审费。查表 2-64，220kV 架空线路工程可行性研究设计文件评审费、初步设计文件评审费标准分别为 0.22 万元/km、0.31 万元/km。

5）根据预规，220kV 架空线路工程项目后评价费费率为 0.5%。

6）工程建设监督检测费。

a. 根据预规，[案例工程二]的工程质量监督检测费费率取 0.23%。

b. 环境监测验收费根据"关于规范环境影响咨询收费有关问题的通知（计价格［2002］125 号）"，水土保持项目验收及补偿费根据"关于开发建设项目水土保持咨询服务费用计列的指导意见（保监［2005］22 号）"，以及工程所在地政府行政和电力行业主管部门规定的标准计算收费基数，实际按照与有相关资质的咨询评估机构服务合同（协议）价执行。因概算编制阶段尚未与相关检测机构签订合同（协议），可参照同类型工程计列，本书中未计列。

7）根据预规，[案例工程二]的电力建设标准编制管理费费率取 1.5%。

8）根据预规，[案例工程二]的电力工程定额编制管理费费率取 0.12%。

（4）分系统调试及整套启动调试费。按照电力行业调试定额执行，[案例工程二]不计列分系统调试费，计列整套启动调试费。

查表 2-65，220kV 架空线路工程施工企业配合调试费费率取 0.17%。

（5）生产准备费查表 2-66、表 2-68，220kV 架空线路工程管理车辆购置费费率取 0.25%，工器具办公家具购置费费率取 0.21%，生产职工培训及提前进厂费费率取 0.10%。

（6）其他项目费。其他项目费是指在"预规"其他费用名录中未包括的工程其他项目费，如带电跨越电力线、铁路、公路、江河等采取必要的未包含在安装费中的其他措施费用，或业主要求增加的其他项目费用。

[案例工程二]包括带电跨越电力线路和跨越嘉陵江相关措施费，查表 2-45 或按照电力行业主管部门规定执行，详见表 2-72，此处限于篇幅，不再赘述。

（7）编制年价差。材机调整，执行电力行业主管部门规定"关于发布四川地区工程概预算定额价格水平调整系数的通知（川电定造［2008］6 号）"，220kV 架空线路工程定额材机调整系数取 22.90%。

装置性材料价差按照当时当地本案例工程耗用的装置性材料价差计列。

（8）基本预备费。查表 2-69，220kV 及以下架空线路工程在初步设计阶段的基本预备费费率取 2.5%。

（9）动态费用。价差预备费，因[案例工程二]设计到施工阶段时间差极短，施工周期短，不计列。建设期贷款利息按照工程实际发生计列，[案例工程二]参照同类型工程计列。

六、编制总概算表

汇总安装工程费用汇总概算表（表二乙）、辅助设施工程概算表（表三戊）、其他费用概算表（表四）各表数据，填入表 2-73（表一乙），得架空送电线路工程总概算表。

表 2-72　　　　　　　　　　　　表四　其他费用表

编号	工程费用名称	编制依据及计算说明				总价（元）
一	建设场地占用及清理费					14647460
1	土地征用费	工程所在地政府标准 18 万元/亩	22.59 亩	×	18 万元/亩	4066200
2	施工场地租用费	购买恢复植被用草籽	40kg	×	200 元/kg	8000
3	迁移补偿费					160000

编号	工程费用名称	编制依据及计算说明			总价（元）
3.1	10kV 线路改造费用		1km	× 10 万元/km	100000
3.2	低压线改造费用		2km	× 3 万元/km	60000
4	余物清理费				
5	送电线路走廊赔偿费				10368260
5.1	果树砍伐赔偿费		350 棵	× 120 元/棵·年×3 年	126000
5.2	松柏树、杂树砍伐赔偿费		（21000+7000）棵	× 50 元/棵	1400000
5.3	青苗赔偿费		51800m×6m	× 2.5 元/m²×60%	466200
5.4	房屋拆迁费		19943m²	× 420 元/m²	8376060
6	通信设施防送电线路干扰措施费	通信线改造	1.5km	× 3 万元/km	45000
二	项目建设管理费				1169631
1	建设项目法人管理费	安装工程费×费率	35016103	× 1.35%	472717
2	招标费	安装工程费×费率	35016103	× 0.45%	157572
3	工程监理费	2007 年版《电网工程建设预算编制与计算标准》	51.8km	× 1.0412 万元/km	539342
4	工程保险费	参照同类型工程计列，从基本预备费支付			
三	项目建设技术服务费				3009834
1	项目前期工作费				481600
1.1	项目前期工作费	（勘察费+基本设计费）×费率	1675719	× 11.20%	187680
1.2	项目前期工程报告费				293920
1.2.1	核准专题报告编制和评审费	输变电项目前期工作费用暂行标准（川电建［2007］436 号文）			169600
1.2.1.1	环境影响报告及评估费	20km 以内 4 万元，超过 20km 部分 0.12 万元/km	51.8km		78160
1.2.1.2	水土保持专题报告编制和评审费		51.8km	× 0.08 万元/km	41440
1.2.1.3	用地预审费		5 万元		50000
1.2.2	其他专题报告编制和评审费	输变电项目前期工作费用暂行标准（川电建［2007］436 号文）			124320
1.2.2.1	压履矿评估费		51.8km	× 0.10 万元/km	51800
1.2.2.2	地质灾害评估费		51.8km	× 0.10 万元/km	51800
1.2.2.3	文物评估费		51.8km	× 0.04 万元/km	20720
1.2.2.4	拟使用林地可行性报告费（林勘费）	根据工程具体情况确定	60000 元		
2	知识产权转让与研究实验费	无			0
3	勘察设计费				1930921
3.1	勘察费	按国家行政部门颁布工程勘察设计收费标准计算	51.8km	× 2469.66 元/km	257929

续表

编号	工程费用名称	编制依据及计算说明				总价(元)
3.2	设计费					1672992
3.2.1	基本设计费	按国家行政部门颁布工程勘察设计收费标准计算	35016103	×	1.2	1417790
3.2.2	施工图预算编制费	按国家行政部门颁布工程勘察设计收费标准计算	10.00%			141779
3.2.3	竣工图编制费	按国家行政部门颁布工程勘察设计收费标准计算	8.00%			113423
4	设计文件评审费	2007 年版《电网工程建设预算编制与计算标准》				274540
4.1	可研设计文件评审费		51.8km	×	0.22 万元/km	113960
4.2	初步设计文件评审费		51.8km	×	0.31 万元/km	160580
5	项目后评价费	安装工程费×费率	35016103	×	0.50%	175081
6	工程建设监督检测费					80537
6.1	工程质量监督检测费	安装工程费×费率	35016103	×	0.23%	80537
6.2	环境监测验收费					0
6.3	水土保持项目验收及补偿费	输变电项目前期工作费用暂行标准（川电建［2007］436 号文）	0m²	×	0.8 元/m²	0
7	电力建设标准编制管理费	（勘察费+基本设计费）×费率	1675719	×	1.50%	25136
8	电力工程定额编制管理费	安装工程费×费率	35016102.8	×	0.12%	42019
四	分系统调试及整套启动调试费					152839
1	整套启动调试费	按 2006 年版《电力建设工程预算定额（第六册　调试标准）》执行	192 工日	×	270 元/工日	×1.5×(1+0.2)	93312
2	施工企业配合调试费	安装工程费×费率	35016103	×	0.17%	59527
五	生产准备费					196090
1	管理车辆购置费	安装工程费×费率	35016103	×	0.25%	87540
2	工器具办公家具购置费	安装工程费×费率	35016103	×	0.21%	73534
3	生产职工培训及提前进厂费	安装工程费×费率	35016103	×	0.10%	35016
六	跨越措施费					344000
1	带电跨越电力线措施费					244000
	10kV		32 处	×	3500 元/处	112000
	35kV		6 处	×	12000 元/处	72000
	110kV		3 处	×	20000 元/处	60000
2	跨嘉陵江协议费及措施费		1 处	×	100000 元/处	100000
七	编制年价差					6750000
1	材机调整		1598793	×	22.09%	353173
2	装置性材料价差（含税金）		6396827			6396827
	小计					19519855
八	基本预备费		54535958	×	2.5%	1363399

续表

编号	工程费用名称	编制依据及计算说明			总价（元）
	合计				20883254
九	动态费用				2005000
1	价差预备费	［案例工程二］不计列			0
2	建设期贷款利息		200.5 万元		2005000

注 （1）各项费用必须写明编制和计算依据，以及必要的计算方法和说明。
　　（2）本表适用于变电、送电工程。

表 2-73　　　　　　　　表一乙　架空送电线路工程总概算表　　　　　　　51.8km

编号	工程或费用名称	费用金额（万元）	各项占总计	单位投资（万元/km）
一	架空送电线路本体工程	3434	53.52%	66.30
（一）	一般线路本体工程	3434		
（二）	大跨越本体工程	0		
二	辅助设施工程	23	0.36%	0.45
	小计	3457		
三	编制年价差	675	10.52%	13.03
四	其他费用	2084	32.48%	40.24
	其中：1.建设场地征用及清理费	1465		
	2.基本预备费	135		
	静态投资（一～四项合计）	6217		120.01
五	动态费用	201	3.12%	3.87
（一）	价差预备费	0		
（二）	建设期贷款利息	201		
	动态投资（一～五项合计）	6417		123.88

注　表中金额除单位投资外，均以万元为单位，均不留小数，有小数时四舍五入。

任务5　编写概算编制说明

一、概算编制说明的内容和要求

概算编制说明，要求叙述本工程概算编制的各项要点，并对投资进行对比分析，简明扼要，内容须完整。

1. 编制说明的内容
（1）设计依据。
（2）工程概况。
（3）编制原则。
（4）编制方法。
（5）投资分析。

2. 设计依据
设计依据指批准的设计任务书和设计委托书及文号、名称及有关内容，如工程名称、建设性质、计划建设工期、投资来源、批准的投资额等。

3．工程概况

工程概况中简要叙述以下内容：线路起讫点，单、双或者多回路数，线路亘长，电压等级，气象条件，导线、避雷线型号，避雷线绝缘方式，每千米杆塔基数，杆塔分类、型号、数量及各占总量的百分比，基础分类、型式、数量及各占总量的百分比，基坑土（石）方量分类及各占总量的百分比，沿线地貌概况，各类地形长度及百分比，交通运输条件，工地仓库的数量及设置地点，工地运输方式及其平均运距，各类运输地形长度及所占的百分比等。

4．编制原则

应着重说明以下重要的原则和依据。

（1）定额或指标的选定。

（2）概算指标中安装费调整的依据。

（3）人工费单价和调整系数的依据。

（4）计价材料及机械台班费调整的依据。

（5）装置性材料价格的取定及依据。

（6）辅助设施工程的编制依据。

（7）其他费用标准和依据。

（8）其他重要原则问题，如规定以外的特殊费用，调整或修正概算的重要原则等。

5．编制方法

（1）工程量计算依据。

（2）超出定额（或指标）规定范围的调整换算方法。

（3）大跨越特殊杆塔及地基处理费的计算方法。

（4）特殊工程量和特殊费用的计算方法和来源。

（5）编制中已处理的其他问题。

（6）尚存在的问题。

6．投资分析

对工程设计概算，应进行简要的经济分析比较与分析。

（1）初设概算，一般应与设计任务书或项目建议书批准的总投资额和同类型工程投资额对比分析，或与 2006 年版《国家电网公司输变电工程典型造价》进行比对分析，以说明工程投资的合理性和存在的问题；

（2）批准概算，应列出与原概算的对照分析表，并着重说明投资变化的主要原因。

7．填写架空送电工程概况及主要技术经济指标表（表五丙）

参见表 2-78，可与同类型工程相比较，明确材料消耗指标的先进与否。

二、［案例工程二］的概算编制说明

（一）工程概况

（1）线路起止点：从 220kV 变电站（小号侧）出线构架至 220kV 变电站（大号侧）进线构架。

（2）线路长度：共计 51.8km，220kV 单回（其中小号侧变电站出线 3km 采用同塔双回设计，本期单侧挂线）。

（3）电压等级：220kV。

（4）导线型号：2×LGJ-400/35。地线型号：GJX80，LBGJ-100-30AC，OPGW-100。

（5）杆塔：全线共使用铁塔 137 基，其中直线塔 86 基（占 62.8%），耐张或转角塔 51 基

（占 37.2%）。

（6）地形划分见表 2-74。

表 2-74　　　　　　　　　　　　　　地　形　划　分

地形划分	平地	丘陵	山地	高山	峻岭	泥沼
比例	7.4%	51.4%	41.2%	—	—	—

（7）地质划分见表 2-75。

表 2-75　　　　　　　　　　　　　　地　质　划　分

地质划分	普通土	坚土	松砂石	岩石	泥水	流砂
比例	16%	—	55%	25%	4%	—

（8）气象条件：最大风速 25（30）m/s，导线最大设计冰厚 5mm。

（9）工地运输：人力运距 0.8km，汽车运距 28km。

（10）OPGW 架设费用计入通信工程。

（二）编制依据

（1）2006 年版《电力建设工程预算定额（第四册　送电线路工程）》。

（2）2007 年发布《电网工程建设预算编制与计算标准》。

（3）2006 年版《电力建设工程预算定额（第四册　送电线路工程）使用指南》。

（4）《电网工程建设预算编制与计算标准使用指南》。

（5）关于印发《四川省电网工程建设预算编制与计算程序》的通知川电定〔2008〕7 号。

（6）定额人工费调整：调增系数 2.18%。

（7）定额材料与机械费调增：四川 220kV 送电工程材机调整系数 22.09%。

（8）建设期贷款利息：200.5 万元。

（9）主要材料价格见表 2-76。

表 2-76　　　　　　　　　　　主　要　材　料　价　格　　　　　　　　　单位：元

编号	名　称	型　号	原　价	本体价格	材料价差	总　价
1	导线	LGJ-400/35	—	16800	700	17500
2	塔材	角钢塔	—	6800	2200	9000

（10）工程量按设计资料。

（11）塔材代用只计列工地运输。

（三）经济指标（见表 2-77）

表 2-77　　　　　　　　　　　　　　经　济　指　标

项目名称	本　体　投　资		静　态　投　资		动　态　投　资	
	费用金额	单位投资	费用金额	单位投资	费用金额	单位投资
单位	万元	万元/km	万元	万元/km	万元	万元/km
经济指标	3434	66.30	6217	120.01	6417	123.88

［案例工程二］概况及主要技术经济指标表。见表 2-78。

表 2-78

表五丙　架空送电线路工程概况及主要技术经济指标表

工程概况

起点：A 220kV 变电站	终点：B 220kV 变电站
电压等级 220kV	海拔高度 300～600m
折单回总长度 51.8km	

线路参数
- 杆塔总数 137
- 曲折系数 1.20
- 污秽等级 II、III

单回 51.8km	双回 3km	三回 0km	四回 0km	加挂导线 0km

气象条件
- 最高气温 40℃
- 最低气温 -5℃
- 最大覆冰 5mm　主要覆冰 mm
- 最大风速 25（30m/s）　主要风速 m/s
- 雷电日 40d/a
- 保护角 °

输送容量 MVA

地形分布	平地 7.4%	山地 41.2%	丘陵 51.4%	高山 %	河网 %	嵝岭 %	泥沼 %

交叉跨越	铁路 处	公路 44 处	高速公路 处	河流 12 处	高压线 41 处	低压线 232 处

工程参数

导线
- 牌号 2×LGJ-400/35　每相根数 2
- 地线　牌号 LBGJ-100-30AC　每相根数 1
- 光缆　OPGW 芯 24　根数 1　牌号 OPGW-100　牌号 GJX-80　牌号 OPGW 24 芯
- 拉线 1

杆塔
- 角钢塔 137 基　　其中：直线塔 86 基 62.8%　耐张塔 51 基 37.2%
- 钢管杆塔 基　　其中：钢管杆 基 %
- 混凝土杆 基　　其中：混凝土杆 基 基 %

基础
- 大块式 基
- 配筋式 基
- 插入式 基
- 掏挖式 基
- 桩基础 基
- 护坡 240m³　排水沟 17.55m³

基坑	普通土 4790.40m³	松砂石 16466.40m³	干砂坑 t/km	水坑 m³	泥水坑 1198.80m³	坚土坑 m³	岩石坑 7483.20m³
基面	普通土 196m³	松砂石 196m³	干砂坑 t/km	水坑 m³	泥水坑 196m³	坚土坑 m³	岩石坑 196m³
混凝土	现浇混凝土 2469.12m³	松砂石 537m³					预制混凝土 196m³

绝缘子悬垂方式：悬垂串　V 形串　耐张串　跳线串

主要技术经济指标

导线	420.95t	8.13t/km	
OPGW 地线	32.2t	t/km	0.62t/km
钢绞地线			
钢管杆		t	t/km
插入材		t	t/km
地脚栓	36.11t	0.70t/km	
基础钢	174.88t	3.38t/km	
接地钢	20.32t	0.39t/km	
现浇混凝土	2469.12m³	47.67m³/km	
角钢塔	1173.32t	22.65t/km	

运距：汽车运距 28km　人力运距 0.8km　余土运距 0.15km

水泥	845.79t	16.33t/km
沙子	1139.23m³	21.99m³/km
碎石	2097.99m³	40.50m³/km
瓷绝缘子	6 片	0.12 片/km
玻璃绝缘子	15966 片	308.22 片/km
合成绝缘子	串	串/km

挂线金具	119.71t	t	2.31t/km
拉线金具		组	组/km
间隔棒			
防振锤	1726 只	1726 只	33.32 只/km
降阻剂		t	t/km
预制混凝土		m³	m³/km

主要材料价格

导线	塔材 16800 元/t	瓷质绝缘子 80 元/片	合成绝缘子 元/串
导线	基础钢材 元/t	玻璃绝缘子 85 元/片	OPGW 24 芯 24000 元/km
	水泥 6800 元/t		
	沙子 3500 元/t		

任务6　送电线路工程概算校审

一、成品校审程序

（1）自校出手。成品须认真自校，并在校审单上签名，连同有关的原始资料，计算底稿送交科（组）内的指定的全校人进行全面校核。

（2）复校、初审出科（组）。成品经全校人校核后交编制人进行第一次修改，全校人复校签字后送科（组）长审核。对成品评定质量等级后，退交编制人进行第二次修改，再由科（组）长核对签名出科（组）。校审中应逐级填写校审单。编制人应根据校审意见认真修改，并在校审单上填写执行情况，有意见分歧时应与校审人研究统一，不能统一时提请上一级研究解决。

（3）复审出室。成品经主任工程师（专工）进行综合性复审，要求编制者根据复审意见修改，复审人再对成品评定质量等级，并签名出室。

（4）成品出室后送交设总、总工逐级审定，并签署意见和评级后，交付打印出版。

经过以上四步校审，提高概预算的质量，以防高估而浪费材料和资金，低估施工单位无经济效益。其主要目的是促使施工企业改善经营管理，提高劳动生产率水平，保证施工企业有合理利润，具备可持续发展的基础。

校审的主要依据包括电网工程建设预算编制与计算标准、全国统一安装工程预算定额、经批准的装置性材料预算价格、当地规定的工资标准及计算系数、工程就地取材的价格依据、设计图纸及说明书。

二、成品校审提纲

（1）封面、编制说明及工程概况

1）工程名称、代号、索引号、电压等级是否与设计文件相一致。

2）设计依据是否完整正确，是否已明确建设单位、施工单位及建设工期；是否已明确投资来源、投资限额。

3）线路起讫点名称是否确切。

4）线路亘长及单回、双回、双回共塔各多少千米。

5）杆塔数量、种类、形式、平均每千米杆塔数量及各类杆塔占总量的百分比。

6）导线、避雷线规格、型号，单导线或是分裂导线以及避雷线的绝缘方式。

7）基础型式、数量及占总量的百分比。

8）沿线地形划分，各多少千米及所占百分比。

9）沿线交通情况区分方便、一般、困难；运输方式，地形系数，平均运距的计算是否正确。

10）土石方工程中计算及分类是否准确，是否有余土外运及取土回填。

11）基础施工是否需考虑施工用水运输及平均运距。

12）杆塔工程是否已包括接地工程在内。

13）是否有一般跨越、特殊跨越及跨越地点，以及是否采用特殊导地线、特殊杆塔或基础。

14）附件安装的绝缘子串数量是否计算正确。

（2）编制原则及依据

1）定额的选定和使用原则是否正确，应特别注意人工工资调整的依据及计算方法有无差错。

2）主要材料预算价格的依据是否符合规定的使用范围及使用方法。

3）辅助设施工程费的计算依据和方法。

4）其他工程和费用的计算依据和方法。

5）特殊费用的取定及依据。

6）暂（估）列的费用是否恰当。

7）选用的定额或指标，是否根据工程具体实际按规定进行了调查。

8）选用的定额或指标子目是否有错项、漏项。

（3）工程量

1）导地线型号、规格，单位重量、千米数、总重量，是否按规定计入了损耗。

2）杆塔型式、数量是否按规定计入了损耗。

3）混凝土杆的封顶是否计算。

4）基础工程量的校核，包括基础钢材、混凝土量、预制基础规格、数量。

5）钻孔灌注桩基础的孔径，桩长，其混凝土量是否按规定增加了超灌量。

6）爆扩桩基础混凝土量是否按规定增加了超灌量。

7）基础保护帽的混凝土量是否已计算。

8）根据工程地形、地质情况，设计是否考虑了基础垫层、护坡、排水（洪）沟及其他措施。

9）挂线金具、防振金具、绝缘子规格及数量的校核，是否按规定计入了损耗。

10）是否设计有重锤。

11）接地材料校核。

12）土石方量的核对。

13）主材工地运输量，是否包括损耗和包装重量。

（4）核对各表格。

（5）校核重点

1）本体、辅助工程、各单项工程有无漏项。

2）单价选用是否正确。

3）定额（价目本）是否正确。

4）费用是否齐全。

5）计算有无差错，如查看计算数据的整数位是否正确。

三、技术经济分析

（一）主要技术经济指标简介

技术经济分析是校审的最后一步。其目的是弄清工程投资额、造价分配比例是否经济上合理、技术上安全可靠，判定设计水平并指出其存的问题。探索送电线路工程的技术与经济相关的规律性，从而推动不断改进工程设计与造价工作，达到设计合理、技术可靠、造价经济的目的。

送电线路工程主要技术经济指标有以下几个。

（1）单位造价有

$$送电线路单位造价（元/km）= \frac{全部建设费用}{线路亘长}$$

$$线路本体单位造价（元/km）= \frac{线路本体工程建设费用}{线路亘长}$$

（2）特殊设计工程单位造价有

$$特殊设计工程单位造价（元/km）= \frac{特殊设计工程项目建设费用}{特殊设计工程线路长度}$$

（3）主材消耗量有

主材消耗量包括钢材、水泥、导线、避雷线等。

（4）曲折系数有

$$曲折系数（\%）= \frac{线路直长}{线路起讫点航空亘线距离}$$

（5）档距利用系数有

$$档距利用系数（\%）= \frac{平均挡距}{计算挡距}$$

以上经济技术指标最终汇总在送电工程概况及主要技术经济指标表（参见表 2-78）中，以资分析比较。

（二）［案例工程二］的技术经济分析

送电线路工程技术经济分析，可将实际工程的主要技术经济指标与《电网工程限额设计控制指标》或《国家电网公司输变电工程典型造价》做对比分析，本书选用《电网工程限额设计控制指标（2009 年水平）》做具体分析。220kV 送电工程限额设计控制指标对比分析表见表 2-79。

表 2-79　　　　　　　　220kV 送电工程限额设计控制指标对比分析表　　　　　　单位：万元/km

序号	项目名称	导线规格 2×LGL-400/35（28.5m/s，10mm）					［案例工程二］指标	
		平地	丘陵	河网泥沼	山地	高山	计算值	实际值
1	本体工程	45.68	48.59	53.76	58.00	65.82	52.25	66.30
	其中：材料	32.81	33.67	33.79	35.20	35.36	34.24	37.46
2	其他	22.39	22.91	25.28	25.63	27.92	23.99	57.59
	其中：价差	2.44	2.60	2.92	3.23	3.42	2.85	13.03
	合计	68.07	71.50	79.04	83.63	93.74	76.24	123.88

［案例工程二］设计气象条件：5mm 覆冰，25（30）m/s 风速，地形比例为平地 7.4%、丘陵 51.4%、山地 41.2%。根据计算风速 28.5m/s、覆冰 10mm 标准条件下 220kV 送电线路 2×LGJ-400/35 导线限额设计控制指标，计算［案例工程二］综合限额设计控制指标为

68.07×7.4%+71.50×51.4%+83.63×41.2%=76.24（万元/km）

同理计算本体工程和其他费用数据，查表 2-73，将相应数据填入表 2-79。

同表 2-79 计算方法，将相应数据填入表 2-80。

表 2-80　　　　　　220kV 送电工程限额设计基本技术组合方案对比分析表

导线型号	2×LGL-400/35					[案例工程二]指标	
地线型号	GJ-80					计算值	实际值
杆塔基数	3.2	3.2	3.2	2.4	2.2	2.87	2.64
运距　人力（km）	0.3	0.6	0.7	0.9	1.3	0.70	0.80
运距　汽车（km）	25	25	25	25	25	25.00	28.00

同表 2-79 计算方法，查表 2-78，将相应数据填入表 2-81。

表 2-81　　　　　　220kV 送电工程主要材料单位千米指标对比分析表

材 料 名 称	单位	导线规格 2×LGL-400/35（28.5m/s，10mm）					[案例工程二]指标	
		平地	丘陵	河网泥沼	山地	高山	计算值	实际值
导线	t	8.09	8.09	8.09	8.09	8.09	8.09	8.13
地线	t	1.26	1.26	1.26	1.26	1.26	1.26	0.62
杆塔钢材	t	15.52	16.59	15.52	19.40	19.73	17.67	22.65
基础钢材	t	2.16	2.31	3.52	2.91	3.00	2.55	3.38
挂线金具	t	0.41	0.41	0.41	0.41	0.41	0.41	2.31
接地钢材	t	0.19	0.19	0.19	0.19	0.19	0.19	0.39
间隔棒	组							
防震锤	只	26.00	26.00	26.00	26.00	28.00	26.00	33.32
绝缘子（导线）	片	258.06	258.06	258.06	195.84	183.60	232.43	315.00
现浇混凝土	m³	30.90	32.96	39.14	36.40	37.44	34.22	47.67
水泥	t	10.63	11.34	15.74	12.52	12.88	11.77	16.33
中砂	m³	14.21	15.16	16.92	16.74	17.22	15.74	21.99
碎石	m³	26.27	28.02	32.36	30.94	31.82	29.09	40.50

表 2-79～表 2-81 中"[案例工程二]指标"栏下"计算值"，是根据《电网工程限额设计控制指标（2009 年水平）》中相应指标结合 [案例工程二] 实际情况（重点考虑地形划分，参考导、地线型号和主要设计气象条件），得出 [案例工程二] 限额设计指标值，实际值是 [案例工程二] 初步设计概算数据。经过对比，可以看出 [案例工程二] 初步设计的主要材料单位千米指标均高于限额设计控制指标，导致初步设计概算指标也高于限额设计控制指标，设计方案不够经济先进，需要对技术方案设计部分中基础和杆塔设计部分实施严格审核，进一步改进和完善设计方案，确保技术方案可靠先进，造价指标经济合理。

思 考 与 训 练

1. 某 110kV 新建线路工程地形划分为平地 30%，丘陵 40%，山地 30%。工地运输地形为平地 38%，丘陵 44%，山地 18%，公路无连续弯道。试求其各单位工程的综合地形增加系数。

2. 某新建送电线路工程地形为平地 50%，泥沼 30%，丘陵 20%；汽车运输地形为平地 80%，丘陵 20%。请计算下列工程项目的综合地形增加系数：①现浇混凝土基础；②汽车运输；③护线条安装。

3. 试计算 [案例工程二] 中几种基础的土石方量。

（1）某铁塔基础 A、B、C、D 四腿均采用直柱柔性基础 LZG2230，丘陵地形，地质条件：0～0.3m 为残积粉质黏土，0.3m 以下为粉砂质泥岩（褐红或紫红色、强风化、组织机构大部分破坏，矿物成分显著变化，裂隙发育、岩体破碎）。采用人力开凿方式开挖。

LZG2230 基础底板为正方形 2.2m×2.2m，坑底不支设模板。A、B、C、D 腿基础立柱分别露出地面 0.2、0.4、0.6、1.2m，试计算该铁塔基础土石方开挖方量。

（2）某铁塔基础 A、B、C、D 四腿均采用斜柱式基础 YJG2539、YJG2539、XJG2747、XJG2747，山地地形，地质条件：0～0.5m 为耕土，0.5m 以下为粉砂质泥岩（褐红或紫红色、强风化、组织机构大部分破坏，矿物成分显著变化，裂隙发育、岩体破碎）。A、D 腿基面分别降 0.4、0.6m，B、C 腿露出地面高度 0.2m。采用人力开凿方式开挖。试计算该铁塔基础土石方开挖方量。

（3）某铁塔基础 A、B、C、D 四腿均采用掏挖式基础 TWG1630、TWG1837、TWG1733、TWG1630，山地地形，地质条件：0～0.4m 为残积粉质黏土，0.4m 以下为粉砂质泥岩（褐红或紫红色，强风化）。TWG1837、TWG1733 基础底板和圆锥台部分高度同 TWG1630，B、C 腿分别露出地面高度 1.0、0.6m。采用人力开凿方式开挖。试计算该铁塔基础土石方开挖方量。

4. 某铁塔 A、B、C、D 腿均使用 XJG2742 基础，正方形布局，铁塔根开为 5.15m，基础立柱为 800×800 正方形截面，试计算其占地面积。

5. 某铁塔 A、B、C、D 腿均使用 TWG2035 基础，矩形布局，铁塔正侧面根开为 6.874m×5.644m，基础立柱为 Φ900 圆形截面，试计算其占地面积。

6. 为什么在施行新版"预规"的最初一段时间里，会出现工程建设预算继续使用旧版"预规"的情况？

7. 巡线站、检修站相关费用如何计列？试举例说明。

8. 如何计算基础工程的装置性材料？

9. 如何计算杆塔工程的装置性材料？

10. 如何计算架线工程的装置性材料？

11. 如何计算附件安装工程的装置性材料？

12. OPGW 地线复合光缆的施工损耗率如何确定？

13. 某架空送电线路工程地形划分为平原 25%、丘陵 17%、山地 44%、泥沼 14%，试计算水泥、砂、石、导线的施工损耗率。

14. 为什么概算工程量与设计资料中设备材料汇总表不完全一致？

15. 初步设计阶段时人力运距如何确定？

16. 送电线路工程概算税金税率如何确定？

17. 概算中，土地征用费用如何确定？

18. 送电线路走廊赔偿费可能包含哪些具体项目费用？青苗赔偿费如何确定？

19. 试收集一份工程保险合同，说明项目建设管理费中工程保险费的确定过程。

20. 通信设施防送电线路干扰措施费可能包含哪些具体项目费用，如何确定？

21. 试根据［案例工程二］项目情况，试计算勘察设计费。

22. 简述材机调整系数存在的意义，在线路工程初步设计阶段概算编制中如何使用？

23. 余物清理费如何计算？

24. 环境监测验收费如何确定？

25. 水土保持项目验收费及补偿费如何确定？

【实训项目二】

根据［案例工程二］初步设计相关资料，完成初步设计概算书；或根据［案例工程二］施工图设计资料，完成施工图设计预算书。

学习项目三　编制 500kV 送电线路工程估算

【学习指南】学习项目三主要以［案例工程三］为载体，介绍了编制 500kV 送电线路工程估算的方法：首先是根据已明确的技术经济条件，以及对估算的准确度要求不同，将投资估算划分成不同的阶段；然后收集投资估算资料，确定编制依据，根据建设项目投资估算要求，采取相应的投资估算方法，按以下步骤进行估算。第一步是分别估算各单项工程所需的建筑工程费、设备及工器具购置费、安装工程费，形成单位工程估算表；第二步是在汇总各单项工程费用的基础上，形成架空送电线路安装工程费用汇总估算表，进而估算工程建设其他费用和基本预备费；第三步是估算涨价预备费、建设期贷款利息、流动资金，最后汇总成总估算表，从而完成 500kV 送电线路工程估算。

案例工程三　　500kV 某新建送电线路工程概况

一、工程概况

（1）本工程是 500kV 新建送电线路工程，从 500kV 某变电站（小号侧）至 500kV 某变电站（大号侧），全长 99km，单回线路架设，10mm 覆冰设计。

（2）导地线型号。

1）导线：采用 4×LGJ-400/50。

2）地线：小号侧变电站进出线段约 10km 采用 LBGJ-100-40AC，其余采用 LBGJ-100-20AC，与 OPGW 配合组成双地线。OPGW 的投资不含在本估算中。

二、杆塔形式及数量

本工程杆塔形式及数量见表 3-1。

表 3-1　　　　　　　　　　　工程杆塔形式及数量

项目名称	线路长度	铁塔数	耐张塔数	直线塔数	耐张比例
10mm 冰区	99km	222 基	44 基	178 基	19.82%

三、主要经济指标

本工程主要经济指标见表 3-2。

表 3-2　　　　　　　　　　主 要 经 济 指 标

项目名称	安装工程费（万元）	单位造价（万元/km）
本体投资	14688	148.36
其他费用	6023	60.84
其中：建设场地征用及清理	2732	27.59
基本预备费	662	6.69
静态投资	22492	227.19
动态投资	23038	232.71

任务1　投资估算资料准备

一、投资估算的概念

投资估算是指在项目投资决策过程中，依据现有的资料和特定的方法，对建设项目的投资数额（包括工程造价和流动资金）进行估计。投资估算总额是指从筹建项目、工程施工直至建成投产的全部建设费用，其包括的内容因项目的性质和范围而有所不同。

在项目决策前期，在编制项目建议书和可行性研究报告阶段，投资估算是其中重要的组成部分，是重要经济指标之一，是项目建设前期（从项目决策直至初步设计以前）的重要工作环节。

二、收集投资估算资料

投资估算的编制准确程度与该阶段资料收集、主要依据的完备是分不开的。资料越具体、越完备及详细，依据越充分，编制的投资估算准确程度就越高。[案例工程三]收集的资料如下。

（1）由××院勘测设计人员提供资料及现场搜资，相关资料见表 3-3～表 3-6。

表 3-3　　　　　　　　　　　　　　沿 线 地 形 划 分 表

项目名称	丘陵	山地	高山
全线	15%	50%	35%

表 3-4　　　　　　　　　　　　　　沿 线 土 质 划 分 表

项目名称	普通土	坚土	松砂石	岩石	泥水
全线	10%	10%	42%	35%	3%

表 3-5　　　　　　　　　　　　　　　工 地 运 输 表

项目名称	人力运距（km）			汽车运距（km）	
	主要材料	毛石	水	砂石	其他材料
10mm 冰区	1	1	1	25	25

表 3-6　　　　　　　　　　　　　　主要材料或工程量指标表

序号	项目名称	单　位	工程每千米指标				
			全线	10mm 冰区	15mm 冰区	20mm 冰区	30mm 冰区
1	线路长度	km	99.00	99.00			
2	风速	m/s					
3	导线	t/km	18.13	18.13			
4	避雷线	t/km	0.65	0.65			
5	杆塔钢材	t/km	58.20	58.20			
6	基础钢材	t/km	7.34	7.34			
7	导地线金具	t/km	3.09	3.09			

序号	项目名称	单　位	工程每千米指标				
			全线	10mm 冰区	15mm 冰区	20mm 冰区	30mm 冰区
8	接地钢材	t/km	0.61	0.61			
9	导线间隔棒	组/km	60.77	60.77			
10	防振锤	台/km	50.00	50.00			
11	绝缘子	片/km	524.51	524.51			
12	合成绝缘子	台/km					
13	现浇混凝土	m³/km	91.67	91.67			
14	土石方	m³/km	506.13	506.13			
	其中：基坑	m³/km	251.28	251.28			

注　（1）以上工程量均不含损耗；

　　（2）基础钢材不含插入式角钢，铁塔不含5%的以大代小；

　　（3）混凝土量未包括超灌量，未包括护坡、保坎、排水沟、基础垫层、保护帽等用量；

　　（4）土石方量为基坑、排水沟、接地槽、尖峰及施工基面等土石方量之和。

（2）关于发布《××电网建设工程概预算定额价格水平调整办法》的通知（云电定〔2008〕4 号）。

（3）关于颁布××电网地区 2007 年送变电安装工程定额材机调整系数的通知（××电网定额〔2008〕11 号）。

（4）《××工程造价信息》（2009 年第 1/6 期）。

三、投资估算编制依据

（一）编制投资估算常用的主要依据

（1）国家或地方专门机构发布的建设工程造价费用构成、估算指标、计算方法、有关的其他工程造价文件及相关的工程造价资料等。

（2）国家或地方专门机构发布的工程建设其他费用计算办法、费用标准以及物价指数等。

（3）拟建项目的各单项工程或单位工程的全部内涵和特征、设计意图和设计工程量等。

（4）已建同类工程项目的投资档案资料。

（5）影响工程项目投资的动态因素，如利率、汇率、税率等。

（二）[案例工程三]的编制依据

（1）国家经济贸易委员会发布的 2001 年版《电力工程建设投资估算指标：送电线路工程》。

（2）2007 年版《电网工程建设预算编制与计算标准》。

（3）《电网工程限额设计控制指标（2008 年水平）》。

（4）基础钢筋、水泥等地方材料价格按《××工程造价信息》（2009 年第 1/6 期）计列。

（5）按静态投资的 80%计算建贷利息，年利率 5.94%（按季付息）。

（6）税金按 3.38%计。

（7）基本预备费按 3%计。

任务2 投资估算编制

一、投资估算的内容

根据国家规定，从满足工程建设项目投资设计和投资规模确定的角度，投资估算由工程建设投资、建设期利息和流动资金估算等组成，如图 3-1 所示。

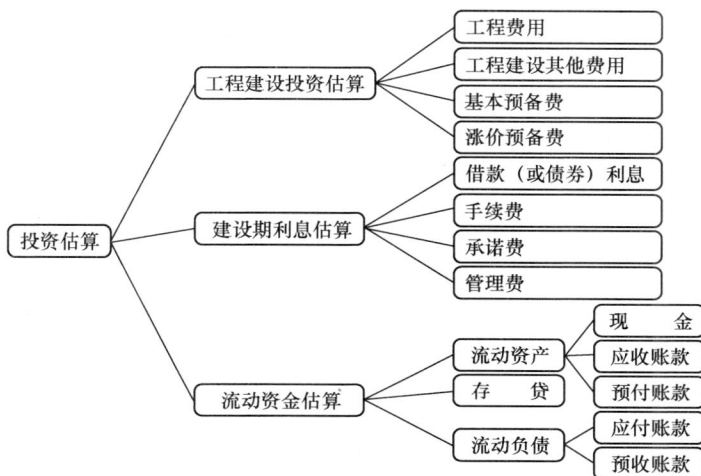

图 3-1 投资估算的组成

工程建设投资估算，按照费用的性质划分包括建筑工程费、设备及工器具购置费、安装工程费、工程建设其他费用、基本预备费、涨价预备费。其中，建筑工程费、设备及工器具购置费、安装工程费直接形成实体固定资产，被称为工程费用；工程建设其他费用可分别形成固定资产、无形资产及其他资产。为简化计算，基本预备费、涨价预备费在可行性研究阶段一并计入固定资产。

建设期利息估算，是指债务资金在建设期内发生并应计入固定资产原值的利息，包括借款（或债券）利息及手续费、承诺费、管理费等。建设期利息单独估算，便于对建设项目进行融资前和融资后财务分析。

流动资金估算，是指生产经营性项目投产后，用于购买原材料、燃料、支付工资及其他经营费用等所需的周转资金。它是伴随着工程建设投资而发生的、长期占用的流动资产投资，流动资金为流动资产与流动负债之间差额部分。其中，流动资产主要考虑现金、应收账款、预付账款和存货；流动负债主要考虑应付账款和预收账款。

二、建设项目投资估算要求

编制投资估算时，要求工程内容和费用构成要齐全，计算合理，不漏项、不少算。选用指标与具体工程之间存在标准或者条件差异时，可以进行必要的换算或调整。投资估算的准确度要能满足控制初步设计概算的要求，具体要求如下。

（1）根据主体专业设计的阶段和深度，结合各自行业的特点，所采用生产工艺流程的成熟性，以及编制单位所掌握的国家及地区、行业或部门相关投资估算基础资料和数据的合理、可靠、完整程度，采用合适的方法进行建设项目投资估算。

（2）应做到工程内容和费用构成齐全，计算合理，不重复计算，不提高或者降低估算标准，不漏项、不少算。

（3）应充分考虑拟建项目设计的技术参数和投资估算所采用的估算系数、估算指标，在项目划分上应遵循口径一致的原则。

（4）应将所采用的估算系数和估算指标价格、费用水平调整到项目建设所在地及投资估算编制年的实际水平，对于建设项目的边界条件，如建设用地费和外部交通、水、电、通信条件，或市政基础设施配套条件等差异所产生的与主要生产内容投资无必然关联的费用，应结合建设项目的实际情况修正。

（5）对影响造价变动的因素进行敏感性分析，注意分析市场的变动因素，充分估计物价上涨因素和市场供求情况对造价的影响。

（6）投资估算准确度应能满足控制初步设计概算要求，并尽量减少投资估算的误差。

三、投资估算方法

投资估算的方法非常多，比较常用的有资金周转率法、生产能力指数法、比例估算法、综合指标投资估算法等。在实际项目中，需要结合项目特点，仔细分析有关资料，选用合适的估算方法。如果某些项目比较复杂，则需要运用几种方法进行投资估算，以确保估算相对的准确。同时，还需考虑建设周期问题，注意分析资金的时间价值。指标是过去的、静态的，一般估算的时间按开工前一年为基准年，再结合所在地区的价格水平，作相应的换算及调整。下面就上述几种方法做简单介绍。

（一）资金周转率法

资金周转率法是一种用资金周转率来推测投资额的简便方法。一般可以根据已建同类项目的有关数据进行分析，根据拟建项目的预计产品的年产量及单价，对拟建项目的投资额进行估算。其计算公式为

$$C = \frac{QP}{T} \qquad (3-1)$$

式中 C——拟建项目总投资；

      Q——拟建项目预计产品年产量；

      P——拟建项目预计产品单价；

      T——同类项目资金周转率，等于年销售总额/总投资。

这种方法的优点是计算速度快、比较简便，但误差较大，一般用于投资机会研究及项目建议书阶段的投资估算。

（二）生产能力指数法

生产能力指数法是根据已建成的、性质类似的建设项目的生产能力和投资额与拟建项目的生产能力，来估算拟建项目投资额，其计算公式为

$$C_2 = C_1 \left(\frac{Q_2}{Q_1} \right)^x f \qquad (3-2)$$

式中 C_2——拟建项目投资额；

      C_1——已建类似项目投资额；

Q_1——已建类似项目的生产能力;

Q_2——拟建项目的生产能力;

f——综合调整系数;

x——生产能力指数,正常情况下,$0 \leqslant x \leqslant 1$。

　　生产能力指数法估算优点是简单快速,误差较小(一般可控制在$\pm 20\%$以内),这种方法不需要详细的类似工程资料,只需知道工艺流程及规模即可。所以,承包商经常在进行工程报价时采用这种方法估价。但这种方法要求类似工程资料可靠,与拟建项目比较,基本条件相差不大。

　　【例 3-1】　某化工厂年产 10 万 t 某化工产品,其静态投资额为 5000 万元,现拟建年产相同产品 20 万 t 类似项目。生产能力指数为 0.6,综合调整系数为 1.2,则采用生产能力指数法,确定拟建项目静态投资额为多少万元。

　　解　根据题意有 $C_1 = 5000$ 万元,$Q_2 = 20$ 万 t,$Q_1 = 10$ 万 t,$x = 0.6$,$f = 1.2$。将已知数据代入式(3-2),得

$$C_2 = 5000 \times \left(\frac{20}{10}\right)^{0.6} \times 1.2 \approx 9094 \text{（万元）}$$

（三）比例估算法

　　比例估算法需要已建成的同类项目大量的统计资料,这是一种在经济活动分析中经常应用的方法,一般有以下两种计算方法。

　　1. 以拟建项目的设备购置费为基数进行估算

　　这种方法是根据已建成的同类项目的建筑工程费、安装工程费占设备购置费的百分比,估算出拟建项目的建筑工程费和安装工程费,再估算出拟建项目的其他有关费用(包括工程建设其他费用和预备费等),最终构成拟建项目的建设投资额,其表达式为

$$C = E(1 + f_1 p_1 + f_2 p_2) + I \tag{3-3}$$

式中　C——拟建项目的建设投资额;

　　　E——拟建项目根据当时当地价格计算的设备购置费;

　p_1、p_2——已建项目中建筑工程费、安装工程费和其他有关费用占设备购置费的百分比;

　f_1、f_2——由于时间因素引起的定额、价格、费用标准等综合调整系数;

　　　I——拟建项目的其他费用。

　　2. 以拟建项目的工艺设备投资为基数进行估算

　　这种方法是以拟建项目的工艺设备投资为基数,分析同类型已建项目有关统计资料,计算出各专业工程占工艺设备投资的百分比,然后估算出拟建项目各专业工程的投资,并把每一部分投资额(包括工艺设备投资)相加,再加上拟建项目的其他有关费用,最终构成拟建项目建设投资额。其表达式为

$$C = E'(1 + f_1 p_1' + f_2 p_2' + f_3 p_3' + \cdots) + I \tag{3-4}$$

式中　　　C——拟建项目的建设投资额;

　　　　　E'——拟建项目根据当时当地价格计算的工艺设备投资;

　p_1'、p_2'、p_3'——已建项目各专业工程费用占工艺设备投资的百分比;

　　　　　I——拟建项目的其他费用。

（四）指标估算法

估算指标是一种比概算指标更为扩大的单项工程指标或单位工程指标，它是以单项工程或单位工程为对象，综合估算项目建设中的各类成本和费用，具有较强的概括性和综合性。

估算指标一般以单项（或单位）工程生产能力单位投资表示，如元/m，元/m^2，元/m^3，元/t、元/km、t/kVA 等。在使用估算指标时，应根据不同地区、不同时期的实际情况进行适当调整和修正，最终以"量"和"价"相结合的形式来表示。

指标估算法是较常用的一种估算方法。在估算时，需要采用适合拟建工程的估算指标，同时要注意工程建设地域、建设时间、工程特点及技术标准的差异等，做好相应的修正或调整，不能盲目生搬硬套指标，否则会使得估算结果不符合实际工程情况，误差较大。使用指标估算法进行估算的关键点是选择合适的估算指标。

（五）建设投资分类估算法

建设投资分类估算法，是对组成建设投资的各项费用，即工程费用（包括建筑工程费、安装工程费、设备购置费）、工程建设其他费用和预备费（包括基本预备费、涨价预备费）分类进行估算。下面简单介绍各类费用的估算方法。

1. 建筑工程费估算

建筑工程费估算一般有三种方法，包括单位建筑工程投资估算法、单位实物工程量投资估算法和概算指标投资估算法。前两种方法相对较简单，而后一种方法要求以较为详细、准确的工程资料为基础，工作量非常大，在实际工作中选用哪种方法，可按具体条件和要求进行选择。

（1）单位建筑工程投资估算法是用每单位建筑工程量投资额与建筑工程总量相乘，来估算建筑工程费的方法。例如送电线路工程是以单位长度（千米）投资额，乘以相应的送电线路总长来估算建筑工程费。

（2）实物工程量投资估算法是用单位实物工程量投资额与实物工程量总量相乘，来估算建筑工程费的方法。例如土石方工程以每立方米投资额，乘以相应的土石方工程总量来估算建筑工程费。

（3）概算指标投资估算法一般采用前面两种指标估算建筑工程费，如果没有前两种估算指标，或者不适合采用上述两种方法（如建筑工程费占建设投资比例较大的项目），可采用概算指标估算法。具体方法参照学习项目二。

2. 安装工程费估算

安装工程费的估算一般有三种计算方式，分别如下

$$安装工程费=设备原价×安装费率 \tag{3-5}$$

$$安装工程费=设备吨位×每吨安装费 \tag{3-6}$$

$$安装工程费=安装工程实物量×安装费用指标 \tag{3-7}$$

3. 设备购置费估算

设备购置费包括国内设备购置费、进口设备购置费和工器具及生产家具购置费。其中国内设备购置费指本建设项目购置或自制的达到固定资产标准的所有国产设备的购置费用，它由设备原价和设备运杂费构成。进口设备购置费是由进口设备货价（需注意区别离岸价 FOB 和到岸价 CIF）、进口从属费用及国内运杂费组成。

总的来说，估算一般在可行性研究阶段进行，不同性质的项目，采用什么方法进行投资估算更好，关键因素是估算人员的业务水平、专业素质及有关的工程造价实际经验，因此需引起高度重视，并采取相应的措施预防个人主观因素对投资估算的影响，以保证投资估算的合理性。

四、编制步骤

（1）分别估算各单项工程所需的安装工程费、设备及工器具购置费；在［案例工程三］中，采用的是投资估算方法中的分类估算法，其中，安装工程费估算是按照实物工程量投资估算法，首先估算出实物工程量和单位实物工程量投资额，进而估算出安装工程费，详见表 3-7。

（2）在汇总各单项工程费用的基础上，形成"架空送电线路安装工程费用汇总估算表"，进而估算工程建设其他费用和基本预备费，见表 3-8、表 3-9。

（3）估算涨价预备费。涨价预备费一般是针对建设工期比较长的项目设置的，因为建设周期长，有可能在建设期间发生材料、人工、设备、施工机械等价格上涨，以及费率、利率、汇率等变化，造成项目费用的增加，所以需要事先预留一定的费用，也称为涨价预备费或价格变动不可预见费。［案例工程三］因为建设期较短，所以没有考虑这笔费用。

（4）估算建设期贷款利息。一般建设项目的建设资金除了自有资金外，还需要通过其他方式筹集资金，例如通过银行贷款、募集债券、出口信贷等，而采取这些方式都会产生贷款利息、借款利息以及融资费用等费用，这项费用归入建设期贷款利息。［案例工程三］根据工程资金计划，估算本项费用为 546 万元。

（5）估算流动资金。流动资金是指建设项目投产后，为维持正常经营，用于购买原材料、燃料、支付工资及其他生产经营费用等所必不可少的周转资金。其估算方法比较多，目前国际上通行的流动资金估算方法是分项详细估算法，其计算公式为

$$流动资金=流动资产-流动负债 \tag{3-8}$$

$$流动资产=现金+应收（及预付）账款+存货 \tag{3-9}$$

$$流动负债=应付（及预收）账款 \tag{3-10}$$

$$流动资金本年增加额=本年流动资金-上年流动资金 \tag{3-11}$$

［案例工程三］未考虑流动资金。

（6）总估算表。这是最后一个步骤，将前面估算的数据进行汇总，并计算出各项费用所占百分比，以及各项费用的单位投资额，与相应的限额设计控制指标相比较，则可以大致判断投资是否合理，如不合理需对投资作出修正。［案例工程三］的总估算表见表 3-10。辅助设施估算表见表 3-11，建设场地划拨及清理费估算表见表 3-12。

在表 3-10 中，其本体工程单位投资估算为 148.36 万元，其他费用为 60.84 万元。与《电网工程限额设计控制指标（2009 年水平）》比较，同类项目比较接近的 500kV，导线规格为 4×LGJ—400/50（27m/s，20mm）的送电线路工程，山地的本体工程单位投资为 181.2 万元，其他费用为 66.9 万元。因本项目有山地、丘陵、高山，以及覆冰厚度（10mm）与限额设计指标的项目情况有一定偏差，但总的来说是控制在限额设计指标以内，故可以判断本项目的投资估算比较合理。

表 3-7

[案例工程三] 单位估算表

编号	编制依据	项目名称	单位	数量	安装单价（元）				装置性材料费	安装合价（元）			
					合计	人工费	材料费	机械费		合计	人工费	材料费	机械费
一		土石方工程											
1		材料运输											
1.1		人力运输1000m以上											
	ZX1-2	砂、石、水泥、水	10t·km	362.0	830.21	754.42		75.79		300536	273100	0	27436
		地形调整	%	106		273100		27436		289486	289486	0	0
		小计								590022	562586	0	27436
1.2		汽车运输											
	ZX1-3	装卸	10t	316	671.60	109.32		548.79		212226	34545	0	173418
	ZX1-4	运输	10t·km	475	14.63	3.43		11.20		6949	1629	0	5320
		装卸小计								207963	34545	0	173418
		运输小计								6949	1629	0	5320
		地形调整	%	38		1629		5320		2641	619	0	2022
		小计								217553	36793	0	180759
2		线路复测及分坑											
	ZX2-1	直线塔、耐张塔	10基	22.2	548.80	269.99	251.42	27.39		12183	5994	5582	608
3		线路杆塔坑挖方及回填		2712						0	0	0	0
	ZX2-2	普通土坑	10m³	503	164.37	148.31		16.06		82678	74600	0	8078
	ZX2-3	松砂石坑	10m³	1302	323.38	293.63		29.75		420911	382189	0	38723

续表

编号	编制依据	项目名称	单位	数量	安装单价（元）				装置性材料费	合计	安装合价（元）		
					合计	人工费	材料费	机械费			人工费	材料费	机械费
	ZX2-5	岩石坑	10m³	864	884.57	694.75	120.16	69.66		764534	600472	103854	60207
	ZX2-4	泥水坑	10m³	43	983.96	456.98	290.96	236.02		42310	19650	12511	10149
4		其他土石方开挖		257									
	ZX2-7	普通土	10m³	51.50	60.54	55.11	0.00	5.43		3118	2838	0	280
	ZX2-9	坚土	10m³	39.60	398.85	275.68	95.31	27.86		15794	10917	3774	1103
	ZX2-8	松砂石	10m³	166.32	115.06	104.43	0.00	10.63		19137	17369	0	1768
		小计								1360666	1114029	125721	120916
		地形调整	%	13		1114029		120916		144824	144824	0	0
		小计								1505490	1258853	125721	120916
		定额直接费（不含人工费调整）								2313065	1858232	125721	329111
二		基础工程											
1		材料运输											
1.1		人力运输1000m以上											
	ZX1-2		10t·km	378.8	830.21	754.42		75.79		314484	285774	0	28709
		地形调整	%	106		285774.30				302921	302921		
		小计								617404	588695	0	28709
1.2		汽车运输											
		零星钢材、砂、石、水泥、降阻剂											

续表

编号	编制依据	项目名称	单位	数量	安装单价（元）合计	人工费	材料费	机械费	装置性材料费	安装合价（元）合计	人工费	材料费	机械费
	ZX1-3	装卸	10t	374.1	671.60	109.32		548.79		251225	40893		205286
	ZX1-4	运输	10t·km	1435.2	14.63	3.43		11.20		20997	4923		16074
		地形调整	%	38		4923		16074		7979	1871	0	6108
		小计								7979	1871	0	6108
2		基础工程											
	ZX3-5	基础钢筋加工及制作	t	774.11	551.14	307.00	118.06	126.08		426643	237652	91391	97600
	ZX3-8	500kV垫层、护坡	10m³	75.00	516.71	432.40	0.00	84.31		38753	32430	0	6323
	ZX3-4	现浇混凝土基础	10m³	492.70	2514.11	1332.33	838.59	342.20		1238702	656439	413173	168602
	ZX3-6	灌注桩基础	10m³	368.50	9853.17	3698.38	530.16	5624.63		3630893	1362853	195364	2072676
	ZX3-8	排洪沟浆砌、护坡浆砌	m³	3465	516.71	432.40	0.00	84.31		1790400	1498266	0	292134
		小计								7124904	3787640	699929	2637335
		地形调增	%	25.50		3787640		2637335		1638369	965848	0	672520
		小计								8763272	4753488	699929	3309856
		定额直接费（不含人工费调整）							6007629	9388656	5344054	699929	3344673
三		杆塔工程											
1		材料运输											
1.1		人力运输1000m以上											

续表

编号	编制依据	项目名称	单位	数量	安装 单价（元） 合计	其中 人工费	材料费	机械费	装置性材料费	安装 合价（元） 合计	其中 人工费	材料费	机械费
	ZX1-1	塔材	10t·km	375.1	1927.16	1751.01		176.15		722878	656804		66074
		地形调整	%	106		656804		66074		766250	696212		70038
		小计								1489128	1353016		136112
1.2		汽车运输塔材											
	ZX1-3	装卸	10t	385.4	671.60	109.32		548.79		258835	42132		211504
	ZX1-4	运输	10t·km	925.9	14.63	3.43		11.20		13546	3176		10370
		地形调整	%	38		3176		10370		5147	1207		3941
		小计								272329	46515		225814
2		杆塔组立											
	ZX4-13	500kV 铁塔 导线 4×500	基	222	7210.79	5553.76	167.49	1489.54		1600795	1232935	37183	330678
3		接地安装											
	YX4-85	接地杆塔数量	10基	9.6	1714.97	1474.11	92.82	148.05		16464	14151	891	1421
		小计								1617259	1247086	38074	332099
		地形调增（不含高塔）	%	77		1247086		332099		1215973	960256	38074	255716
		小计								2833232	2207343	38074	587816
		定额直接费（不含人工费调整）							39572139	4594689	3606873	38074	949742

续表

编号	编制依据	项目名称	单位	数量	安装单价（元）合计	人工费	材料费	机械费	装置性材料费	安装合价（元）合计	人工费	材料费	机械费
四		架线工程											
1		材料运输											
	ZX1-1	人力运输线材	10t·km	279.3	1927.16	1751.01		176.15					
	ZX1-3	装卸	10t	224.2	671.60	109.32		548.79		150573	24510	0	123039
	ZX1-4	汽车运输	10t·km	5604.0	14.63	3.43		11.20		81987	19222	0	62765
		装卸小计								147548	24510	0	123039
		运输小计								81987	19222	0	62765
		地形调整	%	38		19222		62765		31155	7304	0	23851
		小计（1）								260690	51036	0	209654
2		架线											
2.1		导、地线架设											
	ZX5-14	截面4×400/120以内	km	99	19567.00	5116.61	1997.07	12453.32		1937133	506544	197710	1232879
2.2	ZX5-2	单根避雷线	km	99	2548.03	1753.66	292.63	501.74		252255	173612	28970	49672
		架设											
2.2	ZX5-3	OPGW光缆	km	99	3691.55	2349.81	578.96	762.78		365463	232631	57317	75515
		小计								2554851	912788	283997	1358066
		地形调增	%	49		912787.92		1358066.16		1112718	447266	283997	665452
		小计（2）			0.00					3667570	1360054	283997	2023519
2.3		导、地线跨越架设											

续表

编号	编制依据	项目名称	单位	数量	安装单价（元）合计	人工费	材料费	机械费	装置性材料费	安装合价（元）合计	人工费	材料费	机械费
	ZX5-18	跨铁路	处	53	6824.90	4008.30	1918.06	898.54		361720	212440	101657	47623
	ZX5-21	跨低压或弱电线	处	18	1941.68	1172.63	445.43	323.62		34950	21107	8018	5825
		跨河流，导线 4×720mm² 以内			0.00					0	0	0	0
	ZX5-25	跨河流，导线 4×720mm² 以内	处	2	1168.96	760.88		408.08		2338	1522	0	816
3		小计（3）								399008	235069	109675	54264
		定额直接费（不含人工费调整）							32171049	4327267	1646159	393672	2287437
五		附件工程											
1		材料运输											
1.1		人力运输 1000m 以上											
	ZX1-2	金具、绝缘子	10t·km	85.7	830.21	754.42		75.79		71149	64654		6495
		地形调整	%	106		64654		6495		75418	68533		6885
		小计								146567	133187		13380
1.2		汽车运输											
	ZX1-3	金具、绝缘子	10t	95.3	671.60	109.32		548.79		64003	10418		52300
	ZX1-4	运输	10t·km	2382.2	14.63	3.43		11.20		34852	8171		26681
		地形调整	%	38		8171		26681		13244	3105		10139
		小计								112099	21694		89119

续表

编号	编制依据	项目名称	单位	数量	安装单价（元） 合计	其中 人工费	其中 材料费	其中 机械费	装置性材料费	安装合价（元） 合计	其中 人工费	其中 材料费	其中 机械费
2		附件安装											
2.1		直线塔及换位塔绝缘子串悬挂											
	ZX6-3	500kV 线路	基	222	462.53	308.48	28.16	125.89		102682	68483	6252	27948
2.2		其他金具安装											
	ZX6-4	重锤安装	基	195	143.71	96.02	10.60	37.09		28023	18724	2067	7233
	ZX6-7	防振锤 四分裂导线	10套	925.6	48.49	20.49	5.95	21.72		44882	18966	5507	20104
	ZX6-9	间隔棒 四分裂导线	10套	587.6	85.21	65.14	13.46	6.61		50069	38276	7909	3884
		小计				144448		59168		225657	144448	21735	59168
		地形调增系数	%	28						57013	40446	21735	16567
		小计								282669	184894	21735	75735
		定额直接费（不含人工费调整）							19305382	541335	339775	21735	178234

表 3-8　　　　表二乙　架空送电线路安装工程费用汇总估算表（10mm 冰区）　　　99km

编号	工程或费用名称	取费基数	费率（%）	土石方工程（元）	基础工程（元）	杆塔工程（元）	架线工程（元）	附件工程（元）	合计（元）	各项占总计	单位投资（元/km）
一	直接费			2699361	16677738	45690342	37512286	20296114	122875841	83.66%	1241170
1	直接工程费（B）	(1)+(2)		2313065	15396285	44166828	36498316	19846717	118221211	80.49%	1194154
(1)	定额直接费			2313065	9388656	4594689	4327267	541335	21165012	14.41%	213788
	其中：人工费（A1）			1858232	5344054	3606873	1646159	339775	12795093	8.71%	129243
	人工费调整（A2）	A1	4.56	84771	243792	164543	75097	15500	583704	0.40%	5896
	机械费			374346	3344673	1079987	2240234	104747	7143987	4.86%	72161
(2)	装置性材料费				6007629	39572139	32171049	19305382	97056199	66.08%	980366
2	措施费			386296	1281453	1523514	1013970	449397	4654630	3.17%	47016
(1)	冬雨季施工增加费	A1+A2	6.95	135039	388355	262113	119627	24692	929826	0.63%	9392
(2)	施工工具、用具使用费	A1+A2	5.38	104534	300626	202902	92604	19114	719779	0.49%	7270
(3)	特殊地区施工增加费	A1+A2		0	0	0	0	0	0	0.00%	0
(4)	临时设施费	B	1.95	45105	300228	861253	711717	387011	2305314	1.57%	23286
(5)	施工机构转移费	A1+A2	2.71	52655	151431	102205	46646	9628	362565	0.25%	3662
(6)	安全文明施工措施补助费	A1+A2	2.52	48964	140814	95040	43376	8953	337146	0.23%	3406
二	间接费			1806022	5193903	3505531	1599907	330228	12435591	8.47%	125612
1	规费			919623	2644728	1785011	814670	168152	6332184	4.31%	63961
(1)	社会保障费	A1+A2	31.36	609326	1752349	1182716	539786	111414	4195591	2.86%	42380
(2)	住房公积金	A1+A2	13.44	261140	751007	506878	231337	47749	1798110	1.22%	18163
(3)	危险作业意外伤害保险费	A1+A2	2.53	49158	141373	95417	43548	8988	338484	0.23%	3419
2	企业管理费	A1+A2	45.62	886398	2549175	1720520	785237	162077	6103407		
三	利润	一+二	5	225269	1093582	2459794	1955610	1031317	6765572		
四	税金	一+二+三	3.38	159896	776225	1745962	1388092	732029	4802203	3.27%	48507
	安装工程费合计	一+二+三+四		4890548	23741448	53401628	42455894	22389689	146879207	100.00%	1483628
	各项占合计（%）			3.33%	16.16%	36.36%	28.91%	15.24%	100.00%		
	单位投资（元/km）			49399	239813	539410	428847	226158	1483628		

表 3-9 其 他 费 用 估 算 表

编号	工程或费用名称	编制依据及计算说明	总价（元）
一	项目建设管理费		4024644
1	建设项目法人管理费	本体　146879207×1.22%	1791926
2	招标费	本体　146879207×0.35%	514077
3	工程监理费	99.00km×15500 元/km×1.12	1718640
二	项目建设技术服务费		19988263
1	前期工程费	（勘测费+基本设计费）×费率（11.2%，9.3%）	1497581
2	勘测设计费		16074702
2.1	勘测费		6760480
2.2	设计费		9314222
2.2.1	基本设计费		6610781
2.2.2	其他设计收费		2703441
	塔基勘界费	99.00km×7000 元/km	693000
	海拉瓦及路径优化费用	99.00km×7500 元/km	742500
	施工图预算编制费	基本设计费 6622158×10.00%	661078
	竣工图编制费	基本设计费 6622158×8.00%	528862
	林业勘察费	68km×2250 元/km	78000
3	设计文件评审费（可行性研究阶段）	99.00km×3400 元/km	336600
	（初步设计阶段）	99.00km×4900 元/km	485100
4	项目后评价费	本体 146879207×0.35%	514077
5	工程建设监督检测费		786444
	工程质量监督检测费	本体 146879207×0.23%	337822
	环境监测验收费	50000 元（20km 以内）+（99-20）km×1500 元/km	165500
	水土保持项目验收及补偿费	99km×2100 元/km+征地面积×2 元/m²	283122
6	电力工程技术经济标准编制管理费	146879207×0.20%	293758
7	电力工程定额编制管理费	按电定总造（2009）3 号文取消	0
三	分系统调试及整套启动试运费		259103
1	整套启动试运费	400 元/工日×142 工日×1.2	68160
2	施工企业配合调试费	本体 146879207×0.13%	190943
四	生产准备费		631581
1	管理车辆购置费	本体 146879207×0.20%	293758
2	工器具、办公、生产及生活家具购置费	本体 146879207×0.15%	220319
3	生产职工培训及提前进厂费	本体 146879207×0.08%	117503

续表

编号	工程或费用名称	编制依据及计算说明	总价（元）
五	其他		1311175
1	施工道路及桥梁补偿		324000
	施工道路修筑	19km×10000 元/km	220000
	牵、张机场进场道路修筑费	19km×4000 元/km	104000
2	跨越措施费		649000
	高速公路	1 次×65000 元/次	65000
	铁路	1 次×65000 元/次	65000
	主干公路	8 次×25000 元/次	250000
	河流或水库	2 次×25000 元/次	50000
	带电跨越（220kV）	1 次×32000 元/次	32000
	带电跨越（110kV）	6 次×20000 元/次	60000
	带电跨越（35kV）	8 次×1200 元/次	36000
	带电跨越（10kV）	12 次×3500 元/次	91000
3	余土外运	5994t×25 元/t	338175
4	煤矿区塔位处理费	0 基×7000000 元/基	0
	其他费用合计		26214765
六	基本预备费	（本体+辅助设施+其他费用+价差）×2%	6623619
七	编制年价差		16648838
	材料价差及税金	16298700×1×1.0338	15728581
	材机费调整及税金	6223541×14.76%×1.0338	920258
八	静态投资		224921399
九	建设期贷款利息		5461092
十	动态投资		230382491

表 3-10　　　　　　　　　总 估 算 表　　　　　　　　　99.00km

编号	工程或费用名称	合计（万元）	各项占总计	单 位 投 资（万元/km）
一	送电线路本体工程	14688	65.30%	148.36
二	辅助设施费	116	0.52%	1.18
	小计	14804	65.82%	149.54
三	编制年价差	1665	7.40%	16.82
四	其他费用	6023	26.78%	60.84
	其中：1.建设场地划拨及清理费	2732	12.15%	27.59
	2.基本预备费	662	2.94%	6.69
	静态投资（一～四项合计）	22492	100.00%	227.19

续表

编号	工程或费用名称	合计 （万元）	各项占总计	单 位 投 资（万元/km）
五	动态费用	546		5.52
（一）	涨价预备费			0.00
（二）	建设期贷款利息	546		5.52
	动态投资（一～五项合计）	23038		232.71

表 3-11 辅 助 设 施 估 算 表

编 号	项目名称及规范	编制依据及计算说明	总价（元）
1	巡线检修站工程		
1.1	宿舍		
1.2	办公室及仓库、汽车库	700 元/m²×14m²/人×22 人	215600
1.3	室外工程	215600×15%	32340
1.4	巡检站征地	0.924×150000 元/亩	138531
2	巡线、检修道路		
2.1	人行道		
2.2	简易公路	15km×30000 元/km×15 元/亩	600000
2.3	便桥		
3	通信工程	99km×1000 元/km	99000
4	带电作业工器具	99km×800 元/km	79200
4	巡线检修道路工程		
（1）	人行道		
（2）	简易公路		
（3）	便桥		
	合计		1164671

表 3-12 建设场地划拨及清理费估算表

编号	工程或费用名称	编制依据及计算说明	总价（元）
一	建设场地划拨及清理费		27318683
1	土地征用费		2158607
	塔基征地费	18.23 亩×80000 元/亩	1458122
	占用征用林地补偿费	38.1602 亩×8500 元/亩	324375
	耕地占用税	56.39 亩×6670 元/亩	376110
2	施工场地租用费		395850
	集散仓库临时用地	材料站 2 个×80000 元/个	160000
		牵张场 17 个×8000 元/个	136000
	临时占地复耕费	200 亩×500 元/亩	99850

续表

编号	工程或费用名称	编制依据及计算说明	总价（元）
3	房屋拆迁		15489574
	砖混结构	$10098m^2 \times 700$ 元/m^2	7068600
	砖墙瓦顶	$15147m^2 \times 500$ 元/m^2	7573500
	晒坝等附属面积	$2524.5m^2 \times 120$ 元/m^2	302940
	房屋拆迁配套费	126 户 $\times 3000$ 元/户	378000
	宅基地	42 亩 $\times 4000$ 元/亩	166534
4	林木砍伐		7224606
	轻冰区（松树）	40.2km $\times 9000$ 元/亩 $\times 9$ 亩/km	3256200
	轻冰区（杂木）	26.8km $\times 6000$ 元/亩 $\times 9$ 亩/km	1447200
	果树	300 棵 $\times 360$ 元/棵	108000
	植被恢复费	603 亩 $\times 4002$ 元/亩	2413206
5	青苗赔偿	（99–67）km $\times 8m / 667m^2$/亩 $\times 40\% \times 2000$ 元/亩	307046
6	三线迁移		325000
	10kV 线路	2.5km $\times 120000$ 元/km	300000
	低压及弱电线	0km $\times 10000$ 元/km	
	机耕道改迁	2.5km $\times 10000$ 元/km	25000
7	坟墓拆迁	12 处 $\times 1500$ 元/处	18000
8	厂矿拆迁		1200000
	小煤窑	0 处 $\times 150000$ 元/处	
	小矿	2 处 $\times 15000$ 元/处	300000
	采石场	6 处 $\times 150000$ 元/处	900000
9	通信设施防送电线路干扰措施费		200000

思　考　与　训　练

1. 什么是投资估算？
2. 投资估算编制的依据是什么？
3. 建设项目投资估算的要求是什么？
4. 投资估算方法有几种？试简单叙述。
5. 试简述投资估算的编制步骤。

【实训项目三】

根据下面某送电线路工程的基本情况，在空格处填写估算金额。

（1）基本情况：某 220kV 同塔四回路 2×400 导线线路工程，具体情况见表 3-13。

表 3-13 　　　　　　　　　　　[实训项目三] 工程基本情况列表

项　目	参　　　数				
电压等级（kV）	220				
导线截面（mm²）	2×400				
线路长度	5.5km				
回路数	四回路设计双回路架设				
工程地形（%）	平地	丘陵	河网泥沼	山地	高山
	40	0	60	0	0
工程地质（%）	土坑	泥水坑	水坑	流沙坑	岩石
	40	30	30	0	0
导线型号	2×LGJ-400/35				
工地运输	人力运距（km）		0.35		
平均运距	汽车运距（km）		10		
全线杆塔(基)	22	直线杆塔（基）	16		
		耐张杆塔（基）	6		
工程设计年	2005～2006 年				

（2）投资费用估算。

1）建筑安装工程费用，按单位指标估算法估算如下：本体工程单位造价为 341.09 万元/km，其估算额为＿＿＿＿＿＿＿＿＿＿＿。

2）工程建设其他费用占本体工程造价的 22.22%，其估算额为＿＿＿＿＿＿＿＿＿＿＿＿＿。

3）编制年价差的单位造价为 30.55 万元/km，其估算额为＿＿＿＿＿＿＿＿＿＿。

4）基本预备费占总的静态投资额的 1.64%，其估算额为＿＿＿＿＿＿＿＿＿＿，总的静态投资额为＿＿＿＿＿＿＿＿＿＿＿。

学习项目四　编制 220kV 送电线路工程结算

【学习指南】　学习项目四主要以［案例工程四］为载体，介绍了编制 220kV 送电线路工程结算的方法。首先做好基础资料的收集，确定编制依据，仔细分析，不漏项，根据工程合同确定结算方式，并确定工程预付款、进度款和竣工结算款。另外尚需考虑在工程中随着工程进度的推进，根据设计变更、工程量变更、施工方法变化、工程师指令引起的变更等，实时对工程价款进行调整，形成工程追加费用汇总表，从而完成 220kV 送电线路工程结算。

案例工程四　　220kV 某双回新建送电线路工程概况

一、工程概况

220kV 某双回线路新建工程起于 220kV 某新建变电站（小号侧），止于 220kV 某变电站（大号侧），线路全长 46.626km。

本线路基础采用原状土基础（掏挖式基础、人工挖孔桩基础）、板式斜柱式基础，其中原状土基础 59 基，板式斜柱基础 34 基，基础型号有 81 种。

本线路有铁塔 93 基（N1～N94，N4 空号），其中转角 37 基（含 2 基终端塔），直线塔 56 基，塔型较多，共有 17 种塔型。

二、气象及地形情况

本工程最大设计风速为 23.5m/s，N14～N19 导线设计覆冰为 15mm，地线设计覆冰为 20mm，其余段导线设计覆冰为 10mm，地线为 10mm。N1～N41 为Ⅲ级污区，其余段为Ⅱ级污区。

本线路全线地形划分为山地 79%，高山大岭 20.5%。全线地质划分为岩石 76%，松砂石 9%，普通土 15%。

三、工程基本情况

本线路导线采用 LGJ-300/40。N1～N79 地线采用 GJX-100；N79～N94 地线采用 LBJG-120-40AC，配合 OPGW（悬挂于地线支架右侧）构成双地线。案例工程基本情况见表 4-1。

表 4-1　　　　　　　　220kV 某双回新建送电线路工程基本情况表

工程名称		220kV 某双回新建送电线路工程		
起止点		起于 220kV 某变电站（小号侧）门架，止于某 220kV 变电站（大号侧）门架		
电压等级	220kV	主要气象条件		地震烈度
		最大设计风速 25m/s；最大设计冰厚 20mm；年平均雷电日 45 天		Ⅶ度
线路长度		全长 2×46.626km		
基础工程：共计 93 基，混凝土等级采用 C10 级、C20 级和 C25 级				

基础型式	与铁塔连接	塔腿布置
插入式斜柱基础、岩石基础	插入角钢、地脚螺栓	全方位长短腿

杆塔工程：共计 93 基

架线工程：46.626km

导线型式	地线型式	绝缘子串型式
2×LGJ-300/40	LBGJ-120-40AC、GJX-100	U70BP、U70BP2、U100BP、XDP-70CN

重要跨越与主要拆迁

编号	项　　目	单位	数量	编号	项　　目	单位	数量
1	110kV 电力线	处	4	6	河流（大河）	处	6
2	35kV 电力线	处	4	7	通信线及光缆	处	17
3	10kV 线路	处	16	8	改迁 10kV	m	500
4	380V 及 220V	处	56	9	改迁 220V	m	600
5	公路	处	7				

任务 1　工程结算资料准备

一、工程结算的概念及意义

工程结算，是指施工单位按照工程施工合同，对已完成的工程量向建设单位办理工程价清算的经济文件。一般工程建设的周期较长，耗用的资金数量较多，为了使施工单位在施工过程中耗用的资金及时得到补偿，需要对工程价款进行多项结算，一般包括中间结算（进度款结算）、年终结算、全部工程竣工验收后进行的竣工结算。在工程项目承包过程中工程结算是一项十分重要的工作。

工程价款的及时结算和支付，对建设单位和施工单位都具有重要的意义。通过工程结算，对建设单位而言，能提高建设单位的资金管理、增强投资控制、有利于成本分析和造价管理；对施工单位而言，主要有下面三点意义。

（1）工程结算是反映工程进度的主要指标。在施工过程中，工程结算是根据施工单位完成的工程量进度情况来决定的，根据累计已结算的工程价款与合同总价款进行比较，能够近似反映出工程的进度情况，较为直观地对工程造价进行动态控制和管理。

（2）工程结算是加速资金周转的重要环节。施工单位尽快尽早地结算工程款，则有利于施工单位快速、及时、更多地收回工程价款，有利于偿还债务，有利于资金回笼，降低内部运营成本。对施工单位的经营管理、降低内部经营成本、提高资金的使用效率都非常重要。如果工程结算不及时或不及时支付，则会使工程进度款的支付金额与实际工程进度不相符，或者竣工结算后不支付尾款，或者质保金不按合同规定时间支付，一方面加大了施工单位的经营成本，不利于资金流通，另一方面也会影响工程进度按计划实施和工程质量得不到保证，进而影响到工程的竣工时间，最后导致建筑物的使用时间甚至使用效果等。

（3）工程结算是考核经济效益的重要指标。对于施工单位来说，只有工程款如数地结清，才意味着避免了经营风险，施工单位也才能够获得相应的利润，进而达到良好的经济效益。

所以，建设单位和施工单位双方都应以工程施工合同为依据，及时结清工程价款，以利于工程项目的顺利推进。

对于工程价款的结算和支付，在合同示范文本中都有约定。我国在 1996 年颁发了《电力建设工程施工合同范本》，其中规定了关于工程结算的问题；随后，于 1999 年颁布了新的《建设工程施工合同（示范文本）》。在国际工程项目的实施中，有多种施工合同标准文件，运用较多的是国际咨询工程师联合会（Fédération lnternationale Des lngénieurs Conseils）出版的《土木工程施工合同条件》（简称 FIDIC 合同条件）；英国土木工程师学会 ICE 制定的《新工程合同条件》（简称 NEC 合同）；美国建筑师学会 AIA 制定的《工程承包合同通用条款》（A201）等。这些合同标准文件都对工程结算做了清晰的规定。

二、结算基础资料的收集

在建设工程的实施过程中，广泛收集与结算工作相关的资料十分必要，因为这样可以保证结算编制内容的完备性，同时也可以保证结算审核工作的顺利进行，避免审核时产生过多疑问、争执和矛盾。因此，施工单位应注意以下几方面资料的收集。

（1）工程施工合同。这是结算编制的最根本最直接的依据，因为在合同中明确了工程项目的承发包范围、双方的权利义务、价款结算方式和时间、风险分摊等，另外在工程实施过程中，哪些费用项目可以计入或调整、如何计算等也都需要按照合同规定执行。

（2）图纸及图纸会审记录。这是确定标底及合同价的依据之一。

（3）投标报价、合同价或原预算。这是实际做法发生变化或进行增减删项后调整有关费用的依据。

（4）工程或设计变更通知单、工程停工报告、监理工程师指令等。

（5）施工组织设计（方案）、施工记录、原始票据、形象进度及现场照片等。

（6）有关定额、费用调整的文件规定。

（7）经审查批准的竣工图、工程竣工验收单、竣工报告等。

在施工过程中，因不同行业、不同施工单位对项目管理方式不同，对上述这些资料的管理也有不同，但基本上这些资料的原始凭据分属于不同的管理部门和人员，因此从整个施工项目管理而言，项目部需要统筹安排，合理分工，确保资料的完整性，同时要及时、完整地提供给结算编制部门或人员，确保结算工作的顺利进行，并在其中发挥积极的作用。

三、确定编制依据

在收集完结算资料后，需分析整理，归纳出与结算相关的编制依据，除了合同、标准、规范、规定之外，已经完成的工程量也是依据之一。以［案例工程四］为例，其编制依据主要有以下几个方面。

（1）国家颁布的有关送电线路工程施工的现行标准、规范及规程。

（2）《电力建设工程施工技术管理导则》。

（3）《国家电网公司电力建设安全健康与环境管理工作规定》。

（4）2005 年版《输变电工程达标投产考核办法》。

（5）某 220kV 输变电工程施工招标文件。

（6）某电力公司下发的其他招标资料及附图。

（7）工程现场调查资料。

（8）某公司 220kV 送电线路施工的有关资料。

（9）某公司依据 GB/T 19001-ISO9001—2000 质量体系标准编制的质量手册和相关程序文件。

（10）某公司依据 GB/T 24001-ISO14001—1996《环境管理体系规范及使用指南》、2001年版《国家经贸委职业安全健康管理体系审核规范》、《电力建设安全健康与环境管理工作规定》等规范标准的要求编制的《职业安全健康与环境管理手册》和《职业安全健康（OSH）和环境管理体系（EMS）程序文件》。

任务2　工程结算的编制

学习项目一中介绍的施工图预算，所分析的工料数量、确定的工程预算造价，都是在开工前进行编制的。一般工程在施工过程中，由于施工周期长，面临众多变化因素，如材料涨价、设计变更、不可抗力因素等，使原设计有所改变，使原有的施工图预算不能反映工程的实际成本，而工程结算恰好能弥补这点不足，一般工程结算分为中间结算和竣工结算。

中间结算一般在规模较大，施工工期较长，甚至跨年度的工程中使用。为了使某个施工期间的消耗，包括人工费、材料费和其他费用得到补充，保证施工进度不因资金的短缺受到影响，保证施工活动不间断而又顺利的进行，施工单位按合同规定日期，或此期间完成的工程量，向建设单位进行定期的工程结算，为工程财务拨款提供依据。

竣工结算是在工程竣工验收后，根据施工过程中实际发生的变更情况，修正原有施工图预算，重新确定的工程造价文件。它是调整工程计划，确定和统计工程进度，考核基本建设投资的效果，进行工程成本分析的依据。

工程结算是否编制得好，是否把已实施的工作内容、应该得到的利益在工程结算中反映出来，将直接关系到施工单位的切身利益，因此，如何使自身利益不受损失，是每个施工企业应该重视的问题。同时竣工结算是施工单位考核工程成本进行经济核算的依据，是总结和衡量企业管理水平的依据，通过竣工结算，可总结工作经验教训，找出施工浪费的原因，为提高施工管理水平服务。下面就编制工程结算做简单介绍。

一、工程结算的构成

由于工程建设资料繁多，为了防止漏项，工程施工企业应在工程建设预算的基础上，充分考虑工程的具体实施情况，重点关注下列因素导致的工程施工费用变化的部分。

（1）因为政策变化而造成的费用调整。如人工工资标准、材料价差系数、间接费率、机械台班单价的调整等。

（2）投标报价时按常规计算，结算时应按实际发生调整的费用。如大型机械进出场费（需按实际进出场的机械及次数计算）、墙体加固筋、甲方供水电费的扣除等。

（3）设计变更、监理指令等导致的费用变化（建设单位主动提出的部分）。这部分费用包括工程实施中工程量的增加，以及因为这个变化影响到施工进度计划，造成对其他工作的影响而增加的费用（也可作为索赔费用）。如楼层和建筑面积的局部增加，会导致脚手架和垂直运输费用的增加。

（4）施工索赔费用。在施工过程中，工程施工企业根据合同和法律法规的规定，对非自身过错所造成的损失，或者承担了合同规定之外的工作所付出的额外支出，工程施工企业向建设单位提出的经济补偿。例如，建设单位违约（未按时支付工程款、苛刻检查、未按合同规定按时提供设备和场地等），合同调整（设计变更、指令工程施工企业加速施工、与勘探报告不符的地质情况等），不可预见因素（发生洪水、战争、地震等；或者建设单位提供的工程地质勘探报告及现场资料中没有、并经过现场调查，都难以发现的地下或人为障碍，如古井、墓坑、断层、溶洞及其他人工构筑障碍物等）。

（5）合同规定的有关奖励费用，如提前竣工奖、赶工措施费、质量奖等。

（6）由于工程变更，减少某些项目导致原让利优惠部分的退还费用。

（7）现场签证引起的相关费用，如零星用工、零星用机械量、设计变更或工程商洽所引致返工量、合同外新增零星工程量的确认。

二、工程结算方式

根据建设工程的规模、性质、进度和工期，按照签订合同的规定，工程结算有多种方式，我国现在一般采用的结算方式主要有以下几种。

（1）按月结算。按月结算是指在每月的旬末或月中预支一旬或半月工程款，月终再提出工程款结算账单和已完工程月报表后收取本月工程款的每月结算一次的方式，其他待竣工后清算。具体结算时间按合同规定执行。对于工期较长、跨年度竣工的工程，一般在每年年终进行工程盘点，办理年度结算。这种结算方式，目前在我国是较常采用的结算建设工程价款的方式。

（2）竣工后一次结算。对于工程项目规模不大、建设期不长（一般在 12 个月以内）、合同价值在 100 万元以下的工程，常采用竣工后一次结算。这种方式一般在合同中会明确预支进度款的方式、时间及比例，通常情况是每月预支，这样较利于工程项目的实施。

（3）分阶段结算。对于工程规模较大、建设周期较长（跨年度）的单项工程或单位工程，除了按月结算方式以外，还可以根据工程形象进度，划分成不同阶段进行结算，一般是按月预支工程价款，每完成的一个阶段再进行阶段结算，阶段的划分标准由各部门、自治区、直辖市自行规定。

（4）其他结算方式。结算双方按照约定的其他方式进行结算。

三、工程结算款的支付

在项目施工过程中，建设单位支付的工程款有几种情况。在开工前支付的一般叫预付款；工程施工过程中支付的叫工程进度款；竣工验收后支付的叫尾款；最后还有工程质量保证金（也简称质保金），在合同保修期满后支付。其中工程进度款和尾款是属于工程结算款，但在谈结算款时也涉及预付款和质保金，下面进行简单介绍。

（一）预付款

本项目案例没有支付工程预付款。一般情况下，对于施工企业承包的包工包料工程，在开工前，建设单位要拨付给工程施工企业一定数额的工程预付款，以便备料周转，即工程施工企业为该工程项目储备主要设备及材料、结构构件等所需的流动资金。对于单包的工程（包工不包料），一般不预付备料款。

按照有关规定，实行工程预付款的，双方应当在专用条款内约定建设单位向工程施工企业预付工程款的时间和数额，开工后按约定的时间和比例逐步扣回。预付时间应不迟于约定的开工日期前 7 天。如建设单位不按约定预付，工程施工企业可在约定预付时间 7 天后向建设单位发出要求支付预付款的通知，建设单位收到通知后仍不能按要求预付，工程施工企业可在发出通知后 7 天停止施工，建设单位应从约定应付之日起向工程施工企业支付应付款的贷款利息，并承担违约的责任。

工程预付款仅用于工程施工企业支付施工开始时与本工程相关的费用。如工程施工企业不按规定滥用此款，建设单位有权立即收回。在工程施工企业向建设单位提交金额等于预付款数额（由发包方认可的银行开出）的银行保函后，建设单位按规定的金额和规定的时间向工程施工企业支付预付款，在建设单位全部扣回预付款前，该银行保函将一直有效。当预付款被建设单位扣回时，银行保函金额相应递减。

（二）工程进度款、质保金

下面用［案例工程四］来说明工程进度款、质保金。

［案例工程四］合同价为 2933 万元，是采取按月结算的方式。工程施工工期为 8 个月，前 3 个月，每月完成基础施工 31 基；中间 2 个月分别完成组立铁塔 47 基、46 基；最后 3 个月每月架线 18km。每月工程进度款如下。

第一个月进度款 310 万；

第二个月进度款 310 万；

第三个月进度款 310 万；

第四个月进度款 330 万；

第五个月进度款 322 万；

第六个月进度款 464 万；

第七个月进度款 464 万；

第八个月应付进度款 424 万，但需预留尾款（质保金）为合同价的 5%，即需扣留尾款 147 万，支付工程款为 277 万元。

对于工程质保金的计算与预留，一般是在工程竣工结算办理后，为了促使工程施工企业对工程质量按规定时间进行保修，工程项目总造价中需要预留一定比例的尾款作为质量保证金，待保修期结束后，按照合同要求再最后拨付。一般情况下，质保金的扣留比例及扣留方式是由建设单位及工程施工企业结合工程规模和工程性质等因素经双方协商，最后通过合同进行约定，通常我国建设工程按工程造价的 3%～5% 比例扣留，具体扣留方式有两种。

（1）最后一次按比例扣留。这种方式一般是对于工程造价不高，质保金金额不大的工程，当预付款及进度款累计达到工程造价一定比例（比如 95%～97% 左右，具体比例按合同约定执行）时，停止支付工程价款，将这部分价款作为质保金。［案例工程四］就采用此种方式。

（2）分阶段按比例扣留。这种方式一般是对于工程造价高、质保金金额较大的工程，建设单位可以选择每次从支付的工程进度价款中按扣留比例扣留，直到质保金总额达到双方规定的限额为止，这种方式是与进度款支付同步扣留的，相当于总的质保金分阶段按其比例扣留，这种方式对工期较长、投资较大的工程有必要，对于办理年度结算、年度投资额控制都十分可行。

（三）造价调整

在工程实施过程中，一般会发生设计变更、工程量变更、施工方法变化、工程师指令引起的变更等，就需要结合工程量计算过程存在的遗留、未定等事宜及时深入现场，或依据施工过程中的变更、商洽等文件，准确对这类问题进行处理；同时深入现场及时掌握工程施工企业在施工过程中自行变更的工程内容，并进行记载或补充资料，及时进行价款调整。如［案例工程四］在施工过程中，发生了许多超出预计情况以外的变化，进而进行价款调整，形成追加款，具体情况如下。

（1）在施工过程中，由于不可抗力因素，使正常工程进度受阻，引起费用增加和工程延期，填写工程联系单（［案例工程四］共计填写工程联系单 21 份，本书限于篇幅，只列出其中一张，见表 4-2）。工程联系单主要涉及设计变更增加费用、征地费用增加费、地方工作经费、追加费用、停电损失费、自然灾害引起的费用等。

表 4-2　　　　　　　　　　　　　**工 程 联 系 单**

表号：DJS-A13-01

工程名称：220kV 某双回线路新建工程　　　　　　　　　　　　编号：SG-S5TJ-002

致：四川××监理有限责任公司某 220kV 输变电工程 项目监理部：
事由：根据×市（乐府办发［2009］12 号〈关于加快电力通讯基础设施建设的实施意见〉规定，××县和××县属于×市三类地区，土地征用标准为 9～12 万，经过与××县和××县政府相关部门交涉协商，确定本工程征地标准为 11 万元/亩，请审核。   　　　　　　　　　　　　　　　承包单位（章）： 　　　　　　　　　　　　　　　项目经理 ＿＿＿＿＿＿＿＿ 　　　　　　　　　　　　　　　日　　期 ＿＿＿＿＿＿＿＿
监理部意见：   　　　　　　　　　　　　　　　项目监理部（章）： 　　　　　　　　　　　　　　　总/专业监理工程师：＿＿＿＿＿＿＿＿＿ 　　　　　　　　　　　　　　　日　　　期：＿＿＿＿＿＿＿＿
指挥部意见：   　　　　　　　　　　　　　　　指挥部（章）： 　　　　　　　　　　　　　　　指挥长＿＿＿＿＿＿＿＿ 　　　　　　　　　　　　　　　日　　期＿＿＿＿＿＿＿＿

本表一式 3 份，由承包单位填报，建设管理单位、项目监理部各 1 份，承包单位存 1 份。

（2）将联系单进行汇总，得出［案例工程四］追加费用汇总表，见表4-3。

表 4-3　　　　　　　　　　某 220kV 线路新建工程追加费用汇总表

编号	项目名称	费 用 项 目	合价（元）		合计（元）
			本体	建场及其他	
一	第一部分：设计变更增加费用		398647	0	398647
1	设计更改通知单 QEOR-A-01	增加导线	38647		38647
2	设计更改通知单 QEOR-D-01	新增电力线改迁	360000		360000
二	第二部分：其他原因增加费用		55800	5626694	5682494
1	工程联系单 SG-S5TJ-002	征地费用增加		896000	896000
2	工程联系单 SG-S5TJ-004	地方工作经费		419634	419634
3	工程联系单 SG-S5TJ-005	暴雨自然灾害大运道路损毁抢修		341505	341505
4	工程联系单 SG-S5TJ-005A	暴雨自然灾害小运道路损毁抢修		15090	15090
5	工程联系单 SG-S5TJ-006	暴雨自然灾害基坑垮塌二次开挖		190800	190800
6	工程联系单 SG-S5TJ-007	暴雨自然灾害大运道路损毁抢修		149275	149275
9	工程联系单 SG-S5TJ-009	暴雨造成运输道路桥梁垮塌抢修		36960	36960
10	工程联系单 SG-S5TJ-010	房屋拆迁费用追加		1280720	1280720
12	工程联系单 SG-S5TJ-012	架设索道费用追加		225000	225000
13	工程联系单 SG-S5TJ-013	塔材供货造成窝工费用追加		96355	96355
15	工程联系单 SG-S5TJ-015	增加设备人力抢工期		815630	815630
18	工程联系单 SG-S5TJ-018	新增材料站费用追加		44000	44000
19	工程联系单 SG-S5TJ-019	森林植被恢复费		160748	160748
20	工程联系单 SG-S5TJ-020	停电损失		954977	954977
21	工程联系单 SG-S5TJ-022	刷色标漆	55800		55800
	合　　计		454447	5626694	6081141

（四）竣工结算

1. 竣工结算编制的方法

　　如果工程项目是按工程量清单计价的单价合同，在办理结算时，对新增的清单项目的工程量及综合单价，按建设单位签证同意的工程量及价款进行调整。对于原合同约定清单项目工程量有增减时，应按时调整。以上两部分调整如果总额在总价包干合同的浮差以内时，这种合同一般不作总价调整。需要注意的是，在办理结算时一定要保证资料完备有效，以合同为依据，以计价规范为准则，按实调整并办理竣工结算。

　　如果工程项目是按现行定额单价计价的工程，在办理结算时，主要是比较原施工图预算的构成内容与实际施工的变化，一般根据各种设计变更资料、现场签证、工程量核定单等相关资料，在原施工图预算基础上，计算增减，最后经过建设单位认可后办理竣工结算。

2. 工程竣工结算的要求

　　我国《建设工程施工合同（示范文本）》的通用条款中对竣工结算的办理做了如下规定。

（1）工程竣工验收报告经发包方认可后 28 天内，承包方向发包方递交竣工结算报告及完整的结算资料，双方按协议书约定的合同价款及专用条款约定的合同价款调整内容，进行竣工结算。

（2）发包方收到承包方递交的竣工结算报告及结算资料后 28 天内进行核实，给予确认或者提出修改意见。发包方确认竣工结算报告后通知经办银行向承包方支付工程竣工结算价款。承包方收到竣工结算后 14 天内将竣工工程交付发包方。

（3）发包方收到竣工结算报告及结算资料后 28 天内无正当理由不支付工程竣工结算价款，从第 29 天起按承包方同期向银行贷款利率支付拖欠工程价款的利息，并承担违约责任。

（4）发包方收到竣工结算报告及结算资料后 28 天内不支付工程竣工结算价款，承包方可以催告发包方支付结算价款，发包人在收到竣工结算报告及结算资料后，56 天内仍不支付的，承包方可以与发包方协议将工程折价，也可以由承包方申请人民法院将该工程依法拍卖，承包方就工程折价或拍卖的价款优先受偿。

（5）工程竣工验收报告发包方认可后 28 天内，承包方未能向发包方递交竣工结算及完整结算资料，造成工程竣工结算不能正常进行或工程竣工结算价款不能及时支付，发包方要求支付工程的，承包方应当交付，发包方不要求交付工程的，承包方承担保管责任。

（6）发包方和承包方对工程竣工结算价款发生争议时，按解决争议的约定方式处理。

在实际工作中，当年开工、当年竣工的工程，只需办理一次性结算；跨年度的工程，在年终办理一次年终结算，将未完工程接转到下一年度，此时竣工结算等于各年度结算的总和。

四、结算审查与确定

1. 审查方法

审查结算方法有多种，事前通过收集资料，采取合理审查方法，可达到事半功倍的效果。

（1）逐项审查法，也称全面审查法。其优点是全面、细致、审查结果误差小、质量高，缺点是工作量大，占用时间长、人员投入大。它适用于一些工程量小、工艺比较简单、对方预算力量比较薄弱等情况。

（2）重点审查法，是抓住重点进行审查。其优点是重点突出、审查时间短、效果好。它适用于工程量大、造价高、工程结构复杂，对方预算力量较强等情况。同时，还可以利用对比审查法，"筛选"审查法，手册审查法等手段做为补充，以保证审查的准确性。

要做好结算，工程施工企业除充分考虑自身因素外，还应正确处理与其他相关单位及人员的关系，具体包括建设单位、监理、设计、造价咨询等单位。工程施工企业应根据项目实施中所确定的组织结构关系，同他们建立必要的经济合同关系，在工作中建立友好的协作关系，在各方面能相互配合、相互支持，在合同履行上诚实守信，树立良好的自身形象，从而来润滑结算各环节，为搞好结算创造一个良好的外部环境。

2. 审查内容

（1）审查竣工决算报告情况说明书。审查建设项目、基本建设投入、投资包干结余、施工结余资金的上缴分配情况是否真实、正确，资金来源及运行等财务分析计算是否正确。

（2）审查竣工财务决算报表：审查建设项目概况表是否编制完整、正确，建设项目竣工财务决算表是否编制完整、正确，建设项目交付使用资产总表是否编制完整、正确，建设项目交付使用资产明细表是否编制完整、正确。

（3）审查建设工程竣工图：审查竣工图绘制是否符合相关规定要求。

（4）审查造价比较指标：审查主要实物工程量指标、主要材料消耗量指标是否计算正确，并与概算确定指标对比分析；考核其他计取费用是否多列或少列并与概算比较分析。

审查完毕后，应提交竣工决算审查报告，审减（增）项目及原因分析。

［案例工程四］通过审查后的竣工结算价为合同造价 2933 万元，追加工程款 608 万元，共计 3541 万元。

思 考 与 训 练

1. 试简述工程结算的概念及意义。
2. 结算时应收集哪些基础资料？
3. 工程结算的编制依据有哪些？
4. 工程结算方式有几种？请具体说明。
5. 如何支付工程结算款？
6. 竣工结算的审查内容是什么？

【实训项目四】

某建安工程合同承包价为 600 万元，合同约定预付款比例为 25%，当尚未完成工程价值的主材价值等于预付款时开始按比例扣回预付款，工程主材和构件占工程价款的 65%，预留 5%为保修金，实际施工中，发生 60 万元的合同调增额，每月完成工程进度款为：一月 30 万元，二月 80 万元，三月 120 万元，四月 200 万元，五月 120 万元，六月 50 万元。试计算预付款、每月结算工程款、竣工结算价款、保留金。

学习项目五 编制工程决算

【学习指南】 对于技术经济人员，在工程决算工作中主要是配合财务人员做好工程结算工作，因此本学习项目主要介绍了技术经济人员的工作程序和应整理提交的资料内容和要求，以熟悉相关工作程序和要求。学习项目五介绍了编制工程竣工决算的方法：首先做好日常基础资料的准备工作，在编制前还需做相关的准备工作，然后根据编制竣工决算的原则及要求，分别编制竣工工程决算一览表、预计未完收尾工程明细表、其他费用明细表、其他费用分摊计算表、移交使用资产一览表、移交使用资产总表、竣工工程财务决算表、竣工工程概况表、竣工决算报告情况说明书，从而完成工程竣工决算。

任务1 竣工决算准备工作

一、基础资料的准备

财务管理和会计核算的基础工作非常重要，从建设项目开工之日起就需要重视，平时做好资料的收集和积累，为编制竣工决算打好基础工作。准备工作的内容如下。

1. 设置基建业务会计核算账户

基建业务会计核算账户的设置，需要充分考虑基本建设财务与生产经营财务并轨以后，要满足基建工程管理和编制竣工决算的需要。在建工程明细账账户的设置和分类要与基本建设概算口径相对应，所有单项工程也要和批准的工程概算项目一一对应。例如建筑工程费用、在安装设备、安装工程费用、其他支出等，均须采用多栏式账页核算，如工程跨越不同的年份，则账册要历年结转使用，本期发生数需每月结出，至年末需结出本年累计数和历年累计数。

具体设置基本建设业务核算账户的方法为：建筑工程费用和安装工程费用应分专栏核算到每一个单位工程；在安装设备明细账也应按单位工程设明细账户，并按设备品种、数量、规格、价格进行明细核算；其他费用支出应按概（预）算项目设置费用明细项目，采用多栏式核算各项费用。这样在进行决算编制时，就可根据账面实际发生数直接填写到竣工决算报表中。

2. 参与工程管理并掌握工程进展情况

财务部门要随时掌握工程进展情况，并积极参加到建设项目各个阶段的管理和控制之中，做好日常资料的积累。

（1）要积极参加工程概（预）算的讨论和审核，随时掌握概（预）算中各单位工程的投资额增减变化情况，以及批准动用预备费的工程项目。

（2）要积极参加重要经济合同的准备及签订，及时掌握工程项目、主材、设备等招标情况，并随时了解有关合同执行情况。

（3）及时掌握各个阶段投资完成情况，关注工程进度情况，了解是否有重大设计变更，以及工程质量、工程事故鉴定情况等，掌控资金可能的变化情况。

（4）及时掌握单项工程价款结算、审计情况，与计划进行比较，分析单项工程超支原因或节约原因。

（5）及时掌握历年工程建设资金到位和使用情况。

（6）及时掌握有关开竣工报告、工程总结、会议纪要、工程简报等相关资料。

3. 设立辅助登记簿

（1）设立建设场地划拨及清理费用登记簿，主要用于记录征地相关文件和单证编号，征用土地的面积、金额、地址、收款单位、土地占用税、旧有设施补偿、余物拆除清理计算标准等。

（2）设立设备、主要专用材料台账或卡片登记簿，主要用于记录专用设备和主要用料的采购、付款、保管和领用情况，设备卡片需要详细记录设备的型号、规格、厂家、数量、金额和安装地点。

电力行业的基本建设需要动用大量的资金，其中设备投资（包括安装工程费用）占总投资的比例一般都在 50%以上，所以建设项目的设备投资是电力行业在建设成本管理和核算中的重点，也是编制竣工决算和控制投资的关键，在项目设备管理和核算方面，需要做好如下几个方面的工作。

1）设置好设备核算卡片，按概算中所列设备的明细项目填写。

2）记录设备招标和合同，及掌握设备订货情况。

3）设备监造监运工作，强化预付款大型设备款的管理与控制，严格控制到货验收和支付尾款，减少在途运输周转时间，及时验收。

4）库存设备收、发、存的管理和核算，按照转为"在安装设备"的三个条件，严格控制设备的领用，记录安装部位。实行委托施工企业、工程总承包企业代管设备方式的，需要明确责任，严格执行会计制度规定，按月进行财务稽核。

5）结余设备（包括现场在安装设备）的清点、分割记录，及时对多余设备进行处理。

（3）设立建设期移交的各项资产登记簿。其中固定资产和流动资产应记录名称、规格、单位、数量、金额、制造厂、供应单位、领用部门、领用人等。

二、编制前的准备工作

为了保证竣工决算报告的质量，在编制竣工决算报告前，根据财政部财建[2002]394号文第 37 条规定：建设单位及其主管部门应加强对基本建设项目竣工财务决算的组织领导，组织专门人员，及时编制竣工财务决算。设计、施工、监理等单位应积极配合建设单位做好竣工财务决算编制工作。建设单位应在项目竣工后三个月内完成竣工财务决算的编制工作。在竣工财务决算未经批复之前，原机构不得撤销，项目负责人及财务主管人员不得调离。具体准备工作，《电力发、送、变电工程基本建设项目竣工决算报告编制规程（试行）》中明确规定如下。

（一）财务部门

（1）将历年批准决算数，各个工程项目的投资完成额，拨、贷款数、应交款项，结余资金等财务收支情况，进行一次全面整理和核对，特别是投资完成额，要与计划统计方面配合，结合现场施工情况进行细致的核对，做到工程款结清，设备不漏列、不多列，进度和统计相符。明确大型施工机械设备产权归属。

（2）清理现场、清理账务。

工程竣工，要督促有关部门进行一次仓库盘点和现场清理工作，多余的设备、材料要全部退库，债权债务要落实并及时清理，水电工程的大型临建回收金额较大，要全面清理回收入账，防止工程结束后无人处理。

（3）做好其他费用项目的分析分摊工作。

其他费用项目，因其性质不同，财务上有各种不同的处理方式，有的作为费用直接拨给其他单位，有的作为增加固定资产，有的作为流动资产移交给生产单位，有的不增加固定资产的价值，有的要增加固定资产价值但分不出为哪一个工程项目支付的共同费用，而要采取分摊的办法，即使分摊，也要按其不同性质，作出不同的分摊方法，具体说明如下。

1）建设场地占用及清理费，按占地面积或工作量比例摊入到房屋及建筑物各工程项目。

2）建设单位管理费，按工作量比例摊入到房屋及建筑物和需要安装的机械设备各工程项目。其中，属于车辆购置和零星固定资产购置的，作为固定资产移交给生产单位。

3）研究试验费，摊入有关研试服务对象。

4）生产职工培训及提前进场费，不分摊，不增加固定资产造价。

5）办公及生活家具购置费，不分摊，作为流动资产移交给生产单位。

6）联合试运转费，摊入安装工程费。

7）勘察设计费，按工作量比例摊入到房屋及建筑物和需要安装的机械设备各工程项目；其中，属固定资产购置的，不分摊，作为固定资产移交生产单位。

8）供电贴费，不分摊，作为转出投资处理。

9）通信设施防送电线路干扰措施费，分摊到安装工程通信线路部分。

10）电力施工企业基地建设贴费，根据能源部能源基（1991）34号文关于颁发《火电、送变电工程建设预算费用构成及计算标准》的补充规定的通知，已并入"四、临时设施费"项目中，不再作其他费用的构成。

11）基本预备费，这是概算中一个资金来源，不是工程项目，除规定的使用范围外，要动用此款，需经一定的审批手续。

（2）预计未完扫尾工程5%在计划上列入投资计划，按概算项目留足投资额，落实承包单位包干使用的，在财务核算上，可列入"交付使用财产"科目。

（二）其他有关部门

编制竣工决算虽以财务部门为主，但其他有关部门如计划、统计、物资、劳资、施工、预算及工程施工企业必须密切配合，共同研究，提供以下有关资料，以满足报表编制的需要。

（1）批准的设计文件。

（2）经过批准的调整概算文件。

（3）建设单位对建设项目之间费用的相互调整资料。

（4）预备费动用的批准文件。

（5）5%扫尾工程投资包干合同。

（6）有关统计报表。

（7）土地征用、青苗赔偿等文件和合同。

（8）水电站库区淹没移民搬迁赔偿等资料。

（9）清理现场和核算投资完成额。

（10）盘点预计 5%未完扫尾工程项目具体内容，根据概算中所列项目——列出清单，做到不重列和漏列，进度和统计数相符。

（11）主要材料消耗数量。

（12）各项技术经济指标计划和实际数。

（13）采取措施使工程投资有明显节约的具体方法和总结资料。

（14）劳动生产率和工程的耗工数等。

任务2　编制竣工决算

一、编制竣工决算的原则及要求

1. 原则

凡新建、扩建、改建、迁建和恢复工程建设项目，在竣工验收合格后，都应及时组织工程竣工决算的编制，并在规定的时间内办理资产移交手续。

工程竣工决算应遵循的原则是：一个概算范围内的工程项目，只编制一个竣工决算报告。

工程竣工决算的成本范围，须包括建设工程前期费至竣工验收完毕交付使用的全部建设成本费用，即建筑工程费、安装工程费、设备购置费、其他费用（包括建设工程前期费）、动态费用和不通过在建工程核算的直接形成的资产。但企业在工程竣工前，投入的生产性费用不能计入建设工程成本性支出。

经过验收合格，具备投入使用条件的工程项目，一般不保留尾工，如确有未完收尾工程和费用的，必须经过工程竣工验收委员会审定后，方可预估纳入竣工决算，同时按照概算项目编报未完收尾工程明细表，必须注意的是预计未完收尾工程的实物工作量和价值不得大于执行概算的 5%。

2. 竣工决算的编制要求

为了加强竣工决算编制工作的规范化、标准化和科学化，严格执行建设项目竣工验收制度，正确考核投资效益，建立健全经济责任制，所有新建、扩建、改建、迁建和恢复工程等建设项目竣工后，建设单位都应及时组织竣工决算的编制，并落实竣工决算报告的及时性、真实性、合法性和完整性。《电力发、送、变电工程基本建设项目竣工决算报告编制规程（试行）》中明确编制要求如下。

（1）电力基本建设发、送、变电工程项目，应一律按照规程规定的报表格式和内容编制竣工决算报告，不得随意减少应编的表格和内容。

（2）竣工决算报告是建设项目重要的经济档案，表格中所列数据必须与有关部门核实，根据财务账面数字如实填报，做到账实相符，账表相符。

（3）竣工决算是提供正确计算固定资产的依据，因此，在可能情况下，要尽量符合水利电力部一九八七年七月一日制定的"电力工业企业固定资产目录"的建卡要求……。

二、竣工决算的组成

（一）工程竣工决算报告的组成

（1）竣工决算报告封面。

（2）竣工决算的工程全景彩照及主体工程彩照。

（3）竣工决算报告目录。

（4）竣工决算报告情况说明书。

（5）竣工决算财务报表。

（6）工程项目核准文件（或可行性研究报告批准文件）、概算批准文件和竣工验收报告。

（7）审计报告及其他主要文件。

（8）工程大事记。

（二）竣工决算报告情况说明书的内容

竣工决算报告情况说明书，是概括反映竣工工程建设成果和管理经验，全面考核分析评价工程投资与造价的书面总结，是对竣工决算报表的进一步说明和补充，是竣工决算报告的重要组织部分，其主要内容包括以下几个方面。

（1）建设项目的依据和条件。建设项目的依据按照可行性研究报告、项目建议书、设计任务书、概算批准书、修正概算批准书等的批准单位、批准日期和文件号码进行说明。条件主要以厂址的地理、地貌、交通条件、水源、电源、原材料来源，三废处理等方面进行说明。

（2）建设项目概况及工程总的评价。这主要从工程的进度、质量、安全和造价四方面来进行分析说明。进度主要说明开工和竣工时间，对照合理工期和要求工期是提前还是延期；质量要根据启动验收委员会或相当一级质量监督部门的验收评定等级、合格率和优良品率进行说明；安全根据劳动工资和施工部门记录，有无设备和人身事故进行说明；造价应对照概算造价，说明节约还是超支，用金额和百分率进行分析说明。

（3）建设规模、主设备和主体结构。说明主体工程结构和主设备方面的有关资料，说明工程概况、工程规模、主要建筑的布置和主体设备的合理性。

（4）从工程筹建开始到竣工验收时为止的历年投资资金（包括资本金、投资借款及其他来源）到位和使用情况的说明，当资金有缺口或过剩情况时分析其产生的原因，并分析筹资成本；分析资金运用情况，一般包含专用工程物资、工程价款、会计账务处理、财产物资占用及债权债务清偿情况的分析；最后还需说明结余资金的占用形态及处理情况。

（5）各项经济技术指标的分析。经济技术指标的分析包括四个方面：概算执行情况分析，根据实际投资完成额与概算进行对比分析；新增生产能力的效益分析，说明交付使用财产占总投资额的比例，占交付使用财产的比例，移交其他单位固定资产和转出投资占总投资的比例，不增加固定资产造价占投资总数的比例，分析有机构成和因果；基本建设投资包干情况的分析，说明投资包干数、实际支用数和节约额、投资包干节余的有机构成和包干节余的分配情况；财务状况分析，列出历年资金来源和资金占用情况。

（6）预留未完工程的说明。说明预留收尾工程的项目内容、原因和拟完成的时间等。

（7）审计意见处理情况的说明。按照审计机构（部门）对竣工决算报告的审计意见，逐项说明对提出的意见整改情况。

（8）工程项目管理经验和财务管理效果的说明。其主要内容有：施工中发生的问题和解决办法，施工技术组织措施是否恰当，现场布置是否合理，施工中采取了哪些合理化建议，所采用的技术和先进科学方法，涌现的先进事迹，取得的经验和教训；财务部门在整个工程建设过程中，制定了的一些规章制度和采取的措施，从而促进了财务管理工作的开展，以及在控制和节约投资、支持和服务工程、提高经济效益等方面取得的成绩。

（9）决算报表编制的说明。主要内容有编制竣工决算的主要依据，竣工决算的结账截止时间，其他费用分摊的依据、原则和计算方法，新老预算规定和会计制度变化对决算数据的影响，最后是竣工财务决算中有待解决的问题。

（10）需要说明的其他事项。

三、竣工决算的编制内容及步骤

（一）竣工决算编制的各个阶段

建设工程竣工决算的编制一般划分为三个工作阶段，一般需要花费 9～12 个月的时间才能完成，对于大中型建设项目的竣工决算，则须做到在工程竣工验收交付使用后，一个年度内完成。

第一阶段：准备阶段。准备工作是否做好，直接关系到竣工决算的质量和进度，大概需要 4～6 个月。

第二阶段：编制阶段。成果是编制完成的竣工决算，并报送相关部门审稿，大概需要 2～3 个月。

第三阶段：内部审查阶段。通过权威部门的审计，修改定稿，然后装订成册，上报批复，大概需要 3 个月左右。

在第一阶段做好各项准备工作的基础上，对在建工程明细账进行核实、调整，并对没有完成收尾项目的工作量和预计投资进行测算，在核实各项工程投资的情况下，按步骤编制竣工决算报告。

（二）竣工决算编制的步骤和方法

竣工决算的编制分以下九个步骤，同时介绍编制竣工决算的方法。

1. 编制竣工工程决算一览表

竣工工程决算一览表，详见附录 C 中附表 C-4（竣建 02 表）。该表反映了工程投资、造价、考核概算与实际或投资包干的执行情况，据以向生产使用单位移交财产总值。本表在竣工决算表中起总括作用，是决算报表的核心，其他表都是以此为基础进行延伸编制而成的。

（1）"项目"栏应先按总概算表分系统编制一张汇总表，然后再按批准概算扩大单位工程项目填列。先按照不同的系统工程（或扩大单位工程）分类，再按单位工程项目逐项填列。

（2）"概算价值"栏，按照最后一次相关部门批准的修正概算书进行分项填列。应与竣建 01-4 表的总造价中的概算造价数字相符。

（3）"实际价值"栏，根据在建工程明细账进行编制。应与竣建 01-4 表的总造价中的实际造价数字相符。本栏目内各项填列方法如下。

1）"建筑工程费"、"安装工程费"栏，根据建筑工程、安装工程明细账中的直接费用，按照"项目"栏填列的各单位工程名称，对应按照支出发生历年累计数填列。

2）"设备购置费"栏，应先将设备采购运输费、设备检验费等设备性费用，按照设备原价进行分摊，再加上设备价之后列入设备购置费中。

3）"其他费用"栏，是按照在建工程——其他支出明细账和其他基建支出备查簿登记的无形资产、长期待摊费用等明细项目填列。

4）基本预备费和价差预备费不填写。

2. 编制预计未完收尾工程明细表

预计未完收尾工程明细表，详见附录 C 中附表 C-5（竣建 02 表）。该表反映工程已经竣工，但尚有少量尾工需要继续完成，预计的未完工程投资。按概算所列单项或分部工程及计划所需投资数填列，并写明所在部位、预计实物量。其中未完工程项目的工作量价值，应当按照已批准设计概算为依据，不能随意增加，而且其预计全部完成价值不应超过原批准修正总概算数（前提是没有考虑物价上涨因素）。附表 C-5 的合计数应与附表 C-4 中"预计未完工程"行合计数相符。

3. 编制其他费用明细表

其他费用明细表，详见附录 C 中附表 C-6（竣建 03 表）。该表反映列入概算的其他费用及不列入概算项目的既不构成投资完成额又不计入交付使用财产成本的应核销其他支出的费用。

"费用项目"栏，按照概算中所列项目填列。"概算数"栏的数字应与附表 C-4 的"其他费用"栏的概算数相符。实际数的"需分摊费用"栏，是指按受益对象分摊计入移交使用固定资产价值的其他费用，其数字应当与在建工程其他支出明细账相对应；实际数的"固定资产"、"流动资产"、"无形资产"栏和"长期待摊费用"栏，与其他基建支出备查簿相对应填列。

4. 编制其他费用分摊计算表

其他费用分摊计算表，详见附录 C 中附表 C-7（竣建 03 附表）。该表反映了需要分摊计入移交使用固定资产价值的各项其他费用。分摊原则是分摊各项费用的计算基数为工程实际完成的工作量。当按照实际工作量计算有困难时，可直接使用概算工作量作为计算基数。

分摊的方法有分步分摊法和一次分摊法两种，前者较复杂，一般为了简化计算量，多采用一次分摊法。其方法可按下列公式计算。

（1）按实际分配率分配，一般用于建设工期比较短，一次竣工没有尾工的建设项目，则有

$$实际分配率 = \frac{需分摊费用余额-其中可直接分配部分}{建筑工程余额 + 安装工程余额 + 在安装设备余额} \times 100\% \qquad (5-1)$$

（2）按概算分配率分配，一般用于建设工期比较长，单项工程分期分批竣工，并交付使用的建设项目，则有

$$概算分配率 = \frac{概算中需分摊费用合计数-其中可直接分配部分}{概算中建筑工程、安装工程和需要安装设备价值合计} \times 100\% \qquad (5-2)$$

（3）通过上面两种计算方法，针对不同的项目工期特点，选用相应的分配率，就可计算出分摊的费用，其公式为

$$\frac{某项固定资产应}{分摊的其他费用} = \frac{该项固定资产的建筑工程、安装}{工程和需要安装设备成本合计} \times 分配率 \qquad (5-3)$$

需要说明的是，其他费用分摊一般不包括已购入但不需要安装的机械设备、工器具及家具、无形资产、长期待摊费用，以及生活福利工程等。

附表 C-7 最后一栏的合计数应与其他费用明细表（附表 C-6）中实际数栏下的需分摊费用合计数相一致。附表 C-7 各工程明细项目的分摊数，应分别填列到附表 C-9、附表 C-10 中

"摊入费用"栏的对应工程项目中。

5. 编制移交使用资产一览表

移交使用资产一览表，详见附录 C 中附表 C-9（竣建 04-1）、附表 C-10（竣建 04-2）、附表 C-11（竣建 04-3）、附表 C-12（竣建 04-4 表）。

（1）编制移交使用的资产房屋及建筑物一览表。移交使用的资产房屋及建筑物一览表，详见附录 C 中附表 C-9（竣建 04-1 表）。该表中"房屋及建筑物名称"栏，要按照固定资产目录登记的项目填列，如没有对应的项目，须按照《企业会计准则第 4 号——固定资产》第五条规定同时满足"与该固定资产有关的经济利益很可能流入企业；该固定资产的成本能够可靠地计量"两个条件的，可以确认为固定资产的建筑费用，可补充填列，否则按建筑工作量摊入各登记项目，并汇总填入"建筑工程费"一栏。

"建筑工程费"栏，按照会计核算实际发生数填列，也可以通过附表 C-4 中的建筑工程费用减去设备基座费后，按照房屋、建筑物明细项目逐行填列。

"摊入费用"栏，是按照附表 C-7 "其他费用分摊计算表"计算分摊到建筑工程项目的费用。

"建筑工程费"、"摊入费用"栏和"移交资产价值"栏最后一行的合计数，分别填入移交使用资产总表 （附表 C-8）"建筑物"、"房屋"行的"建筑工程费""摊入费用"和"移交资产合计"各对应栏内。

如有预计未完收尾工程估列的资产，另行在备注中注明。

（2）编制移交使用的资产安装机械设备一览表。移交使用的资产安装机械设备一览表，详见附录 C 中附表 C-10（竣建 04-2 表）。该表中"机械设备名称"栏，须按照固定资产目录的登记项目填列，如没有对应的项目可以补充填列。

"设备价值"栏，按照会计核算资料填列，其中包括设备原价、运杂费和采保费等，对于进口设备还需包含关税、手续费等相关费用。

"设备基座价值"栏，是根据附表 C-4 建筑工程费中的设备基座价值填列的，其值包含设备支架和管道的支墩等。

"安装费用"栏，按照会计核算资料填列，首先按单位工程列出安装费用，可以确认为固定资产的安装费用单独登记；否则需摊入相关单位工程费用中，例如保温、油漆、设备照明、金属试验等费用；如果在同一个单位工程中有不同设备组成时，其安装费需要在不同设备之间进行分摊（其分摊比例一般以概算设备费的比例为准）。

"摊入费用"栏，与附表 C-7 其他费用分摊计算表相应项目对应。

"移交资产价值"栏为设备价值、设备基座价值、安装费用、摊入费用的合计。

将设备价值、设备基座价值、安装费用、摊入费用和移交资产价值各栏在最后一行进行合计，并将合计数分别填入移交使用资产总表 （附表 C-8）"安装的机械设备"行的"设备购置费"、"安装工程费"（包括设备基座价值）、"摊入费用"和"移交资产合计"各对应栏内。

如有预计未完收尾工程中有安装机械设备的资产，另行在备注中注明。

（3）编制"移交使用的资产不需要安装机械设备、工器具及家具一览表"。移交使用的资产不需要安装机械设备、工器具及家具一览表，详见附录 C 中附表 C-11（竣建 04-3 表）。该表中"资产名称"栏，按照不需要安装机械设备、管理车辆、办公用具、工器具和家具进行分类，在每类下面再按资产名称逐项填列。

移交资产价值后的其中"属固定资产"、"属流动资产"栏，按照财务部门的其他基建支出备查簿的记录和相关会计核算资料填列。

"不需要安装机械设备小计"、"管理车辆小计"行的"移交资产价值"后的其中"属固定资产"、"属流动资产"栏的数字，填入附表 C-8 移交使用资产总表中，行次为 5 的"不需要安装的机械设备"行中相对应栏，以及"移交资产合计"栏中。

"办公用品小计"、"工器具小计"、"家具小计"行的移交资产价值后的其中"属固定资产"、"属流动资产"栏的数字，填入附表 C-8 移交使用资产总表中，行次为 6 的"工器具及家具"行中相对应栏，以及"移交资产合计"栏中。

（4）编制移交使用的资产无形资产、长期待摊费用一览表。移交使用的资产无形资产、长期待摊费用一览表，详见附录 C 中附表 C-12（竣建 04-4 表）。该表中"资产项目"栏，按资产或费用项目填列。

实际价值中的"无形资产"和"长期待摊费用"栏，按照财务部门的其他基建支出备查簿的记录和相关会计核算资料填列，在最后一行进行合计，其合计数填入附表 C-8 移交使用资产总表中，行次分别为 11 和 13 的"无形资产"、"长期待摊费用"中相对应栏，以及"移交资产合计"栏中。

"备注"栏，是说明形成无形资产、长期待摊费用时，相关的文件、协议、资产移交或资金划拨的情况，主要是为了方便资产的管理。

6. 编制移交使用资产总表

移交使用资产总表详见附录 C 中附表 C-8（竣建 04 表）。该表是附表 C-9 至附表 C-12 的汇总表，综合反映了移交使用资产的分类、价值构成，和直接形成的资产情况。

"资产分类"栏，按照固定资产、流动资产、无形资产和长期待摊费用等四个进行分类，并按移交使用资产一览表项目排序。

"建筑工程费"、"摊入费用"和"移交资产合计"栏，填列附表 C-9 最后一行合计数。

"设备购置费"、"安装工程费"、"摊入费用"和"移交资产合计"栏，是按照附表 C-10 中最后一行合计数填列。

"其他费用"栏下面的"作固定资产移交生产"、"作流动资产移交生产"、"作无形资产移交生产"、"作长期待摊销费用移交生产"等栏，是根据附表 C-11 和附表 C-12 相对应项目分析填列。

最后的"合计"行"移交资产合计"栏，与附表 C-4 竣工工程决算一览表中最后的"合计"行的"实际价值"合计栏的合计数相同。

7. 编制竣工工程财务决算表

竣工工程财务决算表，详见附录 C 中附表 C-13（竣建 05 表）。该表反映了竣工工程历年基建拨款、投资贷款、基建支出、投资完成额和结余资金等综合情况。数字来源为历年经批准的建设单位年度决算。

附表 C-13 是采用资金平衡表的形式，即全部资金来源必须等于全部资金占用。反映建设项目从工程筹建开始到竣工验收时为止的全部资金来源和资金运用情况，是考核和分析基本建设拨款、投资借款及投资完成交付使用和结余资金的依据。附表 C-13 应按照批准企业历年财务决算和基本建设业务相关的会计核算资料分析填列。

8. 编制竣工工程概况表

竣工工程概况表详见附录 C 中附表 C-1（竣建 01 表）。该表反映基本建设竣工工程的规模、工期、投资、质量、技术经济指标、特征等基本情况。为全面考核竣工工程主要技术经济指标、为工程投资分析提供依据，附表 C-1 须按照最终批准的概算设计文件、计划和会计核算等相关资料填列。

附表 C-1 根据发电、送电、变电、通信及自动化工程的建设内容和特点，分为七种格式，即火电竣工工程概况表（竣建 01-1 表）、水电竣工工程概况表（竣建 01-2 表）、核电竣工工程概况表（竣建 01-3 表）、送电竣工工程概况表（竣建 01-4 表）、变电竣工工程概况表（竣建 01-5 表）、通信及自动化竣工工程概况表（竣建 01-6 表）、其他基建项目竣工工程概况表（竣建 01-7 表）。限于篇幅，竣建 01-1、竣建 01-2、竣建 01-3、竣建 01-5 表略。

在栏目设置上除了有各表不同之处，也有相同的公共栏目，下面对这些栏目简述如下。

（1）"建设性质"栏，按建设项目属于新建、扩建、改建、恢复和迁建的性质填列。

（2）"主要工程特征"各栏，按照设计文件、最终实际建设情况填列。

（3）"工程进度"中"开工日期"栏，按照上级批准的开工报告中，建筑安装工程最先一个永久性工程开工项目的开工日期填列；"竣工日期"栏，按照经验收合格，并工程全部投产的日期填列。

（4）"概算投资"栏，按照有关部门最终批准的概算数填列，必须与附表 C-4（竣建 02 表）"合计"行的"概算价值"栏合计数相符。

（5）"实际投资"栏，按照会计核算资料填列，必须与附表 C-4（竣建 02 表）"合计"行的"实际价值"栏合计数相符。

（6）"招标总额"栏，反映的是中标单位与建设单位签订的工程合同中注明的金额，而不是建设单位招标的标底金额，如果一个工程有两个以上工程合同的，需要进行汇总后填列。

（7）"工程造价"栏，是工程全部固定资产投资，其值=工程总投资-（移交的流动资产+无形资产+长期待摊费用）。

（8）"固定资产形成率"栏，是实际移交固定资产总额与实际总投资额之比的百分数。其计算公式为

$$固定资产形成率=实际移交固定资产总额÷实际总投资额×100\% \qquad (5\text{-}4)$$

（9）"工程质量鉴定"栏，按照竣工验收报告中相关部门鉴定的结果填列。

9. 编写竣工决算报告情况说明书，完成竣工决算报告送审稿编制任务

按照上面的步骤完成竣工决算报告后，将报送上级主管部门、有关投资方和审计部门（单位）审查，然后按照审查时给定的意见修改定稿，装订成册，再正式上报上级主管部门和各投资方。

根据财政部财建［2003］724 号文规定，财政部对基本建设项目年度财务决算不再审批；对项目竣工决算按基本建设财务制度规定审批，即中央级大中型基本建设项目竣工财务决算，经主管部门审核后报财政部审批。

思 考 与 训 练

1. 竣工决算在基础资料的准备方面应当做哪些工作？

2. 竣工决算编制前的准备工作有哪些？

3. 编制竣工决算的原则及要求是什么？

4. 竣工决算由哪些部分组成？

5. 请简述竣工决算的各阶段的主要工作。

6. 竣工决算编制的步骤是什么？

【实训项目五】

某大、中型建设项目 2001 年开工建设，2002 年底有关财务核算资料如下。

（1）已经完成部分单项工程，经验收合格后，已经交付使用的以下资产。

1）固定资产价值 67986 万元。

2）为生产准备的使用期限在一年以内的备品备件、工具、器具等流动资产价值 27000 万元。

3）期限在一年以上，单位价值在 1500 元以上的工具 54 万元。

4）建造期间购置的专利权、非专利技术等无形资产 1800 万元，摊销期 5 年。

5）筹建期间发生的开办费 72 万元。

（2）基本建设支出以下项目。

1）建筑安装工程支出 14400 万元。

2）设备工器具投资 39600 万元。

3）建设单位管理费、勘察设计费等待摊投资 2160 万元。

4）通过出让方式购置的土地使用权形成的其他投资 99 万元。

（3）非经营项目发生的待核销基本建设支出 45 万元。

（4）应收生产单位投资借款 1260 万元。

（5）购置需要安装的器材 45 万元，其中待处理器材 14.4 万元。

（6）货币资金 423 万元。

（7）预付工程款及应收有偿调出器材款 16.2 万元。

（8）建设单位自用的固定资产原值 54495 万元，累计折旧 9019.8 万元。

《资金平衡表》上的各类资金来源的期末余额是：

1）预算拨款 46800 万元。

2）自筹资金拨款 52200 万元。

3）其他拨款 468 万元。

4）建设单位向银行借入的借款 99000 万元。

5）建设单位当年完成交付生产单位使用的资产价值中，180 万元属于利用投资借款形成的待冲基建支出。

6）应付销售商 36 万元贷款和尚未支付的应付工程款 1724.4 万元。

7）未交税金 27 万元。

根据上述有关资料填写该项目竣工财务决算表，见表 5-1。

表 5-1   **大、中型建设项目竣工财务决算表**

建设项目名称：××建设项目   单位：万元

资　金　来　源	金额	资　金　占　用	金额	补　充　资　料
一、基建拨款		一、基建支出		1. 基建投资借款期末余额
1. 预算拨款		1. 交付使用资产		2. 应收生产单位投资借款期末余额
2. 基建基金拨款		2. 在建工程		3. 基建结余资金
3. 进口设备转账拨款		3. 待核销基建支出		
4. 器材转账拨款		4. 非经营项转出投资		
5. 煤代油装用基金拨款		二、应收生产单位投资借款		
6. 自筹资金拨款		三、拨款所属投资借款		
7. 其他专款		四、器材		
二、项目资金		其中：待处理器材损失		
1. 国家资本		五、货币资金		
2. 法人资本		六、预付及应收款		
3. 个人资本		七、有价证券		
三、项目资本公积金		八、固定资产		
四、基建借款		固定资产原值		
五、上级拨入投资借款		减：累计折旧		
六、企业债券资金		固定资产净值		
七、待冲基建支出		固定资产清理		
八、应付款		待处理固定资产损失		
九、未交款				
1. 未交税金				
2. 未交基建收入				
3. 未交基建包干节余				
4. 其他未交款				
十、上级拨入资金				
十一、留成收入				
合　　　计				

附录 A　10kV 某新建配电线路工程施工图预算书格式

预算书的封面格式如下。

10kV 某新建线路工程

施工图预算

某电力工程公司

××年××月

设　计　单　位：

建　设　单　位：

编　制　单　位：

编　　　制：

审　　　定：

校　　　核：

批　　　准：

编　制　说　明

以［案例工程一］为例。

一、工程概况

（1）本工程为某地区 10kV 新建线路工程。

（2）导线架设：新架设 JKLYJ-10kV-50 绝缘导线 55m；跨越电力、公路、通信两处；GJ-70 普通拉线两组。

（3）电缆敷设：敷设直埋 YJV22-8.7/15kV-3×50 电缆 150m，路面为砂石、碎石路面。

（4）杆塔组立：新立电杆（φ190×12000）3 基。

（5）配电装置：新装真空断路器 1 台，隔离开关 1 台，避雷器 1 台，电流互感器 1 台，400kVA 干式变压器 1 台。

（6）接地装置：角钢接地体 6 根，镀锌扁铁长 30m。

（7）全线地形：100% 平地；全线地质比例：普土 70%，坚土 20%，泥水 10%。

二、编制依据

（1）2009 年版《20kV 及以下配电网工程建设预算编制与计算标准》；

（2）2009 年版《20kV 及以下配电网工程预算定额》（第一册）；

（3）2009 年版《20kV 及以下配电网工程预算定额》（第二册）；

（4）2009 年版《20kV 及以下配电网工程预算定额》（第三册）；

（5）2009 年版《20kV 及以下配电网工程预算定额》（第四册）；

（6）2009 年版《20kV 及以下配电网工程预算定额》（第五册）；

（7）2009 年版《20kV 及以下配电网工程预算定额》（第六册）；

（8）2009 年版《20kV 及以下配电网工程设备材料价格信息》。

三、其他说明

（1）本工程人力平均运距为 100m，汽车运距为 25km。

（2）基本预备费按 1% 考虑。

附表 A-1　　　　　　　　　**20kV 及以下配电网工程总预算表**　　　　　　　　单位：元

编号	工程或费用名称	建筑工程费	设备购置费	安装工程费	其他费用	合计	各项占静态投资比例	单位投资
一	配电站（开关站）工程							
二	架空线路工程	1268.15	165192.42	26053.48		192514.05	78.77%	
三	电缆线路工程	3356.68		36231.16		39587.84	16.20%	
四	通信与调度自动化							
五	工程相关单项工程							
	小计	4624.83	165192.42	62284.64		232101.89	94.97%	
六	其他费用				12293.88	12293.88	5.03%	
（一）	建设场地征用及清理费							
（二）	项目建设管理费				3195.41	3195.41	1.31%	

续表

编号	工程或费用名称	建筑工程费	设备购置费	安装工程费	其他费用	合计	各项占静态投资比例	单位投资
（三）	项目建设技术服务费				5987.82	5987.82	2.45%	
（四）	工程建设监督检测费				199.01	199.01	0.08%	
（五）	生产准备费				497.54	497.54	0.20%	
（六）	基本预备费				2414.1	2414.1	0.99%	
	小计	4624.83	165192.42	62284.64	12293.88	244395.77	100.00%	
七	特殊项目							
	工程静态投资	4624.83	165192.42	62284.64	12293.88	244395.77	100.00%	
	各项占静态投资比例	1.89%	67.59%	25.49%	5.03%	100.00%		
八	建设期贷款利息							
	小计							
	工程动态投资	4624.83	165192.42	62284.64	12293.88	244395.77		
	各项占动态投资比例%	1.89%	67.59%	25.49%	5.03%	100.00%		

附表 A-2　　　　　表二甲　20kV 及以下配电网安装工程专业汇总表　　　　单位：元

编号	工程项目名称	设备购置费	安装工程费			合计	技术经济指标		
			金额	其中			单位	数量	指标
				主要材料费	人工费				
	整个工程	165192.42	62284.64	33267.26	6301.20	227477.06			
二	架空线路工程	165192.42	26053.48	17725.09	2321.69	191245.90			
1	杆塔工程		14355.24	11423.61	657.21	14355.24	元/基		
2	架线工程		9231.24	6301.48	924.68	9231.24	元/km		
3	杆上变配电装置	165192.42	2467.00		739.80	167659.42	元/套		
三	电缆线路工程		36231.16	15542.17	3979.51	36231.16			
2	电缆敷设		19293.75	15088.57	1390.82	19293.75	元/km		
3	电缆防火		618.96	453.60	59.57	618.96			
5	调试与试验		16318.45		2529.12	16318.45			
	合计	165192.42	62284.64	33267.26	6301.20	227477.06			

附表 A-3　　　　　表二乙　20kV 及以下配电网建筑工程专业汇总表　　　　单位：元

编号	工程项目名称	建筑工程费				合计	技术经济指标		
		金额	其中				单位	数量	指标
			设备费	主要材料费	人工费				
	整个工程	4624.83		349.52	1769.86	4624.83			
二	架空线路工程	1268.15		349.52	355.47	1268.15	元/km		
1	土石方工程	619.58			262.00	619.58	元/m³		
2	基础工程	648.57		349.52	93.47	648.57	元/m³		

编号	工程项目名称	建筑工程费				合计	技术经济指标		
		金额	其中				单位	数量	指标
			设备费	主要材料费	人工费				
三	电缆线路工程	3356.68			1414.39	3356.68			
1	电缆沟工程	3356.68			1414.39	3356.68			
	合计	4624.83		349.52	1769.86	4624.83			

附表 A-4　　　　**表三甲　20kV 及以下配电网安装工程预算表**

编号	编制依据	项目名称	单位	数量	单价（元）				合价（元）			
					设备	主要材料	定额基价	其中工资	设备	主要材料	安装费	其中工资
		整个工程										
二		架空线路工程										
1		杆塔工程										
	PX1-1	人力运输，平均运距 500m 以内，混凝土杆	t·km	0.448			224.05	202.13			100.37	90.55
	PX1-22	汽车运输，混凝土杆，装卸	t	4.48			81.42	7.89			364.76	35.35
	PX1-23	汽车运输，混凝土杆，运输	t·km	112			1.45	0.34			162.4	38.08
	PX1-6	人力运输 500m 以内，金具、绝缘子、零星钢材	t·km	0.043			102.76	93.23			4.42	4.01
	PX1-34	汽车运输，金具、绝缘子、零星钢材装卸	t	0.43			38.5	9.04			16.56	3.89
	PX1-35	汽车运输，金具、绝缘子、零星钢材运输	t·km	10.75			1.48	0.34			15.91	3.66
		混凝土杆 φ190×12000	根	3		2015				6045		
	PX4-4 调整	混凝土杆组立，整根式，13m 以内	基	3			450.79	279.79			1352.37	839.37
		10kV 线路铁附件，综合	t	0.161		7200				1159.2		
		合成绝缘横担 FS-10/3	根	10		126				1260		
		合成绝缘子串 FXBW2-10/45	串	9		145				1305		
		联板类	t	0.005		15568				77.84		
		挂环类	t	0.001		28945				28.95		

编号	编制依据	项目名称	单位	数量	单价（元）				合价（元）			
					设备	主要材料	定额基价	其中工资	设备	主要材料	安装费	其中工资
		碗头挂环类	t	0.004		25858				103.43		
	PX4-33	横担安装，铁、木横担，单根	组	5			20.6	16.86			103	84.3
	PX4-34	横担安装，铁、木横担，双根	组	2			31.67	26.57			63.34	53.14
	PX4-35	横担安装，瓷横担，直线杆	组	3			11.63	11.24			34.89	33.72
	PX4-36	横担安装，瓷横担，耐张杆	组	7			22.87	22.48			160.09	157.36
	PX4-49	绝缘子安装，耐张	只	9			2.27	1.89			20.43	17.01
		镀锌钢绞线 GJ-25～100	t	0.02		5500				110		
		楔形线夹	只	2		18				36		
		UT 型线夹	只	2		33				66		
		拉线标识管	根	2		24				48		
	PX4-53	拉线制作安装，截面 70mm² 以内	根	2			28.72	26.02			57.44	52.04
	PX4-58	拉线制作安装，拉线保护管筒	根	2			4.07	4.07			8.14	8.14
		铜绞线 TJ16～120	kg	10		39.5				395		
		镀锌接地扁钢	t	0.06		6200				372		
		角钢接地体	t	0.045		6500				292.5		
	PX-59	接地体加工及制作	t	0.045			228.64	132.08			10.29	5.95
	PX4-60	接地极安装	根	6			10.06	9.15			60.36	54.9
	PX4-62	接地体敷设 50m 以内	基	1			30.54	24.96			30.54	24.96
	PX4-68	混凝土杆高空接地引下线	根	1			44.74	13.73			44.74	13.73
	PX4-69	电阻测量	基	1			24.75	9.57			24.75	9.57
		主材损耗								124.69		
		主材小计								11423.61		
		小计								11423.61	1389.254	850.92
（一）		直接费	%	100			13072.05				13072.05	
1		直接工程费	%	100			12812.86				12812.86	

续表

编号	编制依据	项目名称	单位	数量	单价（元）				合价（元）			
					设备	主要材料	定额基价	其中工资	设备	主要材料	安装费	其中工资
1.1		人工费	%	100			850.92				850.92	
1.2		材料费	%	100			11436.66				11436.66	
1.2.1		定额材料费	%	100			13.05				13.05	
1.2.2		装材费	%	100			11423.61				11423.61	
1.3		施工机械使用费	%	100			525.28				525.28	
2		措施费	%	100			259.19				259.19	
2.1		临时设施费	%	13.14			850.92				111.81	
2.2		安全文明施工措施费	%	6.56			850.92				55.82	
2.3		施工工具用具使用费	%	4.13			850.92				35.14	
2.4		冬雨季施工增加费	%	6.63			850.92				56.42	
2.5		夜间施工增加费	%				850.92				0	
2.6		特殊地区施工增加费	%				850.92				0	
（二）		间接费	%	100			622.62				622.62	
1		规费	%	100			323.09				323.09	
1.1		社会保障费	%	25.93			850.92				220.64	
1.2		住房公积金	%	10.2			850.92				86.79	
1.3		危险作业意外伤害保险费	%	1.84			850.92				15.66	
2		企业管理费	%	35.2			850.92				299.52	
（三）		利润	%	22			850.92				187.20	
（四）		税金	%	3.41			13881.87				473.37	
		合计	%	100			14355.24				14355.24	
2		架线工程										
		架空绝缘线	m	550		8					4400	
		耐张线夹	副	9		198					1782	
		并沟线夹	只	6		13.7					82.2	
	PX1-5	人力运输，平均运距 500m 以内，线材	t·km	0.02			285	255.6			5.42	4.86

续表

编号	编制依据	项目名称	单位	数量	单价（元）				合价（元）			
					设备	主要材料	定额基价	其中工资	设备	主要材料	安装费	其中工资
	PX1-32	汽车运输，线材装卸	t	0.19			81.18	8.77			15.42	1.67
	PX1-33	汽车运输，线材运输	t·km	4.75			1.62	0.44			7.70	2.09
	PX5-17	导线架设，绝缘铝绞线，截面95mm² 以内	100m	5.5			61.82	39.23			340.01	215.77
	PX5-40	导线跨越电力、公路、通信	处	2			547.57	350.15			1095.14	700.3
		主材损耗								37.28		
		主材小计								6301.48		
		小计								6301.48	1463.68	924.68
（一）		直接费	%	100			8046.82				8046.82	
1		直接工程费	%	100			7765.16				7765.16	
1.1		人工费	%	100			924.68				924.68	
1.2		材料费	%	100			6718.92				6718.92	
1.2.1		定额材料费	%	100			417.44				417.44	
1.2.2		装材费	%	100			6301.48				6301.48	
1.3		施工机械使用费	%	100			121.57				121.57	
2		措施费	%	100			281.66				281.66	
2.1		临时设施费	%	13.14			924.68				121.50	
2.2		安全文明施工措施费	%	6.56			924.68				60.66	
2.3		施工工具用具使用费	%	4.13			924.68				38.19	
2.4		冬雨季施工增加费	%	6.63			924.68				61.31	
2.5		夜间施工增加费	%				924.68					
2.6		特殊地区施工增加费	%				924.68					
（二）		间接费	%	100			676.59				676.59	
1		规费	%	100			351.1				351.1	
1.1		社会保障费	%	25.93			924.68				239.77	
1.2		住房公积金	%	10.2			924.68				94.32	
1.3		危险作业意外伤害保险费	%	1.84			924.68				17.01	

编号	编制依据	项目名称	单位	数量	单价（元）				合价（元）			
					设备	主要材料	定额基价	其中工资	设备	主要材料	安装费	其中工资
2		企业管理费	%	35.2			924.68				325.49	
（三）		利润	%	22			924.68				203.43	
（四）		税金	%	3.41			8926.84				304.41	
		合计	%	100			9231.24				9231.24	
3		杆上变配电装置										
		高压真空断路器（12kV，630A）	台	1	18800				18801			
		高压隔离开关（12kV，630A）	台	1	963				964			
		氧化锌避雷器HYW5-12.7/50	台	1	890				891			
		组合式电流互感器	台	1	20000				20001			
		干式变压器SGB11-400kVA	台	1	122500				122500			
	PX6-13	杆上变配电装置，隔离开关	组	1			198.29	126.94			198.29	126.94
	PX6-14	杆上变配电装置，断路器	组	1			482.22	132.35			482.22	132.35
	PX6-16	杆上变配电装置，避雷器	组	1			132.61	65.93			132.61	65.93
	PX6-24	杆上变配电装置，电流互感器	组	1			71.32	28.63			71.32	28.63
	PD1-7	10kV 干式变压器安装，容量500kVA 以下	台	1			571.8	385.95			571.8	385.95
		设备运杂费	%	1.25	163153				2039.42			
		设备购置费小计							165192.42			
		主材损耗										
		主材小计										
		小计							165192.42		1456.2	739.8
（一）		直接费	%	100			1681.58				1681.58	
1		直接工程费	%	100			1456.24				1456.24	
1.1		人工费	%	100			739.8				739.8	
1.2		材料费	%	100			289.27				289.27	

编号	编制依据	项目名称	单位	数量	单价（元）				合价（元）			
					设备	主要材料	定额基价	其中工资	设备	主要材料	安装费	其中工资
1.2.1		定额材料费	%	100			289.27				289.27	
1.2.2		装材费	%	100								
1.3		施工机械使用费	%	100			427.17				427.17	
2		措施费	%	100			225.34				225.34	
2.1		临时设施费	%	13.14			739.8				97.21	
2.2		安全文明施工措施费	%	6.56			739.8				48.53	
2.3		施工工具、用具使用费	%	4.13			739.8				30.55	
2.4		冬雨季施工增加费	%	6.63			739.8				49.05	
2.5		夜间施工增加费	%				739.8					
2.6		特殊地区施工增加费	%				739.8					
（二）		间接费	%	100			541.31				541.31	
1		规费	%	100			280.90				280.90	
1.1		社会保障费	%	25.93			739.8				191.83	
1.2		住房公积金	%	10.2			739.8				75.46	
1.3		危险作业意外伤害保险费	%	1.84			739.8				13.61	
2		企业管理费	%	35.2			739.8				260.41	
（三）		利润	%	22			739.8				162.76	
（四）		税金	%	3.41			2385.65				81.35	
		合计	%	100			2467				2467	
三		电缆线路工程										
2		电缆敷设										
		电缆 YJV22-8.7/15 kV-3×50	m	150		86					12900	
		电缆终端户内型	套	1		570					570	
		电缆终端户外型	套	1		1287					1287	
		电缆保护管涂塑钢管	m	2.5		56					140	

续表

编号	编制依据	项目名称	单位	数量	单价（元）				合价（元）			
					设备	主要材料	定额基价	其中工资	设备	主要材料	安装费	其中工资
		电缆保护管热缩套	根	1		44				44		
	PL1-5	破路面，沙石、碎石路面厚度在 150mm 以内	m²	90			6.2	6.16			558	554.4
	PL1-9	直埋式电缆沟槽挖填土，普通土	m³	67.5			12.36	11.11			834.3	749.93
	PL1-39	密封电缆保护管安装，ϕ200mm 以内	根	1			429.38	86.49			429.38	86.49
		主材损耗								147.57		
		主材小计								15088.57		
		小计								15088.57	1821.68	1390.82
（一）		直接费	%	100			17333.89				17333.89	
1		直接工程费	%	100			16910.25				16910.25	
1.1		人工费	%	100			1390.82				1390.82	
1.2		材料费	%	100			15437.76				15437.76	
1.2.1		定额材料费	%	100			349.19				349.19	
1.2.2		装材费	%	100			15088.57				15088.57	
1.3		施工机械使用费	%	100			81.68				81.68	
2		措施费	%	100			423.64				423.64	
2.1		临时设施费	%	13.1			1390.82				182.75	
2.2		安全文明施工措施费	%	6.56			1390.82				91.24	
2.3		施工工具用具使用费	%	4.13			1390.82				57.44	
2.4		冬雨季施工增加费	%	6.63			1390.82				92.21	
2.5		夜间施工增加费	%				1390.82				0	
2.6		特殊地区施工增加费	%				1390.82				0	
（二）		间接费	%	100			1017.66				1017.66	
1		规费	%	100			528.09				528.09	
1.1		社会保障费	%	25.9			1390.82				360.64	
1.2		住房公积金	%	10.2			1390.82				141.86	

续表

编号	编制依据	项目名称	单位	数量	单价（元）				合价（元）			
					设备	主要材料	定额基价	其中工资	设备	主要材料	安装费	其中工资
1.3		危险作业意外伤害保险费	%	1.84			1390.82				25.59	
2		企业管理费	%	35.2			1390.82				489.57	
（三）		利润	%	22			1390.82				305.98	
（四）		税金	%	3.41			18657.53				636.22	
		合计	%	100			19293.75				19293.75	
3		电缆防火										
		防火堵料	t	0.03		15120				453.6		
	PL6-1	电缆防火，防火堵料	t	0.03			2337.2	1985.53			70.12	59.57
		主材损耗										
		主材小计								453.6		
		小计								453.6	70.12	59.57
（一）		直接费	%	100			541.86				541.86	
1		直接工程费	%	100			523.71				523.71	
1.1		人工费	%	100			59.57				59.57	
1.2		材料费	%	100			464.15				464.15	
1.2.1		定额材料费	%	100			10.55				10.55	
1.2.2		装材费	%	100			453.6				453.6	
1.3		施工机械使用费	%	100			0				0	
2		措施费	%	100			18.144				18.14	
2.1		临时设施费	%	13.14			59.57				7.83	
2.2		安全文明施工措施费	%	6.56			59.57				3.91	
2.3		施工工具用具使用费	%	4.13			59.57				2.46	
2.4		冬雨季施工增加费	%	6.63			59.57				3.95	
2.5		夜间施工增加费	%				59.57					
2.6		特殊地区施工增加费	%				59.57					
（二）		间接费	%	100			43.58				43.58	
1		规费	%	100			22.62				22.62	

编号	编制依据	项目名称	单位	数量	单价（元）				合价（元）			
					设备	主要材料	定额基价	其中工资	设备	主要材料	安装费	其中工资
1.1		社会保障费	%	25.93			59.57				15.45	
1.2		住房公积金	%	10.2			59.57				6.08	
1.3		危险作业意外伤害保险费	%	1.84			59.57				1.10	
2		企业管理费	%	35.2			59.57				20.97	
（三）		利润	%	22			59.57				13.10	
（四）		税金	%	3.41			598.55				20.41	
		合计	%	100			618.96				618.96	
5		调试与试验										
	PL8-1	电缆试验，绝缘遥测	回路	1			35.1	27.03			35.1	27.03
	PL8-3	10kV 电缆试验，交流耐压试验	回路	1			4037.72	737.19			4037.72	737.19
	PL8-4	10kV 电缆试验，电阻比试验	回路	1			200.18	159			200.18	159
	PL8-5	10kV 电缆试验，局放试验	回路	1			8330.01	1605.9			8330.01	1605.9
		主材损耗										
		主材小计										
		小计									12603	2529.12
（一）		直接费	%	100			13373.38				13373.38	
1		直接工程费	%	100			12603.01				12603	
1.1		人工费	%	100			2529.12				2529.12	
1.2		材料费	%	100			580.79				580.79	
1.2.1		定额材料费	%	100			580.79				580.79	
1.2.2		装材费	%	100								
1.3		施工机械使用费	%	100			9493.1				9493.1	
2		措施费	%	100			770.37				770.37	
2.1		临时设施费	%	13.14			2529.12				332.33	
2.2		安全文明施工措施费	%	6.56			2529.12				165.91	
2.3		施工工具用具使用费	%	4.13			2529.12				104.45	

续表

编号	编制依据	项目名称	单位	数量	单价（元）				合价（元）			
					设备	主要材料	定额基价	其中工资	设备	主要材料	安装费	其中工资
2.4		冬雨季施工增加费	%	6.63			2529.12				167.68	
2.5		夜间施工增加费	%				2529.12					
2.6		特殊地区施工增加费	%				2529.12					
（二）		间接费	%	100			1850.56				1850.56	
1		规费	%	100			960.31				960.31	
1.1		社会保障费	%	25.93			2529.12				655.80	
1.2		住房公积金	%	10.2			2529.12				257.97	
1.3		危险作业意外伤害保险费	%	1.84			2529.12				46.54	
2		企业管理费	%	35.2			2529.12				890.25	
（三）		利润	%	22			2529.12				556.41	
（四）		税金	%	3.41			15780.34				538.11	
		合计	%	100			16318.45				16318.5	

附表 A-5　　　　　　表三乙　20kV 及以下配电网建筑工程预算表

编号	编制依据	项目名称	单位	数量	设备单价（元）	定额基价（元）			设备费	费用合计（元）		
						金额	其中工资	其中主要材料		金额	其中人工费	其中主要材料费
二		架空线路工程										
1		土石方工程										
	PX2-1	线路复测与分坑单杆	基	3.00		35.76	14.79			107.28	44.28	
	PX2-7	电杆坑挖方（或爆破）及回填，普通土，坑深2.0m以内	m³	15.06		11.46	10.37			172.59	156.17	
	PX2-7	拉线坑挖方（或爆破）及回填，普通土，坑深2.0m以内	m³	6.10		11.46	10.37			69.91	63.26	
		小计								349.78	262.00	
（一）		直接费	%	100		400.37				400.37		
1		直接工程费	%	100		349.78				349.78		
1.1		人工费	%	100		262.00				262.00		

续表

编号	编制依据	项目名称	单位	数量	设备单价（元）	定额基价（元）			设备费	费用合计（元）		
						金额	其中工资	其中主要材料		金额	其中人工费	其中主要材料费
1.2		材料费	%	100		61.08				61.08		
1.2.1		定额材料费	%	100		61.08				61.08		
1.2.2		装材费	%	100								
1.3		施工机械使用费	%	100		26.70				26.70		
2		措施费	%	100		50.59				50.59		
2.1		临时设施费	%	8.83		262.00				23.13		
2.2		安全文明施工措施费	%	3.25		262.00				8.52		
2.3		施工工具用具使用费	%	2.28		262.00				5.97		
2.4		冬雨季施工增加费	%	4.95		262.00				12.97		
2.5		夜间施工增加费	%			262.00						
2.6		特殊地区施工增加费	%			262.00						
（二）		间接费	%	100		159.48				159.48		
1		规费	%	100		99.48				99.48		
1.1		社会保障费	%	25.93		262.00				67.94		
1.2		住房公积金	%	10.2		262.00				26.72		
1.3		危险作业意外伤害保险费	%	1.84		262.00				4.82		
2		企业管理费	%	22.9		262.00				60.00		
（三）		利润	%	15		262.00				39.30		
（四）		税金	%	3.41		599.15				20.43		
		合计	%	100		619.58				619.58		
2		基础工程										
	PX1-2	人力运输，平均运距 500m 以内，混凝土预制品	t·km	0.102		191.29	173.98			19.51	17.75	
	PX1-24	汽车运输，混凝土预制品，装卸	t	1.02		50.62	10.20			51.63	10.40	
	PX1-25	汽车运输，混凝土预制品，运输	t·km	25.5		1.28	0.24			32.64	6.12	
	PX3-3	预制基础，底盘安装，每块重量（kg）300 以内	块	3.00		21.26	15.88			63.78	47.64	
		底盘 D0.8m×0.8m×0.17m	块	3.00				47.00				141.00

续表

编号	编制依据	项目名称	单位	数量	设备单价（元）	定额基价（元）			设备费	费用合计（元）		
						金额	其中工资	其中主要材料		金额	其中人工费	其中主要材料费
		拉线盘 L0.8m×0.4m×0.15m	块	2.00				48.00				96.00
	PX3-8	预制基础，拉线盘安装，每块重量（kg）300以内	块	2.00		7.51	4.76			15.02	9.52	
		拉线棒	只	2.00				55.00				111.00
	PX3-80	拉线棒防腐，沥青清漆防腐	根	2.00		3.06	1.02			6.12	2.04	
		主材损耗费										1.52
		主材费小计										349.52
		小计								188.7	93.47	349.52
（一）		直接费	%	100		556.27				556.27		
1		直接工程费	%	100		538.22				538.22		
1.1		人工费	%	100		93.47				93.47		
1.2		材料费	%	100		354.12				354.12		
1.2.1		定额材料费	%	100		4.60				4.60		
1.2.2		装材费	%	100		349.52				349.52		
1.3		施工机械使用费	%	100		90.63				90.63		
2		措施费	%	100		18.05				18.05		
2.1		临时设施费	%	8.83		93.47				8.25		
2.2		安全文明施工措施费	%	3.25		93.47				3.04		
2.3		施工工具用具使用费	%	2.28		93.47				2.13		
2.4		冬雨季施工增加费	%	4.95		93.47				4.63		
2.5		夜间施工增加费	%			93.47						
2.6		特殊地区施工增加费	%			93.47						
（二）		间接费	%	100		56.89				56.89		
1		规费	%	100		35.49				35.49		
1.1		社会保障费	%	25.93		93.47				24.24		
1.2		住房公积金	%	10.2		93.47				9.53		
1.3		危险作业意外伤害保险费	%	1.84		93.47				1.72		
2		企业管理费	%	22.9		93.47				21.40		

编号	编制依据	项目名称	单位	数量	设备单价（元）	定额基价（元）			设备费	费用合计（元）		
						金额	其中工资	其中主要材料		金额	其中人工费	其中主要材料费
（三）		利润	%	15		93.47				14.02		
（四）		税金	%	3.41		627.18				21.39		
		合计	%	100		648.57				648.57		
三		电缆线路工程										
1		电缆沟工程										
	PX1-5	人力运输，平均运距 500m 以内，线材	t·km	0.052		285.03	255.61			14.8216	13.29	
	PX1-32	汽车运输，线材，装卸	t	0.52		81.18	8.77			42.2136	4.56	
	PX1-33	汽车运输，线材，运输	t·km	13		1.62	0.44			21.06	5.72	
	PL1-5	破路面，沙石、碎石路面，厚度在 150mm 以内	m²	90		6.20	6.16			558	554.4	
	PL1-9	直埋电缆沟槽挖填土，普通土	m³	67.5		12.36	11.11			834.3	749.9	
	PL1-39	密封电缆保护管安装，φ200mm 以内	根	1		429.38	86.49			429.38	86.49	
		小计								1899.78	1414	
（一）		直接费	%	100		2172.89				2172.89		
1		直接工程费	%	100		1899.78				1899.78		
1.1		人工费	%	100		1414.39				1414.39		
1.2		材料费	%	100		349.82				349.82		
1.2.1		定额材料费	%	100		349.82				349.82		
1.2.2		装材费	%	100								
1.3		施工机械使用费	%	100		135.56				135.56		
2		措施费	%	100		273.12				273.12		
2.1		临时设施费	%	8.83		1414.39				124.89		
2.2		安全文明施工措施费	%	3.25		1414.39				45.97		
2.3		施工工具用具使用费	%	2.28		1414.39				32.25		
2.4		冬雨季施工增加费	%	4.95		1414.39				70.01		
2.5		夜间施工增加费	%			1414.39						
2.6		特殊地区施工增加费	%			1414.39						
（二）		间接费	%	100		860.94				860.94		

续表

编号	编制依据	项目名称	单位	数量	设备单价（元）	定额基价（元）			设备费	费用合计（元）		
						金额	其中工资	其中主要材料		金额	其中人工费	其中主要材料费
1		规费	%	100		537.04				537.04		
1.1		社会保障费	%	25.93		1414.39				366.75		
1.2		住房公积金	%	10.2		1414.39				144.27		
1.3		危险作业意外伤害保险费	%	1.84		1414.39				26.02		
2		企业管理费	%	22.9		1414.39				323.90		
（三）		利润	%	15		1414.39				212.16		
（四）		税金	%	3.41		3245.99				110.69		
		合计	%	100		3356.68				3356.68		

附表 A-6　　　　　　　　　　表四　其他费用计算表　　　　　　　　　单位：元

编号	项目名称	主要内容及范围说明	合价
1	建设场地征用及清理费		
1.1	土地征用补偿费		
1.2	余物清理费		
1.3	施工场地租用费		
1.4	线路施工赔偿费		
2	项目建设管理费		3218.38
2.1	项目管理费	（建筑工程费+安装工程费）×1.15%	769.46
2.2	招标费	（建筑工程费＋安装工程费＋设备购置费）×0.32%	742.73
2.3	工程监理费	（建筑工程费+安装工程费）×2.55%	1706.19
3	项目建设技术服务费		6037.59
3.1	工程勘察费	建筑工程费×4.5%	208.12
3.2	工程设计费	（建筑工程费+安装工程费）×7.84%	5245.70
3.3	设计文件评审费	工程设计费×2.2%	115.41
3.4	项目后评价费	（建筑工程费+安装工程费）×0.5%	334.52
3.5	技术经济标准编制管理费	（建筑工程费+安装工程费）×0.2%	133.82
4	工程建设监督检测费	（建筑工程费+安装工程费）×0.3%	200.73
5	生产准备费	（建筑工程费＋安装工程费）×0.75%	501.82
6	基本预备费	［建筑工程费＋安装工程费＋设备购置费＋其他费用（不包括基本预备费）］×1%	2420.60

附录 B　其他费用分摊对象对照参考表

其他费用分摊对象对照参考表

编制单位：

	其他费用	会计科目	摊入范围	备　注
一	建设场地征用及清理费			
1	建设场地征用费	在建工程—其他支出	建筑	
2	旧有设施迁移补偿费	在建工程—其他支出	建筑	
3	余物拆除清理费	在建工程—其他支出	建筑	
二	项目建设管理费			
1	建设项目法人管理费	在建工程—其他支出	建筑、安装、设备	
2	前期工程费	在建工程—其他支出	建筑、安装、设备	
3	设备成套服务费	在建工程—在安装设备	设备	在设备内分摊，如实际支出列入设备费
4	备品备件购置费	在建工程—其他支出	建筑、安装、设备	
5	其他	在建工程—其他支出	建筑、安装、设备	
三	项目建设技术服务费			
1	研究试验费	在建工程—其他支出	建筑、安装、设备	剔除能分清服务对象的部分
2	勘察设计费	在建工程—其他支出	建筑、安装、设备	
3	工程监理费	在建工程—其他支出	建筑、安装、设备	
4	设备监理费	在建工程—其他支出	设备	
5	中介机构费	在建工程—其他支出	建筑、安装、设备	
6	其他	在建工程—其他支出	建筑、安装、设备	
四	生产准备费			
1	管理车辆购置费	固定资产		不分摊
2	工器具、办公、生产及生活家具购置费	固定资产、低值易耗品		不分摊
3	生产职工培训及提前进场费	长期待摊费用		不分摊
4	整套启动试运费及分系统调试费	在建工程—其他支出	安装	
五	其他			
1	施工安全措施补助费	在建工程—其他支出	建筑、安装、设备	
2	工程质量监督检测费	在建工程—其他支出	建筑、安装、设备	
3	预算定额编制管理费、劳动定额测定费	在建工程—其他支出	建筑、安装、设备	
4	其他	在建工程—其他支出	建筑、安装、设备	
六	建设期筹资费	在建工程—其他支出	建筑、安装、设备	
七	引进项目费用	在建工程—其他支出	在引进范围内分摊	剔除直接形成资产的费用

附录 C 电力建设项目竣工决算表格式

基本建设工程竣工决算报告

（财务报表部分）

工程名称：＿＿＿＿＿＿＿＿＿＿＿＿＿＿＿＿＿＿＿＿＿＿＿

编制单位：＿＿＿＿＿＿＿＿＿＿＿＿＿＿＿＿＿＿＿＿＿＿＿

单位负责人：＿＿＿＿＿＿＿＿＿＿　　　财务负责人：＿＿＿＿＿＿＿＿＿＿

编制日期： 年 月 日　　　　　报送日期： 年 月 日

附表 C-1　　　　　　　送电竣工工程概况表（竣建 01-4 表）

编制单位：　　　　　　编制日期：　　年　月　日　　　　　　　单位：元

工程名称			设计单位			
建设地址			主要工程施工企业			
建设性质			监理单位			
			概算批准机关、文号			
主要工程特征			工程进度、投资及造价			
线路长度及导线型号	线路起止地点		工程进度	计划	考核	实际
	线路长度（km）		开工日期			
	电压等级及回路		竣工日期			
	导线型号		工程投资	总投资		每公里投资
	地线型号		概算投资			
			实际投资			
地形及比重	平原	km %	招标总额			
	丘陵	km %	工程造价	总造价		单位造价
地形及比重	山地	km %	概算造价			
	泥沼、河网	km %	实际造价			
			固定资产形成率（%）			
杆塔	铁塔（基）		工程质量鉴定			
	混凝土杆（基）					
	钢管塔（基）					

附表 C-2　　　　　　通信及自动化竣工工程概况表（竣建 01-6 表）

编制单位：　　　　　　编制日期：　　年　月　日　　　　　　　单位：元

工程名称			设计单位		
建设地址			主要工程施工企业		
建设性质			监理单位		
			概算批准机关、文号		
主　要　工　程　特　征			工程进度、投资及造价		
通信方式			工程进度	计划	考核	实际
线路长度	线路起止地点		开工日期			
	线路长度（km）		竣工日期			
			工程投资	总投资		每公里安投资

续表

电路容量和方式	电路容量		概算投资		
	电路制式		实际投资		
	电路频串		招标总额		
电路容量和方式	电路站址数				
			工程造价	总造价	单位造价
杆塔及基数	微波铁塔（基）		概算造价		
	线路杆塔（基）		实际造价		
			固定资产形成率（%）		
主要设备型号、产地、制造厂					
设备名称			工程质量鉴定		
规格型号					
产地厂家					

附表 C-3　　　　　　　**其他基建项目竣工工程概况表（竣建 01-7 表）**

编制单位：　　　　　　　编制日期：　　年　　月　　日　　　　　　单位：元

工程名称			设计单位		
建设地址			主要工程施工企业		
建设性质			监理单位		
			概算批准机关、文号		
主要工程特征			工程进度、投资及造价		
占地面积	征地面积（m²）		工程进度	计划	考核	实际
	建筑面积（m²）	地上	开工日期			
		地下	竣工日期			
	征地文号、证号		工程投资	概算投资（万元）	实际投资（万元）	
			建筑装饰工程投贺			
建筑结构特征	建筑名称		设备工具投资			
	建筑结构		其他投资			
建筑结构特征	建筑层次		合计			
			工程造价	总造价（万元）	单位造价（万元）	
其他特征			概算造价			
			实际造价			
			固定资产形成率（%）			
			工程质量鉴定			

附表 C-4 　　　竣工工程决算一览表（竣建 02 表）

编制单位：　　　　　　编制日期：　年　月　日　　　　　单位：元

栏次／行次	项目	概算价值（元）						实际价值（元）						实际较概算	
		建筑工程费	其中：设备基座	安装工程费	设备购置费	其他费用	合计	建筑工程费	其中：设备基座	安装工程费	设备购置费	其他费用	合计	增减额（元）	增减率（%）
行次	1	2	3	4	5	6	7＝2～6	8	9	10	11	12	13＝8～12	14＝13－7	15＝14÷7
一	主辅生产工程														
二	与厂址有关的单项工程														
三	其他														
四	其他费用														
五	差价预备费														
六	基本预备费														
七	建设期贷款利息														
八	铺底生产流动资金														
	合计														
	其中：预计未完工程														

附表 C-5 　　　预计未完收尾工程明细表（竣建 02 附表）

编制单位：　　　　　　编制日期：　年　月　日　　　　　单位：元

栏次／行次	工程项目	所在地部位	计量单位	数量	概算价值	已完工作量		预计未完部分价值					说明
						金额	百分比	建筑工程	安装工程	设备购置费	其他费用	合计	
行次	1	2	3	4	5	6	7	8	9	10	11	12	13
1													
2													

续表

栏次／行次	工程项目	所在地部位	计量单位	数量	概算价值	已完工作量		预计未完部分价值					说明
						金额	百分比	建筑工程	安装工程	设备购置费	其他费用	合计	
行次	1	2	3	4	5	6	7	8	9	10	11	12	13
…													
N	合计												

附表 C-6　　　　　　　　　　其他费用明细表（竣建 03 表）

编制单位：　　　　　　编制日期：　　年　　月　　日　　　　　　单位：元

行次	费用项目	概算数	实际数						备注
			需分摊费用	固定资产	流动资产	无形资产	长期待摊费用	合计	
1									
2									
…									
N	合计								

附表 C-7　　　　　　　　　　其他费用分摊计算表（竣建 03 附表）

编制单位：　　　　　　编制日期：　　年　　月　　日　　　　　　单位：元

栏次／行次	工程项目	工作量	建设场地占用及清理费	旧有设施迁移补偿费	余物拆除清理费	建设项目法人管理费	……	合计
行次	1	2	3	4	5	6		
1								
2								
…								
N	合计							

附表 C-8　　　　　　　　　　移交使用资产总表（竣建 04 表）

编制单位：　　　　　　编制日期：　　年　　月　　日　　　　　　单位：元

栏次／行次	资产分类	建筑工程费	设备购置费	安装工程费	其他费用					小计	移交资产合计
					摊入费用	作固定资产移交生产	作流动资产移交生产	作无形资产移交生产	作长期待摊费用移交生产		
行次		1	2	3	4	5	6	7	8	9=4～8	10=1+2+3+9
1	一、固定资产										
2	1. 建筑物										
3	2. 房屋										
4	3. 安装的机械设备										
5	4. 不需要安装的机械设备										

续表

栏次　行次	资产分类	建筑工程费	设备购置费	安装工程费	其他费用						移交资产合计
					摊入费用	作固定资产移交生产	作流动资产移交生产	作无形资产移交生产	作长期待摊费用移交生产	小计	
		1	2	3	4	5	6	7	8	9=4～8	10=1+2+3+9
6	5. 工器具及家具										
7	二、流动资产										
8	1. 工器具及家具										
9	2. 备品备件										
10	3. 铺底流动资金										
11	三、无形资产										
12											
13	四、长期待摊费用										
14	合计										

附表 C-9　　移交使用的资产房屋及建筑物一览表（竣建 04-1 表）

编制单位：　　　　　　　编制日期：　　年　月　日　　　　　　单位：元

栏次　行次	房屋及建筑物名称	结构及层次	所在地、部位或使用、保管部门	计量单位	数量	建筑工程费	摊入费用	移交资产价值	备注
	1	2	3	4	5	6	7	8=6+7	9
1									
2									
3	房屋合计								
4									
5									
6	建筑物合计								
7	房屋建筑物总计								

附表 C-10　　移交使用的资产安装机械设备一览表（竣建 04-2 表）

编制单位：　　　　　　　编制日期：　　年　月　日　　　　　　单位：元

栏次　行次	机械设备名称	规格型号	供应单位，制造厂	安装部位或使用者	计量单位	数量	单价	设备价值	设备基座价值	安装费用	摊入费用	移交资产价值	备注
	1	2	3	4	5	6	7	8	9	10	11	12=8+9+10+11	
1													
2													
...													
N	合计												

附表 C-11　　移交使用的资产不需安装机械设备、工器具及家具一览表（竣建 04-3）

编制单位：　　　　　　　　编制日期：　　　年　　月　　日　　　　　　　　单位：元

栏次 行次	资产名称	规格型号	供应单位及制造厂	所在部位或使用者	计量单位	数量	单价	移交资产价值	其中		备注
									属固定资产	属流动资产	
	1	2	3	4	5	6	7	8	9	10	
1	一、不需要安装设备小计										
2											
4	二、管理车辆小计										
5	三、办公用品小计										
6											
7											
8	四、工器具小计										
9											
10											
11	五、家具小计										
12	合计										

附表 C-12　　　移交使用的资产无形资产、长期待摊费用一览表（竣建 04-4 表）

编制单位：　　　　　　　　编制日期：　　　年　　月　　日　　　　　　　　单位：元

栏次 行次	资产项目	所在地或使用单位	计量单位	数量	实际价值		备注
					无形资产	长期待摊费用	
	1	2	3	4	5	6	7
1							
2							
...							
N	合计						

注　备注中说明移交协议文号、资产移交或资产划拨。

附表 C-13　　　　　　　竣工工程财务决算表（竣建 05 表）

编制单位：　　　　　　　　编制日期：　　　年　　月　　日　　　　　　　　单位：元

资金来源	行次	金额	资金占用	行次	金额
一、资本金	1		一、建筑工程	21	
1.	2		二、安装工程	22	
2.	3		三、在安装设备	23	
3.	4		四、其他费用	24	

续表

资 金 来 源	行次	金 额	资 金 占 用	行次	金 额
二、投资借款小计	5		五、直接形成资产的其他基建支出	25	
1.	6		1. 固定资产	26	
2.	7		2. 流动资产	27	
三、债券资金	8		3. 无形资产	28	
1.	9		4. 长期待摊费用	29	
2.	10		六、基建工程投资合计	30	
四、应付款项	11		七、结余资金小计	31	
1. 应付工程款	12		1. 库存设备	32	
2. 应付设备款	13		2. 库存材料	33	
3. 其他应付款	14		3. 货币资金	34	
	15		4. 应收款	35	
	16			36	
	17			37	
	18			38	
	19			39	
资金来源合计	20		资金占用合计	40	

参 考 文 献

［1］四川省电力公司．四川省电力公司生产人员岗位培训标准．成都：电子科技大学出版社，2005．

［2］汤晓青．输电线路施工．北京：中国电力出版社，2008．

［3］汤晓青．输电线路施工实训教程．北京：中国电力出版社，2009．

［4］电力工程造价与定额管理总站．电力建设工程概预算定额 2009 年价格水平调整文件汇编．北京：中国电力出版社，2010．

［5］电力规划设计总院．电网工程限额设计控制指标（2009 年水平）．北京：中国电力出版社，2010．

［6］柴忠信．电力基本建设项目竣工决算报告编制办法．北京：中国电力出版社，2007．

［7］中华人民共和国国家经济贸易委员会．电力工程建设投资估算指标：送电线路工程（2001 年版）．北京：工人出版社，2002．

［8］中华人民共和国国家经济贸易委员会．电力工业基本建设预算管理制度及规定（2002 年版）．北京：中国电力出版社，2002．

［9］国家电网公司．输变电工程达标投产考核办法．北京：中国电力出版社，2005．

［10］章志刚，等．高压输配电线路施工运行与维护专业人才培养方案与课程标准．北京：中国电力出版社，2011．

［11］国家电网公司．国家电网公司生产技能人员职业能力培训规范．北京：中国电力出版社，2009．